MW00909032

EL SEMINARIO DE TOM PETERS

II.

EL SEMINARIO DE TOM PETERS

II. En busca del ¡UAUU!

Traducción:
Dorotea Pläcking de Salcedo

Colección Revista
NEGOCIOS

Diseño: Ken Silvia Design Group
Adaptación de tapa: Silvina Rodríguez Pícaro
Adaptación de interior: Claudia Bertucelli
Fotografía de contratapa: Norman Dow

Título original: The Pursuit of Wow!
Copyright © 1994 by Tom Peters.
Copyright de esta edición © Editorial Atlántida, 1995.
Derechos reservados. Primera edición publicada por
EDITORIAL ATLÁNTIDA S.A., Azopardo 579, Buenos Aires, Argentina.
Hecho el depósito que marca la ley 11.723.
Libro de edición argentina.
Impreso en Argentina. Esta edición se terminó de imprimir
en el mes de agosto de 1995 en los talleres gráficos de
Editorial Médica Panamericana, Buenos Aires, Argentina.

I.S.B.N. 950-08-1468-4

para
Robert y Sarah

Simpatizo con el comercio por su
espíritu de empresa y su coraje.
No se limita a cruzarse de brazos
y rezarle a los dioses.

–*Henry David Thoreau*

ÍNDICE

Prefacio

En este libro se habla de cómo generar respuestas efervescentes (tanto a nivel personal como empresarial) para estos tiempos efervescentes, y a menudo alarmantes, que corren. Lo he titulado *En busca del ¡UAUU!*

Quizás eso de "UAUU" merezca una explicación. A menudo me quedo pasmado ante la gran cantidad de automóviles nuevos iguales entre sí, o la cantidad de restaurantes de moda en todo idénticos, o computadoras o software recién aparecidos que no ofrecen diferencias marcadas, o la medida en que se asemejan las seis más grandes empresas de auditoría y organización del mundo. También me sorprende la actitud titubeante de la mayoría para la mediocridad. ¡Y después se preguntan por qué, de pronto, han pasado a ser un simple dato estadístico, perdido en la interminable masacre que a nivel gerencial medio y profesional se está dando en el ámbito de las empresas!

Para preparar este libro, estuve revisando las notas para diarios y revistas que escribí durante estos últimos diez años, sostuve prolongadas conversaciones con docenas de empresarios exitosos y convoqué a ejecutivos de Federal Express para una charla sobre temas diversos. Pero, más que nada, dejé que mi experiencia en la problemática empresarial, reunida durante los últimos 25 años, guiara mi mente al azar. Me pregunté por qué me veía obligado a viajar a Londres para poder comprar un bolígrafo Ball Pentel R50 de punta fina. Y por qué todo el mundo valora una nota de agradecimiento. Y por qué el éxito, tanto personal como laboral, indefectiblemente conduce a un endurecimiento de las arterias. Reflexioné sobre por qué ciertas casas de venta de comidas para llevar (y ciertas iglesias), en un mundo repleto de casas de comida para llevar (y de iglesias), atrapan de inmediato, mientras que otras sólo generan indiferencia... o náuseas. Y por qué un empleado soporta trabajar para una empresa poco confiable, que no controla la calidad de sus productos o engaña a los clientes.

Usted encontrará aquí 210 observaciones numeradas, cada una de las cuales puede ocupar desde unas pocas líneas hasta varias páginas, agrupadas por tópicos en lo que, más o menos, podría calificarse como 13 capítulos.

El factor común que los une es ese "UAUU": sobresalir (tanto el empleado, cualquiera sea su nivel dentro de una empresa, como el proveedor independiente) y destacarse (empresas y otras organizaciones) de la gran masa homogénea y chata.

Lo mediocre nunca ha sido atractivo. Es mejor fracasar con clase en el intento de lograr algo grande. Si bien estoy convencido de que esto siempre tuvo vigencia, en estos tiempos cobra carácter prioritario.

India, China, Argentina, México, Brasil, Chile, Filipinas, Malasia, Tailandia, Indonesia y muchos otros países están pasando al frente. Son países poblados por cientos de millones de personas talentosas y capacitadas y, de hecho, ya están produciendo bienes de alta calidad y tecnología sofisticada, que, a menudo, igualan a lo mejor proveniente de las economías gigantescas como los Estados Unidos, Japón y Alemania.

Para mantenerse en la cima de esta mezcla global efervescente, se requieren individuos y empresas que sepan remar como nunca antes lo hicieron. Se necesitará —y lo repito una vez más— alcanzar ese "UAUU" o "algo especial" personal o empresarial y estar dispuesto a renovarlo y actualizarlo permanentemente. Espero que las ideas reunidas en estas páginas, le ayuden a quitarse la anteojeras (pronto se verá el loco pasado como un dulce preludio de lo que nos espera) y a lanzarse, en forma intrépida y audaz, a la aventura del presente.

Me resultó muy divertido recopilar todas estas ideas. Y ahora espero que a usted también le resulte muy divertido leerlas. Y lo digo a propósito y sin culpas. Pienso que el trabajo y los negocios pueden ser algo creativo, emocionante y... sí, divertido. Una experiencia de crecimiento. Un viaje de perpetuo aprendizaje y constante sorpresa. Pero, para ser sincero, creo que sólo obtendrá esas recompensas cuando aprenda a enfocar su carrera y su negocio con la estrategia que yo llamo...

...EN BUSCA DEL ¡UAUU!

Good luck!

طه عيد

好 運 氣

โชคดี

행운을 빕니다

शुभाषीश

শুভ কামনা !

がんばって!

Viel Glück!

Bonne Chance!

¡Buena Suerte!

Para empezar

1 Excelencia al minuto

Excelencia al minuto. Me estoy imaginado su gesto de incredulidad al leer este título. Si bien estas frases estereotipadas también a mí me hacen estremecer, no puedo negar que ocultan una verdad que vale la pena descubirir.

¿Cómo se inicia una dieta eficaz? ¿Cómo se deja de fumar, o de beber?

Se empieza y listo. Después, uno se esfuerza como un loco, por el resto de su vida, para mantener el peso, para no fumar o no caer en la tentación de tomarse un trago.

Hace un tiempo atrás, encontré esta frase atribuida a Thomas Watson, el fundador de IBM: "Si quieres lograr la excelencia, puedes alcanzarla ya mismo. Basta con que, en este preciso instante, dejes de hacer todo aquello que no sea excelente".

La idea es profunda.

Suponga que usted es un camarero de restaurante y, por el bien de su propia carrera (y no porque los payasos que dirigen el restaurante lo presionen) decide prestar un servicio de primerísima calidad a sus clientes. ¿Cómo lo hace? Haciéndolo. Ahora mismo.

Sin duda, al principio se sentirá torpe. Se equivocará. Tendrá que leer información específica, observar algún video de capacitación, seguir un curso, visitar otros restaurantes para reunir ideas. Y tendrá que seguir capacitándose todo el tiempo para mantener el nivel alcanzado (como lo hace el cantante de ópera o el atleta profesional), hasta el día en que decida colgar su bandeja y su servilleta.

Sin embargo, puede lograr la excelencia en un nanosegundo, comenzando con su primer cliente, esta misma noche.

Simplemente imagínese a sí mismo —aún cuando la imagen le resulte un tanto confusa— como el mejor camarero del mundo y comience a comportarse de acuerdo con esa visión. Asuma el papel de ser una estrella en su profesión y desempeñe su trabajo como si en ello se estuviera jugando su nominación al Oscar.

¿Que esto suena disparatado, tonto o ingenuo? Quizás, pero no lo es. El 99,9 por ciento del éxito está en la determinación de lograrlo, sin hacer compromiso alguno y sin importar las vallas que puedan poner quienes lo rodeen (incluyendo a sus pares).

El restante 99,9 por ciento (sí, ya sé que esto suma más de cien por ciento, pero bueno... así es la vida) consiste en trabajar como un loco para: 1°) mantenerse con buen ánimo a través de las inevitables tormentas que tendrá que capear; 2°) aprender algo nuevo cada día y 3°) practicar eso nuevo, por más

Siga el ejemplo de Nordstrom y de Motorola

difícil, complejo o ingrato que sea, hasta que se convierta en parte integrante de su personalidad.

Lo que vale para el camarero también vale para el gerente de un departamento con seis personas a cargo o para el ejecutivo máximo de una empresa con 16.000 colaboradores.

¿Cuánto tiempo le lleva a usted, como jefe, alcanzar un nivel de calidad internacional? Menos de un nanosegundo para lograrlo y toda una vida de apasionada dedicación para mantenerlo.

Una vez que el fuego se haya encendido, haga de cuenta que ya ha llegado a la meta y nunca, jamás, mire hacia atrás ni haga nada, por más trivial que parezca, que sea inconsistente con su nueva calidad de ser humano y con su personalidad.

Suponga que se ha comprometido en alcanzar nuevas alturas en calidad o servicio, aquí y ahora. En su imaginación, usted es, ya mismo, un directivo de Nordstrom (venta al detalle) o de Motorola (producción). Pero su tarea inmediata —¡maldita sea la realidad!— es repartir todo lo que se está acumulando en su bandeja.

¡Qué oportunidad! Realice la primera tarea que tiene que hacer tal como usted supone que lo haría un ejecutivo de Nordstrom o Motorola.

¿Se trata de un memorandum de un vendedor del interior, que

se queja por algún problema banal? ¿O de un pedido para que se cambien los expendedores automáticos de café y té del piso 3º? ¿O de una nota iracunda de un cliente o de un distribuidor? Transfórmese y ponga en práctica, en su propio nivel, la inigualable calidad que supone habitual en Nordstrom o en Motorola.

Sin duda, si usted mantiene esta actitud aunque sólo sea durante unas pocas horas, todo el mundo en su empresa lo mirará extrañado. Pero eso es lo que usted espera, ya que le indica que ha logrado su primera pequeña (quizás pequeñísima) victoria. Usted, el Míster Universo de la Calidad, ha comenzado a vivir una nueva vida. Mala suerte para ellos si no se les ocurrió hacer lo mismo hasta ahora.

Si todo lo antedicho le parece más el discurso superficial de un director técnico dándole ánimos a su equipo antes de iniciar un partido de entrenamiento, está equivocado. (Y si no me cree, pregunte a algún conocido suyo que esté en Alcohólicos Anónimos, tal vez el más eficaz programa de cambio que existe en el mundo hoy en día.) El meollo de la cuestión es que, o bien cambia en cuestión de segundos... o no cambiará nunca. Esto vale tanto para el alcohólico, el fumador y el obeso como para el que aspira a alcanzar un nivel de calidad excepcional. En la determinación de cambiar de actitud, la cuestión es jugarse a todo o nada.

Por si aún no se ha dado cuenta, estoy harto de ejecutivos (y gente de cualquier otro nivel) que se la pasan hablando del l-a-a-a-a-r-g-o tiempo que lleva lograr un cambio. ¡Tonterías! Lo que lleva todo el tiempo del mundo es mantener el cambio logrado ("Un día por vez", según Alcohólicos Anónimos). Pero, insisto, lograr ese cambio sólo lleva un instante, por más profundo que sea.

Cierta mañana, en Houston, hace casi seis años, yo cambié. Yo era el antideportista por excelencia. Pero ese día, por una serie de razones no demasiado significativas, salí a las cinco de la mañana, a caminar. Once minutos más tarde (bien, admito que es más que unos segundos) quedé enganchado para siempre. Pero también es cierto que desde ese día, todos los días temo abandonar. El ejercicio físico debe ser una actividad para toda la vida, que puede resultar pesada, casi un suplicio (mientras estoy escribiendo esto, veo por mi ventana un día frío, lluvioso y, además, ya está oscureciendo... y todavía tengo que salir a caminar). Pero a partir de aquella mañana me he dedicado sin claudicaciones y en forma inflexible a la práctica de los ejercicios físicos.

Cambiar es fácil. De veras.

2

"Honra tus errores. Un truco sólo dará resultado durante corto tiempo, hasta que todo el mundo lo adopte. Para avanzar.... se necesita un juego nuevo. Pero el proceso de salir de los métodos convencionales... no es fácilmente diferenciable del error.... Se puede decir que la evolución es la conducción sistemática del error."(1)

Kevin Kelly
Out of Control: The Rise
of Neo-Biological Civilization

¿Cuándo, cuándo aprenderemos a respetar el error? ¿Cuándo comprenderemos que meter la pata es la única forma de dar un paso hacia adelante, que el error craso y el disparate total son la única forma de avanzar?

Los jefes que no apoyan la importancia de equivocarse, son, a mi criterio, el enemigo público número uno.

3 Atención, amabilidad y cortesía

La poetisa Mary Oliver, en su conmovedor texto *Mockingbirds*, cuenta la historia de un matrimonio anciano muy pobre que, al oír que unos extraños llamaban a su puerta, los hicieron pasar. La pobre gente no podía ofrecer bienes materiales a sus inesperados visitantes, sólo disponían de su "deseo de ser atentos".(2)

Los inoportunos huéspedes resultaron ser dioses. Para gran sorpresa de los ancianos, valoraron la atención, cortesía y amabilidad con que fueron recibidos como los mejores dones que los seres humanos les pudieron haber ofrecido.

Sospecho que esta simple historia, con su pequeño gran mensaje, nos cala muy hondo, aunque parezca absurdo, en estos tiempos turbulentos. Abrumados por nuevas tecnologías, nuevos competidores y novedades permamentes en todos los ámbitos de nuestra vida, valoramos el don de la amabilidad —como el vendedor o la enfermera que nos miran a los ojos, en lugar de hablarnos mientras tienen la vista fija en la pantalla de la computadora o en la bandeja de los medicamentos— como el más preciado de los dones, como una generosa bendición.

Pero... ¿podemos hacer algo más que asentir y decir amén? Para empezar, podemos remitirnos a las frías evidencias estadísticas a fin de ilustrar este tema que, en principio, parecería corresponder más al terreno de los poetas y los maestros del Zen que a la vida empresarial.

Consideremos las investigaciones realizadas por la Forum Corporation, que analiza los clientes perdidos por catorce grandes empresas de producción y servicios. Alrededor del 15 por ciento de aquellos que cambiaron de proveedor, lo hicieron porque "encontraron un producto mejor", basándose en mediciones técnicas de calidad, como menor frecuencia de fallas, o una tasa de error más baja en la producción. Otro 15 por ciento desertó porque encontró un "producto más barato" en otro lado. El 20 por ciento de los clientes se alejaron por la "falta de contacto y de atención individualizada" de su proveedor original, mientras que el 49 por ciento lo hizo porque "la atención del personal del proveedor original era deficiente".(3)

Las últimas dos categorías pueden ser unificadas, con lo cual podemos decir lo siguiente:

■ El 15 por ciento cambió de proveedor por problemas de calidad del producto.
■ El 15 por ciento desertó por cuestiones de precio.
■ El 70 por ciento dejó a su proveedor habitual porque no les gustaba el aspecto humano, es decir, la atención que le dispensaban.

Y esto nos lleva de nuevo a la pareja de ancianos carenciados y su humilde don de cortesía y amabilidad. En la edad del correo electrónico, de la todopoderosa computadora sobre nuestros escritorios, del Internet y de la rauda globalización, la atención, la calidez, la deferencia —prendas de la bondad humana— son el mayor regalo que le podemos hacer a cualquiera. Y digo a cualquiera, lo que incluye a nuestros clientes americanos, japoneses o alemanes de clips para papeles, sándwiches de queso, turbinas para aviones o líneas de crédito de diez millones de dólares.

4

Ellen Langer, una conocida psicóloga social, comienza su libro *Mindfulness*, con la historia de los residentes de un geriátrico, a quienes se les encomendó el cuidado de plantas para interior y se les permitió tomar pequeñas decisiones referidas a su rutina cotidiana. "Un año y medio después —escribe la autora— quienes cuidaban de sus plantas y tomaban decisiones no sólo se veían más alegres, activos y lúcidos que los integrantes de un grupo similar de la misma institución, a los que no se les habían dado esas responsabilidades y oportunidades de toma de decisión, sino que muchos más de ese grupo aún seguían vivos. En comparación con el otro grupo, hubo menos de la mitad de fallecimientos entre los residentes que cuidaban sus plantas y tomaban sus propias decisiones."(4)

¿Qué tienen que ver los residentes de un geriátrico con el éxito en los negocios o en la carrera laboral? Todo. Langer nos presenta una vigorosa apología de la fuerza del compromiso personal. Resultó positivo para las plantas, pero resultó aún más positivo para las personas responsables de su cuidado. Bien, el cuidado de las personas también tiene dos caras: una la del que lo recibe y otra la del que lo brinda. La llamada telefónica, la pequeña cortesía, las palabras cálidas, todas estas acciones son modestos actos de atención y deferencia que hacen que el cliente se sienta bien. Quizás esto no le prolongue la vida, pero sin duda mejorará su negocio y lo hará sentir mucho mejor con usted mismo... lo cual, pensándolo bien, en última instancia, puede ser una terapia nada despreciable para prolongar la vida.

5

Terry Neill, socio gerente del área para la implementación de cambios a nivel mundial de Andersen Consulting, reformula un viejo dicho francés, señalando que: "El cambio es una puerta que sólo se puede abrir desde adentro". Apuntala esa afirmación con la filosofía del entrenador de fútbol del equipo de Notre Dame, Lou Holtz: "Mi tarea no es motivar a los jugadores. Cada uno de ellos aporta una dosis extraordinaria de motivación al programa de entrenamiento. Mi tarea es no desmotivarlos".(5)

Neill llega a la conclusión de que el *empowerment*, ese arte de motivar otorgando facultades, autorizando y asignando responsabilidades, es decir, dar la llamada "autonomía dirigida", no es lo que uno hace para la gente sino las trabas y los impedimentos que uno les quita del camino, dejándoles espacio suficiente para ejercer un *auto-empowerment*.

Sería bueno que usted se preguntara en qué medida contribuyó en el día de hoy a despejar de obstáculos el camino de los potenciales héroes que están en el frente de batalla.

6

Nada está grabado en la piedra. Nada. Todo está escrito sobre la arena y puede ser borrado o alterado hasta lo irreconocible por la próxima ola o por el viento. Bien, habiendo hecho esta aclaración, quiero ofrecerles algunas posibles verdades que he logrado extraer de mis propias experiencias:

■ **Las consecuencias no buscadas superan en número a las consecuencias buscadas.** Una y otra vez me siento sorprendido —y frustrado— cuando compruebo que mi audiencia piensa que estoy exagerando cuando digo: "No sé nada". Pero es la pura verdad. El mundo es un lugar muy complicado. Las estrategias rara vez se desarrollan tal como lo imaginamos. Rara vez se logran las consecuencias que buscamos desde el comienzo.

■ **La ficción supera la realidad.** ¡Evite la no-ficción! Es demasiado poco realista. Últimamente me he deleitado con las obras literarias de Paul Bowles, Heinrich Böll, Julian Barnes y Max Frisch, entre otros. Nada como una gran novela para transmitirnos la multifacética riqueza de la vida.

■ **Los éxitos generan fracasos.** Si usted (o su empresa) tienen la suerte de encontrar algo que realmente funciona, usted está en problemas. Lo más probable es que trate de que la historia se repita, cosa que casi nunca sucede. (O sucede en aquellos casos en que usted daría cualquier cosa para que no hubiese sucedido.) Las circunstancias cambian, y los puntos fuertes que lo condujeron a su primer éxito, muchas veces se convierten en puntos débiles.

■ **La democracia y los mercados son algo desprolijo pero eficaz.** La democracia estadounidense es un experimento desordenado y eternamente inconcluso. Los mercados son, de lejos, demasiado complejos como para ser comprendidos; su evolución no es pulcra ni elegante. Pero a pesar de esa desprolijidad —o quizás precisamente a causa de la misma— tanto la democracia estadounidense como los mercados funcionan. ¡Cuidémonos de los popes del orden que los quieren emprolijar!

■ **Hay mucho para aprender de los campesinos de Vermont.** Gran parte del tiempo vivo entre los pobladores rurales de Vermont, Estados Unidos. En general, el campesino "bruto" de la zona es un astuto y habilidoso comerciante, empresario y hombre de relaciones públicas. Muchos de mis vecinos no tienen títulos ni estudio alguno, pero podrían engañar, sin el menor esfuerzo, a la mayoría de los ejecutivos.

■ **Distiéndase.** ¡Detesto a la gente estirada y formal! Sí, ya sé que esto es un prejuicio, pero a mí la gente que pone los pies sobre el escritorio, suelta de tanto en tanto una palabrota y se ríe de sus propias metidas de pata me resulta simpática y me infunde confianza.

■ **Sonría, cueste lo que cueste.** El hecho fisiológico de sonreír diluye, en gran medida, la ira y la angustia. Contribuye a que su cuerpo y su alma se sientan mejor... y ni hablemos de los cuerpos y almas de quienes lo rodean!

■ **Cada día es un milagro.** El sol sale por encima de la montaña, al este de mi granja. La niebla se acurruca contra las laderas. Las cabras comen (todo). Las ovejas balan. La yegua y su potrillo trotan por el prado. Cada brisa, cada copo de nieve, cada buena noticia, es un pequeño milagro. Disfrútelo. No se vive eternamente.

■ **Rechace las explicaciones simples.** Según lo que dice la prensa, soy un "gurú". (Me pregunto si debiera ponerme una túnica color naranja y entonar cánticos sagrados.) ¡No, no y mil veces no! No soy un gurú. Sólo hago observaciones y trato de confundir a la gente. A pesar de eso, mucho público viene a mis seminarios en busca de respuestas. Gracias por venir, pero no hay respuestas. Sólo una gran cantidad de preguntas y, en el mejor de los casos, algunas orientaciones que quizás valga la pena ensayar en la práctica.

7

"La única seguridad que tenemos radica en nuestra capacidad de volar sin alas." (6)

Brad Banton
Radical Honesty

8

"¿Cómo trabajo? Ando a tientas."(7)

Albert Einstein

9

"¡Hey-heggggggghhhhhhh!"

Esto es lo que dice el sexto renglón de diálogo en el libro *La hoguera de las vanidades*, de Tom Wolfe.

Y esto es lo que digo yo. Y, apuesto lo que quiera, también usted cuando se las tiene que ver con el monstruo indiferente de una empresa. Pero permítame contarle la historia desde el principio.

Hace algunos años, mi esposa Kate y yo construimos una cabaña para huéspedes en nuestra granja de Vermont. Las líneas telefónicas fueron colocadas mientras estuvimos ausentes y, cuando regresamos, encontramos que en la casa había dos cajas de conexiones abiertas, con los cables colgando.

Llamé a la compañía telefónica para que terminaran el trabajo de cableado. A continuación transcribo, en forma abreviada, mi conversación con la Empresa telefónica GTE, que agrega una nueva dimensión al concepto de "levantar presión" (y a la expresión "Hey-heggghhhh"):

YO: Quisiera que terminaran un trabajo de instalación telefónica en mi domicilio. Por favor, ¿podría enviarme a alguien del servicio técnico?

ELLA: ¿De qué trabajo se trata?

YO: No sé muy bien, porque no sé qué es lo que ya instalaron. Necesito que venga un técnico para que determine qué es lo que queda por hacer.

ELLA: Me tiene que decir exactamente qué tipo de trabajo hay que hacer.

YO: Pero no se lo puedo decir, porque no sé qué es lo que queda por hacer.

ELLA: En ese caso, no puedo confeccionar la orden de trabajo.

YO: ¿Pero por qué no me envía al técnico?

ELLA: No puedo hacer eso sin antes extender una orden de trabajo.

YO: Está bien, inventaré algo para que me pueda mandar a alguien.

ELLA: No se burle.

YO: No me burlo, sólo estoy desesperado.

El diálogo continuó en ese estilo, hasta que, por fin, pude hablar con un supervisor y pedí un trabajo inventado. Luego llegó el momento de fijar día y hora para realizarlo (procedimiento también conocido como "sobre llovido, mojado").

YO (un día jueves): ¿Me podría enviar a alguien mañana, viernes, o el próximo lunes? Salgo de viaje hacia el Lejano Oriente el martes, y en cuanto regrese vendrán unos amigos a pasar una temporada con nosotros, así que necesitaría que la casa de huéspedes esté en condiciones.

ELLA: Creo que puedo enviarle alguien el lunes o el martes.

YO: El martes no puede ser, porque ya no estaremos.

ELLA: Entonces podemos ver si puede ir alguien el lunes.

YO: Perfecto. ¿A qué hora?

ELLA: ¿Cómo dice?

YO: ¿A qué hora?

ELLA: El lunes.

YO: ¿Pero el lunes a qué hora?

ELLA: Puedo pedirlo para la mañana, pero no le puedo asegurar una hora determinada.

YO: Tanto mi esposa como yo trabajamos y no podemos perder todo el día esperando.

ELLA: Lo lamento, pero no puedo ayudarle.

YO: Pero, escúcheme: ¡no podemos cancelar todos nuestros compromisos sólo para quedarnos esperando al técnico durante todo el día!

ELLA: Lo siento.

YO (para mis adentros): ¡Hey-hegggghhhh!

Si tan sólo pudiésemos vernos tal como otros nos ven, comprenderíamos de qué forma deshumanizamos, humillamos y desmoralizamos a nuestros clientes.

Lo bueno de todo esto, es que esa conducta demente (literalmente), hace que el más mínimo gesto positivo se destaque como marcado con resaltador fluorescente.

Hace un tiempo compré un jugo de frutas marca Odwalla. Mientras bebía las últimas deliciosas gotas, ví la fecha de vencimiento: "Disfrútelo antes del 12 de Marzo".

¿Por qué tomarse el trabajo de poner "disfrútelo" en lugar del tradicional "vence"? Muy simple. Es una humanización del trato con el cliente, una forma de conectarse con él y un indicador de servicio y calidad superior. Ese "Disfrútelo antes del" me hizo sonreír y decir "Ah, ¡qué bien!". Y ese "Ah, ¡qué bien!" puede significar cientos de dólares de negocio para Odwalla al haberme conquistado como cliente, multiplicados por diez por la propaganda verbal o escrita que mi satisfacción les representa (por ejemplo, a través de este libro).

Usted tiene la elección: Ah, ¡qué bien! o hey-heggghhhh.

10

El gurú del comercio minorista Bob Kahn (además miembro del directorio de Wal-Mart) cuenta la siguiente historia, ejemplo de integridad comercial y buena voluntad:

En un catálogo de 72 páginas, el Bon Marché de Seattle (integrante del grupo de Federated Stores) se equivocó al indicar el precio para el reproductor de CD Sony carrousel para cinco discos: el precio de lista de 199 dólares había sido rebajado a 179 dólares, pero en el catálogo figuró la cifra de 99 dólares. Al día siguiente, una larga fila de clientes esperaba a que el negocio abriera, para beneficiarse con la increíble oferta.

"¿Qué haría usted frente a esa situación? —escribe Kahn en su boletín *Retailing Today:*— ¿Sacar un aviso, al día siguiente, admitiendo la equivocación? ¿Decirles a los clientes que el sentido común indicaba que hubo un error en el precio?

"Lo que hizo Bon Marché fue lo siguiente: vendió todos los reproductores de CD por 99 dólares. ¡Y, además, aceptó pedidos para 4.000 unidades más a ese mismo precio!

"¿Habría sido posible gastar esos 200.000 dólares (40 por 5.000 unidades, ya que el precio de 99 dólares implicaba que se vendían a esa cifra por debajo del costo) de forma más eficaz para reafirmar la integridad y ética de la empresa? Yo creo que no."(8)

Entre otros beneficios, Kahn cuenta que esos 200.000 dólares le valieron a Bon Marché una nota de tapa en el *New York Times*, que también apareció, a través del servicio periodístico del *Times*, en todos los periódicos importantes de los Estados Unidos.

Hay que sacarle el sombrero a Bon Marché. Pero, sinceramente: ¿hubiese reaccionado usted de la misma forma?

11 ¡Me encanta la venta minorista!

¿Es usted vendedor de Frito-Lay? ¿O el director de informaciones en un banco multimillonario? ¿O contador en una de las 500 grandes empresas que figuran en *Fortune*? ¿O dueño de una boutique? ¿O acaso enfermera, médico, maestra, mecánico o, como yo la mayor parte del tiempo, coordinador de seminarios?

Hagamos lo que hagamos, la mayoría de nosotros somos, de una forma u otra, vendedores al por menor. ¡Por mi parte, a mí me encanta serlo!

La venta al detalle, tal como la practican Wal-Mart o Barneys, exige un sofisticado sistema de información, habilidad para encontrar la colocación adecuada al precio adecuado y, por supuesto, una criteriosa elección de la mercadería.

Pero una vez que se tiene todo esto (y le aseguro que no se trata de pequeñeces), la esencia de la venta al por menor es el show. Ya sea en el aula o en el local de exhibición, la venta al por menor es arte actoral.

¿Alguna vez transitó por el estadio deportivo de una universidad en tiempo de vacaciones? Es todo desolación y silencio. Y, sin embargo, sobre todo si usted es un alumno o ha jugado alguna vez en ese estadio, puede sentir la emoción de los ochenta mil espectadores que se reunirán allí dentro de sesenta días.

Un comercio, en especial uno de esos grandes comercios de venta al detalle, tiene ese mismo clima a las seis de la mañana. Silencioso, oscuro, salvo las pálidas luces de seguridad. La mercadería proyecta largas sombras sobre el piso del local vacío. Pero, al igual que en el estadio, se percibe la energía que será puesta en acción dentro de pocas horas.

Cuando tengo que dar una conferencia o una charla, ya sea ante diecisiete o diecisiete mil personas, en Miami o en Timbuktú, me gusta ir a la sala de reuniones la noche anterior, a la una de la madrugada. Entonces puedo percibir el espíritu del grupo que se reunirá allí ocho horas más tarde. Esto, invariablemente, me motiva para volver a mi cuarto y revisar, una vez más, el material que usaré por la mañana y, quizás, introducir algunos cambios. Les aseguro que esa visita a la sala de reuniones desierta, más de una vez me indujo a hacer modificaciones importantes en mi charla.

Por supuesto que cuento con el organizador que convoca a la audiencia, elige el lugar adecuado y se ocupa de mil y un detalles logísticos. De la misma manera, el vendedor del comercio cuenta con asesores en lo que a ubicación del local y provisión de mercadería atractiva se refiere.

Sin embargo, una vez que el escenario está armado, el

espectáculo es mío o suyo. Se abre el auditorio, se levanta la cortina metálica del taller mecánico o suena la campana llamando a clase, y estamos absoluta y positivamente al frente del espectáculo. Es nuestro escenario. No en sentido figurado, sino en la realidad. El aula o el salón de ventas tiene tanto de escenario como cualquiera de los que conforman el Carnegie Hall.

De nosotros depende darle vida al libreto, ya sea un drama de Ibsen, la comida preparada por el chef de turno o el capítulo siete de la Historia Nacional. Para actuar. Para construir el lazo emotivo entre nosotros, el material y la audiencia.

El negocio minorista es, básicamente, una relación personal. Las relaciones se establecen de a una por vez, ya se trate de un público de dos mil personas en un auditorio en penumbras o de un cliente que llega al taller mecánico porque ayer por la tarde le abollaron el guardabarros de su automóvil.

Los mejores jefes son aquellos que entienden qué es lo que la gente está tratando de lograr sobre el escenario. Ellos colaboran y, por lo tanto, también son minoristas. Están allí, persuadiendo, guiando, hablando, escuchando y, sobre todo, alentando. Los peores jefes son aquellos que se sienten mayoristas. Se ocultan detrás de secretarias y asistentes, memorandos y discursos dirigidos a las masas, grabados en video. Ni se conectan ni actúan con emoción.

El menudeo también permite —no, en realidad, requiere— reinventar continuamente. Cualquier actor o actriz le confirmará que cada audiencia es diferente. Lo mismo vale para cada día en el aula, en el restaurante o en el quirófano.

Para un gran actor o una gran actriz, cada función es una nueva oportunidad para ensayar un nuevo enfoque, descubrir nuevas facetas de su personaje. ¿Quién será usted hoy? ¿Cómo se conectará con su audiencia? Cada día la obra comienza de nuevo. Hoy, en particular ¿cómo actuará usted?

Yo hablé de grandes actores y actrices, porque, al igual que cadetes, maestros y cirujanos, también hay actores y actrices vulgares y definitivamente malos. La diferencia entre ser grandes,

Grandeza = tener la imaginación y e

mediocres o malos consiste —en cualquier ocupación— en tener la imaginación y el empuje de recrearse a sí mismo diariamente.

El aspecto más favorable de la venta al por menor, para usted o para mí, sin embargo, consiste en que es una actividad a prueba de gerentes. El gerente lo obliga a cumplir y respetar una mayor o menor cantidad de reglas y normas. Algunos jefes lo asfixian, otros le permiten mayor libertad. Pero cuando abre cada mañana, el local de ventas (o al menos los metros cuadrados que del mismo le corresponden) es totalmente suyo. Usted es dueño, regente o zar absoluto. Sólo usted puede ponerle vida a ese local, o a esas cinco mesas del restaurante. Por más que la gerencia sea estúpida o maravillosa, temerosa o audaz, cuando usted está en su escenario, ella no puede interferir.

Si hablo con demasiado entusiasmo de este tema, es porque lo siento así. Estoy enamorado del ilimitado —aunque a veces desperdiciado— potencial de la venta al detalle.

12

La acción transcurre en el pequeño pueblo de O'Hare, a las 6:05 de la mañana, el 14 de septiembre de 1994. Agotado por el viaje de San Francisco a Chicago, entro a un kiosco de autoservicio para comprar algunos diarios.

En cuanto me acerco a la caja, la vendedora me dice: "Son tres dólares con veinticinco centavos". Le pregunto cómo lo pudo saber y me contesta que vio qué diarios había elegido, que se sabe los precios de memoria y que le gusta ejercitarse haciendo la suma mentalmente.

Comparado con hambrunas, guerras y pestes, esto es una tontería. Pero a las 6:05 de la mañana en O'Hare era una maravilla.

Aún hoy recuerdo la capacidad de esa activa vendedora que, con algunas pequeñas técnicas (sumar las compras mentalmente y por anticipado), cambian el día —literalmente— a sus clientes. Por lo menos eso es lo que me sucedió a mí.

Ese acto humano, pequeño y espontáneo (así se lo percibía),

tiene un poder enorme. Gente como Herb Kelleher de Southwest Airlines, empresa que estimula en sus empleados (en realidad, lo exigen) esas expresiones de atención personal, comprueban que la mayoría de la gente es capaz de brindarlas... y el rédito que con ellas se logra es enorme.

13

P: Actualmente los colaboradores tienen mayor acceso a los informes de rentabilidad y cuadros de pérdidas y ganancias, etc. o la posibilidad de convertirse en subcontratistas. ¿Considera que esto constituye una potencial amenaza de que, por ejemplo, lleven sus conocimientos a la competencia?

R: Ese es un enfoque equivocado de la realidad. Si yo tengo una pequeña empresa, mi última preocupación será que mi gente se vaya robándome mis conocimientos. Lo que me preocupa es crear un ambiente en el cual la gente capaz desee permanecer. Por otro lado, si encuentran una oportunidad que es mejor que todo lo que yo les pueda ofrecer, estoy en todo a favor de que la aprovechen y desarrollen su carrera. Si se van de la empresa, tengo que suponer que se retiran con honestidad. Por empezar, si yo no pensara así, no los hubiera contratado. Y, además, lo importante para mi empresa (¡y para cualquier empresa!) es superarse continuamente, de modo que cualquier secreto robado es el secreto del éxito de ayer.

Y no soy sólo yo quien comulga con esta forma de pensar. Un amigo mío, que trabaja en una companía de alta tecnología en Silicon Valley, tiene gran fama por su capacidad de atraer gente de talento. Una de sus claves: cuando se entera de la existencia de un puesto fuera de su empresa, adecuado para alguno de sus excelentes colaboradores (y que ofrece mejores perspectivas de las que él puede brindar), informa de ello al colaborador en cuestión. Si digo que tiene una excelente reputación entre sus pares en muchísimas compañías, me quedo corto. Y su propia empresa, por supuesto, a largo plazo, resulta beneficiada por tanta buena voluntad como, por supuesto, por los talentos excepcionales que supo atraer...(aunque luego se marcharan).

14 Y el ganador es...

Seis son las ideas claves que impulsan la transformación empresarial. Sin embargo, las mismas están regidas por la ley del más fuerte, de modo que cada una de ellas tiene prioridad sobre la otra:

Nº 6 — Calidad total (Total Quality Management). No cabe duda de que hoy en día la superioridad de la calidad es imprescindible para tener éxito competitivo. El problema es que todo el mundo se atiene a eso (los indonesios, los tailandeses, los argentinos, y todos los demás). Sin duda, una altísima calidad es indispensable, pero no es sino el pase que permite a los jugadores acceder a la cancha. Quienes ponen todas sus nuevas ideas de management bajo la advocación de la calidad total cometen un gran error. La calidad total no tiene que ver con la VIDA, escrita con mayúsculas, sino con productos que funcionan sin fallar. ¿Que es importante? Sí, por supuesto. ¿Que es lo más importante? Lo dudo.

Nº 5 — Reingeniería. Quienes hoy abogan por la reingeniería, están impulsados por el mismo fervor religioso que los popes de la calidad de ayer. Y, sin duda, la idea es importante. Diezmar las jerarquías mediante estrategias de cortes y cruentas reducciones es una cosa. Y la reingeniería —entrelazar actividades horizontalmente y reinventar procesos de negocio claves— es otra muy distinta. Es revolucionario, afirman sus gurúes.

Pero no lo es todo, al menos no en la forma en que la mayoría de las empresas implementa la reingeniería. Al igual que la mayoría de los programas de calidad, la reingeniería es, en gran parte, un proceso orientado hacia adentro, es decir, de racionalización y *streamlining*. Si bien es algo necesario en el arsenal de técnicas empresariales de hoy en día, está muy lejos de ser la panacea.

Nº 4 — El conocimiento como prioridad. Los cerebros están de moda, mientras que la fuerza bruta ya no lo está. Esta es la esencia de la nueva economía, basada en el conocimiento. Por lo tanto, el desarrollo del conocimiento es casi la tarea número uno para las modernas empresas.

Quizás una de cada diez empresas (y esta es una estimación muy generosa) lo comprende. Y entre las que lo comprenden, sólo una de cada diez lo pone en práctica adecuadamente. El desafío significa: sólo un 5 por ciento de bits y bytes (por ejemplo, un sofisticado sistema de correo electrónico transcontinental) y un 95 por ciento de psicología y sociología, es decir, una organizacion que se desvive por compartir información en lugar de acumularla.

Nº 3 — La corporación curiosa y canibalística. En un mercado global, cada vez más poblado y ruidoso, la inovación no es algo opcional. Las corporaciones necesitan tener espíritu de aventura, una pasión por dar grandes saltos hacia lo desconocido. Esto significa contratar a colaboradores audaces y aventureros, aun cuando le pongan los pelos de punta y rompan un montón de platos. Significa una pasión por introducir productos novedosos en el mercado, aunque su éxito mate al producto que es la "vaca lechera" de su línea. Significa valorar los fracasos. Y significa hacer astillas su compañía antes de que lo haga la competencia.

Nº 2 — La organización virtual. Este es el secreto: el gran paraguas que abarca modalidades novedosas de cooperación a través del tiempo y del espacio.

Un ejemplo de la corporación virtual es un colega mío, comprometido en docenas de aventuras a nivel mundial, que se enorgullece de que no haber visitado su propia casa central en los últimos cinco años. Se trata de empresas grandes que facturan miles de millones con sólo un puñado de colaboradores estables. En general, esas empresas se basan en la idea de que es un error ser propietario de los recursos. Lo que se necesita, en cambio, es tener acceso a los mejores recursos de cualquier lugar del mundo y en cualquier momento, para lograr que el trabajo se haga, que la cosa funcione.

Durante mucho tiempo, el control, las descripciones de tareas, los organigramas, las torres que eran sede de la casa matriz, estructura que cambiaban a regañadientes cada cinco años y un desarrollo de carrera lineal, eran los elementos que caracterizaban al management empresarial. Ahora, la no-permanencia y la improvisación son los pilares del éxito.

Nº 1 — *Empowerment*. Mi último libro (*El seminario de Tom Peters: Los tiempos locos requieren organizaciones locas*) incluía (¡horror de los horrores!) ilustraciones. Por ejemplo, Virginia Azuela, gobernanta en el Ritz-Carlton Hotel de San Francisco. Uno de los gurúes más notables de la reingeniería, preguntó a uno de mis colegas de trabajo: "¿Por qué diablos él hizo eso?"

Él (yo) hizo eso porque toda esa cosa rimbombante sobre cómo manejar una empresa se reduce, en última instancia —¡oh, sorpresa!— a la gente que realmente hace el trabajo: los redactores, los cameramen, las enfermeras, los técnicos, los maestros. Y las gobernantas de los hoteles.

La gente, ellos, siempre fueron importantes. Siempre fueron calificados como "nuestro capital más importante", como pregonan hipócritamente tantas memorias y balances. Pero ahora ellos realmente son importantes.

Los niveles jerárquicos están desapareciendo, desapareciendo... ¡y ya desaparecieron! Hoy se exige que Juan o María asuman responsabilidades extraordinarias. Juan y María podrán figurar en la lista de personal de la empresa o ser contratistas independientes. En cualquiera de los casos, la empresa —virtual o no— sometida a la reingeniería, obsesionada con la calidad y en permanente y rápido cambio, triunfará o fracasará de acuerdo con la confianza que el reducido cuadro de ejecutivos deposite en la gente que trabaja en el frente.

No digo que los otros cinco conceptos claves palidezcan frente a este último. Pero lo que pasa es que nos enganchamos tanto con la reingeniería, el manejo de los conocimientos, la calidad total y la organización virtual que, como de costumbre, minimizamos, subestimamos e ignoramos a la persona que hace que todo esto se ponga en práctica.

Pero volvamos a Virginia Azuela. El Ritz-Carlton, que en 1992 ganó, en los Estados Unidos, el Premio Nacional a la Calidad Malcolm Baldrige, le dio una increíble autonomía para atender a sus huéspedes de la manera que a ella le pareciera más adecuada (por ejemplo, está facultada para gastar hasta 2.000 dólares sin autorización, para solucionarle algún problema a un cliente). Si bien es el Ritz-Carlton el que está a la vanguardia en la puesta en práctica de todas las artes gerenciales aquí enumeradas y algunas otras más, en última instancia todo depende del espíritu y de la mentalidad de una Virgina Azuela. ¿Por qué puse su retrato en mi libro? Porque gente como ella sin la estrella de la nueva economía.

15   ¿Valores para la década del '90?

Una pequeña empresa de servicios (con una facturación anual de 10 millones de dólares), procura vivir de acuerdo con los siguientes valores.

❶ Hacer un trabajo óptimo y ser conocidos en todo el mundo por nuestro espíritu de innovación.

❷ Atraer gente fascinante... y a más de uno que sea un poco excéntrico.

❸ No conformarnos nunca, cuestionarnos constantemente eso de que "aquí las cosas siempre se hicieron así" y nunca, jamás, descansar sobre nuestros laureles. (Los laureles de hoy son el abono del mañana.)

❹ Asegurarnos de que, quienes dejen nuestra empresa, ya sea de manera voluntaria o no puedan atestiguar que han aprendido un montón, que vivieron una experiencia muy especial y que hicieron buenos amigos mientras estuvieron trabajando aquí. (Tus alumnos dirán quién eres.)

❺ Consolidar un ambiente de trabajo donde el compañerismo, la creatividad, la inventiva y la diversión sean las constantes, en el cual los colaboradores se apoyen mutuamente y las políticas estén todo lo ausente que sea posible en una empresa conformada por seres humanos (y, por lo tanto, falibles).

❻ Asegurar que nuestra ética nunca sea puesta en cuestión o bajo sospecha.

❼ No olvidarnos nunca de un punto ni de una coma, contestar los teléfonos sin demora, enviar facturas sin errores y, en general, no olvidar nunca que el secreto está en los pequeños detalles.

❽ Trabajar con clientes (y otros asociados) exigentes, que nos estimulen y nos induzcan a la superación, de los que podemos aprender y con los que sea un placer hacer negocios (y que también paguen en término sus facturas).

❾ Recaudar más de lo que gastamos. (Nuestros gastos incluyen compensaciones salariales por encima del promedio y un alto nivel de inversión a futuro.)

❿ Crecer a través de servicios y clientes de alta calidad, y no crecer por crecer.

Creo que estos objetivos se adecuan de maravillas a las exigencias de la década del 90, ya se trate de una empresa que facture diez millones o diez mil millones de dólares. ¿De acuerdo? Y si está de acuerdo... ¿En qué medida usted está cumpliendo estos postulados?

16 Sólo una pavadita

Un título insignificante, encabezando una breve nota en la página tres del diario *The Australian* del 20 de julio de 1994, dice: "Beijing emitirá 200 millones de tarjetas de crédito". (9)

A fines de esta década, la China, como parte de sus esfuerzos por modernizar su sector financiero, escupirá 200 millones de nuevas tarjetas de crédito. Conclusiones: (1) Esto no es broma. (2) ¿No le gustaría estar metido en el negocio de los cajeros automáticos? (3) "No te sorprendas, tonto, se trata de Asia."

17 ¿Qué problema de diversidad?

"Enfrentando el problema de la diversidad." "Superando el obstáculo de la diversidad" "Asimilando el arco iris de la heterogeneidad al lugar de trabajo".

Sin duda, habrá leído docenas de títulos como estos en las revistas de negocios. ¿No coincide conmigo en que son bastante tontos?

¿La diversidad es un problema, un obstáculo?

La diversidad crea una y sólo una cosa: oportunidades.

El mundo de los negocios, en este mercado global enloquecido, necesita una fuerte inyección de creatividad. Y la creatividad, invariablemente, es una secuela o consecuencia de chispazos y encontronazos, nuevos puntos de vista, intereses encontrados, etc. ¿Y cómo se logra todo esto? ¡Con la diversidad!

Suponiendo que todo lo demás es igual, ¿cuál de las compañías siguientes (fabricantes de automóviles, industria textil, bancos) creará el producto o el servicio más interesante?

¿Esta?

Los 17 miembros del grupo ejecutivo de la Empresa A se reunen en la sala de dirección. Todos son estadounidenses (perdón, uno de ellos es canadiense). Quince son de raza blanca, de sexo masculino, y de una edad promedio de 47 años. Hay una mujer. Y uno es de origen japonés. Vestimenta: traje, camisa y corbata, hasta donde la vista alcanza.

¿O esta?

El equipo de dirección de la Empresa B, compuesto por 16 personas, se congrega ruidosamente en la sala de reuniones, vestidos heterogéneamente, con modelos desde negocios de ofertas hasta diseños Calvin Klein; desde importados de Taiwan hasta la última moda italiana. Seis son individuos blancos de sexo masculino, cuatro son mujeres (dos blancas, una de origen africano y una de origen latinoamericano), más dos hindúes, dos africanos, un chileno y un inglés. Edad promedio: alrededor de 42 años, con dos o tres de menos de 32.

No hay mucho que pensar: de lejos, la Empresa B.

Esto es sobresimplificar el asunto. Pero quizás no tanto. Me parece obvio que Heterogenics Ltd., una mezcla de colores, sexos, estilos y edades, generará y perseguirá ideas más interesantes que

Homogeneity Ltd. Mi argumento es estadístico: la variedad de experiencias, desde el nacimiento en adelante, congregada en la reunión ejecutiva de la Empresa B, es muchísimo mayor que la de una reunión similar en la Empresa A. Aun cuando existiese un alto grado de curiosidad entre los "viejos hombres blancos" de la Empresa A, no lograrían compensar la diferencia. La gente de la Empresa B aporta cientos de años de perspectivas diversas, que se manifiestan en todo, desde la sopa hasta el software.

La Empresa B ¿es un mar de tranquilidad? Por supuesto que no. La diversidad implica choques, tanto tácitos como abiertos. La gente (hombres y mujeres, nacidos en Londres y en Los Ángeles, entre veintitantos a cincuentaitantos años de edad) se opondrán a los puntos de vista que les parezcan muy locos o muy ingenuos, expresados de tanto en tanto por sus pares. El equipo de dirección de la Empresa B (y el resto de la empresa también, suponiendo que su composición humana repite la del nivel máximo de conducción) podría beneficiarse, sin duda, con una buena dosis de entrenamiento sensitivo. Pero el objetivo de ese tipo de capacitación no es salvar un obstáculo o solucionar un problema. Por el contrario, es ayudar a la empresa a cosechar los mayores beneficios posibles de la ventaja que representa la diversidad.

(A propósito, el hecho de que la mayoría de los compradores de bienes y servicios también sean diversos contribuye a hacer de la diversidad un elemento muy positivo. ¿Por qué habríamos de esperar que un equipo compuesto sólo por hombres blancos de más de 45 años de edad diseñe automóviles que dejen extasiada a una mujer? No hay ninguna razón para esperar algo semejante. No lo hacen.)

18 De la década del noventa, la de los nanosegundos, al año 2030 de los terabits.

Hace no tanto tiempo atrás, en 1985, el chip de memoria standard contenía 1M bits —es decir, un megabit o un millón de bits— de información. En 1994, esta cifra ha sido incrementada a 16M.

Las proyecciones indican que para el año 2005 el chip de

memoria común y corriente será de 4G, es decir, cuatro gigabits o sea cuatro mil millones de bits. ¿Y qué nos espera para el año 2030? Por supuesto que es sólo una estimación aproximada, pero se calcula que será de 16T. Sí, T, como en terabit, o sea un millón de millones de bits de información.(10)

Sí, leyó bien: 16 b-i-ll-o-n-e-s

Traducción: ¡La que nos espera!

19

¿¡Cómo!? ¿No está abonado a *Computerworld* o a *Informationweek*? Aun en el caso de que usted sea una persona sin ninguna inclinación técnica, debiera leer una de esas dos publicaciones (u otra similar), una vez por semana, para mantenerse al tanto de los cambios que se están produciendo en la industria de la informática. Hojearla durante diez minutos es suficiente... y esencial.

20 ¡No! ¿Otra vez la misma pregunta?

Ya me lo veo venir. La pregunta del millón: "¿Qué tipo de negocio me recomienda encarar?" La otra pregunta, gemela de la primera, es "¿Qué especialidad debo estudiar dentro de la carrera de Administración de Empresas?"

Lo siento, pero son las dos preguntas que realmente me sacan de quicio, porque la respuesta es muy obvia: haga lo que más atractivo y motivador le resulte, y no lo que las estadísticas recomiendan.

Se suele decir que la vida profesional, al igual que la vida en general, es un trabajo muy arduo si uno quiere hacer las cosas bien. Eso es absolutamente falso. La profesión o actividad laboral deja de ser un trabajo cuando se persigue un sueño que a uno lo absorbe y lo fagocita. ("El trabajo debiera ser más divertido que cualquier diversión" dijo Noel Coward.) Y si falta ese apasionamiento, tanto la biotecnología como la plomería resultan aburridos y pesados.

De acuerdo con el pensamiento opositor y haciéndole "pito

catalán" a la sabiduría convencional, el mejor consejo podría ser el de orientarse hacia aquellos sectores que, en apariencias, no son los más calientes. David Birch, gerente de la firma Cognetics, que sabe mucho sobre cuáles empresas están creciendo y cuáles están declinando, encontró que una cantidad desproporcionada de empresas en crecimiento pertenecen a lo que se pensaba eran los ramos más deprimidos de la industria (por ejemplo la fabricación de productos de papel, goma y plásticos, seguros, venta al por mayor de productos perecederos).(11)

En las industrias estancadas suele predominar una competencia igualmente estancada, que deja huecos por los que se introducen los competidores ágiles y motivados.

Conviene tenerlo en cuenta. Podría ser una buena posibilidad.

21 Cómo remediar los desatinos que me enfurecen

¿Quiere desarrollar una filosofía empresarial o de dirección que no tenga rival? Comience por confeccionar un listado. A la izquierda de la página (o las páginas), enumere las cosas que lo han puesto furioso a lo largo de sus años de trabajo (en especial en sus primeros puestos, si su memoria le permite remontarse tan atrás). A la derecha, coloque lo que sería la contrapartida de cada ítem. Por ejemplo:

26.	Cocheras reservadas para ejecutivos	Estacionamiento libre
27.	Demasiadas notas internas	Más comunicación personal
28.	Jefes que tienen secretarias que les sirven café	¡Que se sirva él mismo!

De hecho, la columna de la derecha se convierte en su propaganda, credo o visión empresarial. Puede pedir a sus colaboradores que hagan sus propias listas. Una amalgama de todos estos resultados podrá constituir un buen borrador (manténgalo siempre como borrador, es decir, flexible y modificable) de su filosofía, de "cómo quiero que se hagan las cosas por aquí". Pero conserve siempre su lista personal, ya que la misma constituirá la guía de su carrera profesional.

Aquí le saco el sombrero a Bob Townsend (*Up the Organization*, la campaña de Avis "Nos esforzamos más", etc.), que me dio la base de esta idea. Docenas de ejecutivos han elaborado e implementado, a sugerencia mía, la lista arriba citada y siempre les dio muy buen resultado... o al menos el empujón inicial que necesitaban.

22 ¿Un doble nudo para sus cordones?

Quizás yo sea un aguafiestas, pero días pasados tuve problemas con un documento sobre calidad total (TQM) que me llegó del generalmente muy sensato Colegio de Graduados de Administración de Empresas de la Universidad de Chicago.

La idea es trasladar el concepto de TQM a las áreas ejecutivas, y el documento pide que se use un listado personal como herramienta para lograrlo. Se presenta un esquema computarizado para la medición de defectos, utilizado por el vicepresidente de una gran empresa. Da la casualidad que sé que dicha empresa tiene agendada una gran cantidad de cambios importantes a implementar; por ahí le puedo perdonar que, al hacer su autoevaluación, haya colocado como primer ítem "puntualidad en las reuniones". (Me parece bien que el jefe máximo, cortésmente, se presente a la hora fijada.) Me molesta un poco más el ítem "mantener el

escritorio limpio". Pero descubrir "corte de cabello", "zapatos lustrados" y "traje planchado" como tres de los doce ítems supuestamente críticos, me conduce al borde de la neurosis. Y lo que me llevó al soponcio total fue ver que ilustró esos "defectos" con gráficos.(12)

De alguna manera, creo que eso no es lo que el ya desaparecido Dr. Deming tuvo en mente cuando viajó por todo Estados Unidos, ya bien pasados los noventa años de edad, predicando el evangelio de la calidad.

¡Para un poco!

23

Ahora sí sé qué es lo que anda mal con el management. Por 139 dólares, la venerable Asociación Americana de Management le permitirá a usted (o a cualquiera) asistir a un curso de seis horas de duración, titulado "Cómo despedir legalmente a los colaboradores que tienen un problema de actitud". Al final del curso, según un artículo aparecido en *Harper's*, los asistentes habrán aprendido, entre otras cosas:

■ Una forma de descubrir a los colaboradores que hablan mal a sus espaldas y de documentar esa falta como corresponde.

■ Tres reglas para manejar a los hipocondríacos que se abusan de la política de la empresa en cuanto a permisos por enfermedad (pero no la violan).

■ Cómo hacer para no sentirse culpable al despedir a un colaborador con problemas de actitud.(13)

Me pregunto si realmente hay gente que asiste a semejantes cursos.

Despedir a un colaborador siempre es terrible. Detesto hacerlo. De alguna forma, uno le pudre la vida a esa persona, por más que la medida, a la larga, sea para bien de ambas partes. Al mismo tiempo, implica reconocer que: (1) uno hizo un mal trabajo de reclutamiento, o que (2) uno hizo un mal desarrollo de carrera con ese colaborador, o que (3) uno se equivocó en ambas cosas. Por lo general, es aplicable el punto (3).

Desvincular a una persona, ya sea cadete o vicedirector, siempre me hace sentir mal durante días. El día que resulte fácil despedir a alguien (o que sea posible hacerlo sin sensación de culpa), será el día en que uno se debiera despedir a sí mismo. Punto.

24

El diseño es importante. Vital. No cabe duda alguna de que lo es para los productos. Pero, paradójicamente, el diseño es aún más importante para los servicios.

El gurú del marketing de Harvard, Ted Levitt, se lo dijo hace ya años a quienes se tomaron la molestia de escucharlo: "Si su producto es tangible (un avión, un bote, un automóvil, un cortaplumas), diferén-  ciese del montón po- niendo el énfasis en lo intangible (por ejem- plo, el servicio). Si su producto es intangible (servicios bancarios, turismo), distíngase del montón poniendo énfasis en lo tangible, es decir, el diseño".

FedEx ofrece un servicio puntual de mensajería. Su record estadístico, realmente único, lo confirma. Pero la empresa también se destaca por sus tangibles. ¿Tangibles? Sí, por cierto. Por ejemplo, camionetas modernas y.... ¡limpias! (No sé por qué las empresas no terminan de comprender que el aspecto de un camión o una camioneta puede ser una forma de publicidad fantástica... o espantosa.) Y formularios fáciles de usar (¿Por qué la mayoría de las compañías no entienden que los formularios son parte de su imagen y, por lo tanto, constituyen una excelente o malísma publicidad institucional?)

Por lo tanto, si usted está en el negocio de los servicios, preocúpese en serio si no está trabajando específicamente sobre sus tangibles. (Una pequeña sugerencia para el contratista independiente: ¡Nunca estará perdido el tiempo dedicado a diseñar su tarjeta de visita!)

25

"Quien le teme a la corrupción, le teme a la vida." Con esta afirmación, Saul Alinsky, el organizador político de las décadas del 50 y del 60, no pretendía defender el cinismo, el egoísmo o el desprecio por el prójimo. Simplemente estaba insistiendo en que procuremos llegar hasta los límites máximos. Y si usted se lanza a la contienda con vigor y entusiasmo, lo más probable es que, en algún momento, infrinja las quisquillosas normas del establishment y provoque su ira. (Nombre algún gran reformador que nunca haya sido arrestado. Yo no conozco a ninguno.)

26

"Más vale que aprendas a nadar, o te hundirás como un adoquín."

Bob Dylan

MANOS A LA OBRA

27

El poder. Con lo que se ha escrito sobre su uso y abuso, se podrían llenar bibliotecas. Ha sido el motivador de todos los grandes (y ambiciosos) a lo largo de la historia de la humanidad. Ha sido llamado "el máximo afrodisíaco". Pero ¿qué es el poder? ¿Una mala palabra que conjura la imagen de políticas de trastienda, confabulaciones, negociados y  tratos secretos? ¿O parte normal de nuestra vida cotidiana? No cabe duda de que es ambas cosas. Pero me inclino fuertemente por la segunda de las definiciones.

Nos guste o no nos guste —y a menudo no nos gusta— el poder es un fenómeno penetrante e invasor. Desde decisiones tomadas entre gallos y medianoche en la Sala Oval de la Casa Blanca, en las que se arriesgan las vidas de miles de jóvenes norteamericanos, hasta las disputas alrededor de la mesa de la cocina, el poder es parte de toda ecuación humana. Sí, puede ser —y a menudo es— objeto de abuso, tanto en el campo laboral y empresarial como en todas las áreas de la actividad humana. Pero también puede ser utilizado para hacer el bien a gran cantidad de gente. Y como herramienta para forjarse un futuro, la lenta, constante, y sobre todo, sutil acumulación de poder es el camino más seguro hacia el éxito.

Las siguientes reflexiones no tienen nada de estremecedor, ni constituyen novedosos descubrimientos. Sólo son las reflexiones sobre 51 años de vida, durante los cuales cometí todos los errores posibles al desarrollar, alimentar y hasta a veces cortar las relaciones humanas.

¡No olvide escribir sus notas de agradecimiento! Acaba de leer el consejo más importante contenido en este libro. Si se lo toma en serio, puede tirar este pequeño volumen a la basura y ganar, sin embargo, diez veces lo invertido en el mismo (o digamos diez mil veces). La fuerza del agradecimiento, expresado por escrito o de cualquier otra manera, es casi imposible que sea derrotada.

Hace muchos años, trabajé para un jefe del denominado "Tipo A". Analítico hasta las últimas consecuencias. Testarudo y tenaz, y orgulloso de ambas cualidades. Pero todas las tardes, cuando Walt terminaba su torbellino cotidiano, se sentaba con su dictáfono (estamos hablando de 1972) y redactaba quince notas de agradecimiento. La mayor parte de las mismas no contenía más que una o dos frases: "George, esa idea tuya realmente fue magnífica. Espero que la implementes. Manténme informado. Walt".

No exagero si afirmo que Walt había logrado que sus colaboradores se acercaran a él como mansas palomas. Había muchas razones para ello, pero estoy convencido de que una de las principales eran aquellas notas de agradecimiento.

Un ejecutivo de 3M, recientemente jubilado, que asistió a uno de nuestros seminarios, y que siempre fue muy puntilloso en todo lo relacionado con expresar su aprecio y su gratitud, nos comentó: "Durante la reunión que me hicieron con motivo de mi retiro de la empresa, varias personas se me acercaron, algunos incluso con lágrimas en los ojos, para recordar una nota de agradecimiento, en ciertos casos escrita hacía diez o quince años atrás". La gente no se olvida de estos gestos (haga memoria y revise su banco de datos mental... probablemente recuerde a ese mecánico que lo socorrió durante un viaje de vacación con su familia, o el vendedor de la panadería que siempre lo atiende con una cálida sonrisa).

Tanto mi experiencia como la literatura psicológica pertinente confirman el poder de esta herramienta tan simple. Una reafirmación positiva tiene un efecto duradero; además, no son frecuentes. Y por si necesita otra prueba, aquí se la doy: suelo escribir artículos periodísticos para su publicación simultánea en diversos medios y, hace algunos años, del todo huérfano de ideas, escribí, al correr de la pluma, un artículo sobre notas de agradecimiento. Recibí más respuestas por ese artículo que por todos los que había escrito en diez años.

¿Y una llamada telefónica no cumple el mismo objetivo? Sí y no. Levantar el tubo y discar un número es bastante fácil. Escribir una nota demuestra un cierto nivel de esfuerzo y, además, es algo duradero. ¿Tipeada o manuscrita? Manuscrita, de lejos, tiene más valor.

Dos líneas garabateadas y semi-ilegibles valen mucho más que una página y media escupida por la impresora láser.

Reconocimiento, o "Mary Kay lo sabe". Al granjero, al senador, al vendedor, al ingeniero, al celador, al ejecutivo, a usted, a mí y al joven que corta el pasto... a todos nos gusta que reconozcan nuestros logros, de cualquier manera, grande o pequeña. ¡Mary Kay lo sabe! ¡Tupperware lo sabe! Y, si usted es inteligente, lo tendrá en cuenta.

Aprecio, aplausos, aprobación, respeto... a todos nos gusta eso. Globos, distintivos, premios, nuestra foto en la revista de la empresa: ¡maravilloso! ¡De eso uno nunca se cansa!

Hace algunos años, distribuimos en nuestra oficina anotadores con la frase: "¡Gracias por lo que hiciste hoy!". La idea era enviar una nota a un colega que nos hubiera dado una mano o hecho algún favor. Las mamparas divisorias de las oficinas pronto estuvieron revestidas de esos mensajes. Todo el mundo, inclusive yo, guardaba todas las que recibía.

Aun así, me encontré con gente que decía: "Si dices algo motivador todos los días, las palabras pierden efecto". Quizás haya algo de cierto en eso. Y las palabras vacías nunca dejan de ser precisamente eso: palabras vacías. Y, por lo tanto, surten un efecto contraproducente. Como un tipo con el que trabajé años atrás, que pensaba que podía compensar su comportamiento de troglodita arrojando flores por la mañana, después de haber insultado a todo su personal la tarde anterior. Lo único que consiguió fue engañarse a sí mismo. Quedó consternado cuando, en la encuensta sobre motivación del personal, obtuvo la calificación más baja posible en "relaciones con el personal".

He sido compensado con creces, obteniendo más reconocimiento del que creo merecer, pero les aseguro que no me canso de recibirlo. Aprecio profundamente cada nota que me llega y, de hecho, las guardo todas, largas o breves, manuscritas, tipeadas, por el correo electrónico (las salvo e imprimo)... en fin, todas.

Recuérdele a la gente (con mucho tacto) todo lo que usted hizo por ella. Si no logra que los demás le expresen su reconocimiento, al menos expréselo a usted mismo. Esto lo digo en broma... pero no tanto. Un fabricante de cajas de cartón de Chicago se caracteriza por entregar todos sus pedidos en el plazo estipulado. En diez años, la firma no falló nunca. Algunos años atrás, el jefe de la empresa agregó un recuadro a la factura mensual que enviaba a sus clientes en el que consignó: "desempeño". En el mismo, figuraba la fecha de entrega solicitada, la fecha efectiva de entrega, y la diferencia entre ambas. Por supuesto, como todo se entregaba o bien en término o antes del plazo estipulado, ese recuadrito resaltaba la calidad del cumplimiento de la firma. A pesar de que desde hacía tiempo se la conocía como una empresa cumplidora, después de agregar ese pequeño recordatorio, el negocio de la firma creció notablemente.

Es obvio que también se puede ir demasiado lejos en la autopromoción y quedar como arrogante y engreído. Pero no peque por demasiado humilde. Si encuentra el justo medio para promocionarse (es decir, muy sutilmente), tiene en sus manos una herramienta poderosa.

El *Potlatch* (casi siempre) funciona. *Potlatch* es la antigua fiesta de invierno de los indios norteamericanos, durante la cual se intercambian generosos regalos. En algunas tribus, los pobladores entregaban hasta la última de sus posesiones... y su estatus se acrecentaba de manera proporcional. ¿Sabe una cosa? Esa técnica todavía funciona. La generosidad continua crea un aura de altruismo. Diciéndolo más crudamente: nunca viene mal mantener un "balance de favores" positivo con gran cantidad de personas. Para serles franco: esto es lo que yo trato de hacer. Es bueno tener una cantidad de fichas acumuladas para hacer una llamada de emergencia cuando llegue el momento... y el momento llega.

Eso no quiere decir que se abrume a la gente con la generosidad.

No hay que exagerar (como yo lo hice algunas veces.) Dentro de límites razonables, el *potlatch* es de gran utilidad.

Skinner estuvo equivocado. El psicólogo B.F. Skinner demostró el poder del refuerzo positivo. También insistía en que el refuerzo negativo (es decir, el castigo) no tenía valor alguno, ya que no evita que la gente actúe mal sino que sólo alienta a ocultar los errores. Básicamente, estoy de acuerdo. Pero...

Creo que no siempre está mal dejar bien claro que, si alguien se pasa de raya, sufrirá las consecuencias. Lyndon Johnson fue un campeón en esto. Lo hacía de forma muy sutil (dejaba de enviar notas de agradecimiento manuscritas) y de forma muy evidente (no más invitaciones a las cenas en la Casa Blanca, no más visitas al distrito en cuestión cuando estaba en medio de una reñida campaña). Por otro lado, Bill Clinton (a pesar de lo trabajador e inteligente que es) pareciera ser demasiado bueno: no se decide a castigar a aquellos que se extralimitan.

El castigo es una forma de arte. La regla general es: elogie en público, castigue en privado. Y asegúrese de que la reprimenda sea percibida. Conocí a mucha gente (y yo mismo cometí ese error varias veces) que tiene tal aversión a reprender y castigar, que recubren su reprimenda con tanto azúcar, que el castigado termina sintiendo que lo acaban de promover, en lugar de tomar conciencia de que se salvó raspando de ser despedido.

Dele a TODOS el reconocimiento que merecen. Algunas personas son mezquinas y actúan como si reconocer los méritos de otros equivaliera a rebajarse. ¡Qué estupidez! Dicho en pocas palabras, el agradecimiento no cuesta nada y aporta mucho. Estoy convencido de la utilidad de las largas notas de agradecimiento en mis libros. A mí no me cuesta nada y, para la mayoría de las personas, es la primera vez que ven su nombre en letra impresa.

Hacerse ver. Adoro la frase de Woody Allen que dice: "El ochenta porciento del éxito radica en hacerse ver".(1) (Yo diría que es el 85 por ciento.)

La presidenta de una universidad para mujeres se encontró con que la institución necesitaba, de modo urgente, incrementar sus recursos. El tema del feminismo estaba de última moda y decidió explotar ese poder potencial al máximo. Con mucha tenacidad, se esforzó en conseguir entrevistas con los directivos (prácticamente todos hombres) de las quinientas empresas de *Fortune* y se las arregló para obtener audiencias con centenares de miembros del club de Ejecutivos Distinguidos (Big Boys Club). Prácticamente todos ellos hicieron alguna donación. Se mostró, se hizo ver y ganó.

Hacerse ver, segunda parte, o "vuele 3.000 millas para asistir a un almuerzo". Mark McCormack, empresario y hombre de peso en el ámbito de los deportes profesionales, ofrece el siguiente consejo: "Vuele 3.000 millas para asistir a una reunión de cinco minutos". Considero que va aun más al grano que Woody Allen. La verdad es que he puesto en práctica lo que predica. Sí, admito que estamos en la era del correo electrónico y de los encuentros virtuales, pero hacerse presente, mostrarse en vivo y directo y dejar en claro que uno viajó 3.000 millas para cerrar un trato, o celebrar un aniversario, o lo que fuese, es un arma muy, pero muy poderosa.

¿Que es un gran esfuerzo y resulta fastidioso? ¡Por supuesto que sí! Nadie dijo que el poder se obtiene gratis.

Apoye a la gente en momentos de estrés. Es otra forma de estar presente pero, al igual que el agradecimiento, vale la pena manifestarlo de mil maneras distintas. Cuando la gente está por dar una batalla, por enfrentar una reunión de directorio o una presentación sobre ventas, el que usted, su líder, haga acto de presencia, aunque sea por algunos minutos, se convierte en un apoyo crucial.

Usted es socio de una consultora. Mañana, su equipo de ventas tiene que hacer una presentación ante un cliente importante y los cuatro integrantes se quedan trabajando hasta altas horas de la noche. La jefa del equipo es maravillosa y usted le quiere dar toda la autonomía posible. Perfecto, no interfiera en la gestación de la presentación, pero a las once de la noche lléveles una pizza a la oficina. Ese acto, tan trivial pero tan noble, pasará a la historia.

Lo que cuenta son las pequeñas cosas. Hace un tiempo atrás, hice una presentación ante un grupo de editores de diarios y critiqué el *San José Mercury News*, un diario que me gusta mucho, aunque tiene el defecto de no ser entregado tan temprano como yo deseo. (Soy muy madrugador y lo que es temprano para los demás, para mí es ya muy tarde.) Algunas horas después, el editor, Jay Harris, y yo participamos de un panel de discusión.

A la mañana siguiente, es decir, unas 18 horas después, el diario llegó a mi puerta a las 5:05 hs... lo que, incluso para mí, es muy temprano. Harris tenía mil cosas en su cabeza y, sin embargo, se tomó el tiempo de ocuparse de que un ejemplar de su diario llegara a un cliente a primera hora de la madrugada. No importa las barbaridades que el *Merc* pueda hacer o decir en el futuro, pero esa entrega de las 5:05 hs permanecerá grabada en mi memoria, y no dejaré nunca de considerar a Jay Harris como un gigante.

Algunas de las mejores oficinas públicas dan importancia relativa al desarrollo de políticas, pero ponen mucho énfasis en los pequeños detalles. Como por ejemplo, el pequeño malabarismo

que haga usted con su agenda, para que uno de sus colaboradores pueda tomarse el día franco que necesita para asistir a un importante acontecimiento familiar, hará que usted coseche un fervoroso agradecimiento.

Pero tenga presente, también, que son las pequeñas cosas las que arruinan los grandes proyectos. Un pionero en el desarrollo de software lo expresó de la siguiente forma: "¿Cómo es posible que un proyecto importante se atrase un año? Atrasándose un poquito cada día". Como jefe, la mejor forma de ganarse la eterna lealtad de sus subordinados es quitándoles los pequeños (pequeños para usted) obstáculos del camino. Un poco más de espacio, una PC adicional, una heladera para la oficina: estas también son cosas con que usted, señor jefe o señora jefa, se hace merecedor del sueldo que le pagan.

Acumule las pequeñas ganancias. Las pequeñas ganancias se van acumulando y terminan conformando un inmenso superávit, ya se trate de favores que a uno le deben, monedas que se agregan a la cuenta bancaria, o lo que fuese. Cuando era vicepresidente, George Bush participó de la campaña de todos los candidatos republicanos, desde senadores nacionales a concejales de un ignoto pueblito, volando de una punta a la otra del país, como un Superman que ingirió esteroides. ¿Lo recordarían esos candidatos? ¿Es salada la sal? En 1988, cuando otros políticos republicanos aspiraban, dentro del partido, a ser nominados como candidatos a la presidencia, se encontraron con el paredón de "lealtad bushiana" que Mr. Bush se había ido construyendo ladrillo por ladrillo.

En busca de los resortes ocultos. Al Smith, el legendario gobernador de Nueva York durante los locos años veinte, comenzó su carrera como legislador por su Estado. En aquel entonces era joven y soltero y vivía en Albany, pero en lugar de unirse a sus colegas que salían de parranda, bebiendo y divirtiéndose con prostitutas, se quedaba en su humilde cuarto de pensión y se dedicaba a estudiar, línea por línea, el presupuesto del Estado de Nueva York (un documento impresionantemente voluminoso aun en aquellos tiempos, más simples que los actuales).

El dominio de esas líneas promovió su carrera de forma increíble, permitiéndole primero acceder al cargo de legislador y luego a la conducción del Estado de Nueva York. Y si no hubiese sido porque su catolicismo le costó las elecciones de 1928, probablemente hubiese llegado a ser presidente de los Estados Unidos. El poder, a menudo, radica en los detalles. Me veo reflejado a mí mismo en la experiencia de Al Smith. Como joven e intrascendente oficial naval en el Pentágono, hice todo lo posible por dominar al dedillo mi pequeña responsabilidad dentro del presupuesto de Defensa; así conseguí conocer, mejor que la mayoría de los colaboradores más antiguos que me rodeaban, los misteriosos detalles del presupuesto. Si bien no terminé en la residencia del gobernador, en Albany, obtuve un éxito notable en mi tarea. Moraleja: perseguir con laboriosa tenacidad los resortes ocultos, aquellos a los que la mayoría de la gente no les presta ni la menor atención, puede brindar un rédito increíble.

Obsesiónese con los pequeños detalles. Jimmy "El Puntilloso" Carter se hizo negativamente famoso por establecer una tabla de horarios para el uso de las canchas de tenis de la Casa Blanca. Si bien esto demuestra que todo se puede exagerar, en general, obsesionarse con los pequeños detalles es importante. No, por supuesto que no es bueno tener fama de demasiado aprensivo y puntilloso, pero no hay nada de malo en darle importancia a los detalles. Por el contrario.

La verdad es que el proceso derrota a la esencia. Usted puede estar convencido de ser el mejor disertante del mundo y de que su mensaje contiene una gran trascendencia, pero si el equipo de aire acondicionado del auditorio funciona mal y el sistema de sonido hace ruidos insoportables... ¡olvídese de su mensaje trascendente!

No se olvide de los "últimos orejones del tarro". Si digo "últimos orejones del tarro" no lo hago con tono despectivo, sino que sólo utilizo el término para ser más descriptivo. (La verdad es que algunos de los "orejones" más "orejones" que encontré en mi vida —estrechos de mente, de corazón y de alma— eran luminarias de algunas de las quinientas empresas de *Fortune*.) Pero lo que voy a decir es bastante crudo, aunque real: he conocido gran cantidad de hombres y mujeres brillantes, encaminados a lograr una meteórica carrera, que han visto desmoronarse sus sueños porque, en su camino, dejaron una estela de gente resentida (y con toda justificación) por el trato humillante que esas estrellas les propinaron.

Los "últimos orejones", el común de la gente, en algún momento se desquitan, lo cual constituye una de las tantas pruebas de que no son, en absoluto, seres descartables o a quienes se puede ignorar o despreciar. Si usted, como líder, es un necio y un engreído, se lo harán pagar caro. Y por lo general no serán sus superiores quienes lo hagan, sino los de abajo, en el patio de carga, a las tres de la madrugada, cuando no hay ningún supervisor cerca.

Todo esto lo comprendí muy claro hace unos diez años. La gente de McKinsey con quien yo trabajaba en esa época, se caracterizaba por una cierta tendencia hacia la arrogancia y, a menudo, trataba a los de abajo (el equipo de apoyo, como lo llamaban) con aires de superioridad y malos modos. Si bien no me quiero poner en el papel de santo, la verdad es que yo me divertía más tratando con esa gente que con mis colegas consultores, tan henchidos de importancia. No importan las razones, pero mi actitud se vio recompensada en una de esas misteriosas formas que tiene la vida de hacernos cosechar lo que sembramos.

Uno de los muchachos encargados de escribir nuestros informes (uno de esos "últimos orejones del tarro" dentro de la organización) me llamó cuatro años después... en su carácter de redactor principal de una importante publicación, para hacerme una nota de tapa. No digo que eso se haya dado gracias a las charlas amigables que tuvimos en McKinsey, pero...

Siguiendo dentro del mundo de las consultoras: cuando se trata de obtener información en una empresa-cliente, son los de abajo, de lejos, quienes constituyen las fuentes mejores y más confiables. Son ellos quienes saben en dónde están los secretos, quienes comprenden los humildes orígenes de las grandes verdades. La calidad de su servicio de información —ya sea en su carácter de directivo, consultor, banquero inversor, analista de valores, o lo que fuese— será, por lo general, directamente proporcional a la cantidad y a la profundidad de sus relaciones con gente que revista seis niveles más abajo en el organigrama, la que tiene acceso a los datos reales, completos y no expurgados.

El poder de su archivo de direcciones. Su poder es casi directamente proporcional con el volumen de su archivo de direcciones, y con el tiempo que usted invierte en mantenerlo actualizado. Para decirlo sin vueltas: la gente más poderosa que yo conozco es la que mejor maneja sus relaciones públicas; los que conocen "a todo el mundo en todos lados" y acaban de haber almorzado con la mayoría de ellos.

Una de las razones (entre otras muchas) por las cuales es muy posible que las mujeres lleguen a tener la manija en el mundo de las empresas virtuales, es que parecieran tener mejor instinto para relacionarse como conviene. Y aquellos hombres que, liberándose de su machismo, se han dedicado intensamente al *networking* tendrán muchas mejores posibilidades que aquellos que lo desprecian como "cosa de mariquitas". Pero, la verdad es que siempre tuvieron importancia las relaciones públicas. Y en un tiempo en el cual las organizaciones dependen más que nunca de terceros para lograr sus cometidos, las relaciones y el *networking*, serán cada vez más significativos.

Las donaciones se hacen a los amigos, no a las causas. A pesar de que Bob Farmer, el director financiero de la campaña presidencial de Michael Dukakis en 1988, no estaba promoviendo al candidato más deslumbrante que digamos, por primera vez, en la historia más reciente, los demócratas igualaron a los republicanos en su habilidad de juntar fondos peso por peso. En un seminario, durante la Convención Demócrata en Atlanta, Farmer reveló los secretos de su éxito. Y el principal de esos secretos fue "la red de relaciones". Es decir, pedirle a un amigo que le pida a otro amigo. Farmer jura que si usted consigue una entrevista con un amigo influyente y se aparece en su oficina, tiene una posibilidad mil veces mejor que cualquier otro recaudador de fondos de obtener una jugosa donación. Por lo demás, la causa en sí misma pasa a segundo plano.

Asista a cócteles. Quizás a usted le encante asistir a un cóctel. Quizás usted deteste asistir a un cóctel. Cualquiera sea el caso: asista a cócteles. Independientemente de si usted es un ermitaño o un hombre de mundo, con un vaso de Johnnie Walker etiqueta negra o de agua Perrier en la mano, siempre es posible encontrar oro. Y, por más que pueda parecer discriminatorio, muchos negocios se siguen haciendo en el reducto rotulado "Caballeros" (¿recuerda a los muchachos orinando juntos en la película *Barbarians at the Gate?*)

Cuando fue presidente de Apple Computer, John Sculley dijo que consideraba seriamente trasladar la casa matriz de la empresa desde el norte de California a Manhattan. ¿El motivo? La industria del espectáculo tendría un rol cada vez más importante en la estrategia comercial de la empresa, y Sculley sentía que era necesario estar más cerca de la acción para alternar a diario con un amplio (y variadísimo) número de gente. Y para encontrarse casualmente por la calle con todo el mundo, sin duda, no hay lugar como la esquizofrénica Manhattan (en muchos sentidos, la ciudad del futuro, pero eso es tema para otro libro).

Cócteles. El baño de caballeros (y también, cada vez más, el baño de damas). La cancha de golf. El Decathlon Club en Silicon Valley. Ahí es donde pasan las cosas. Y esto se duplica (o triplica) en otras partes del mundo, especialmente en Asia y en el Medio Oriente.

No se pierda un solo almuerzo. Cuando yo trabajaba en McKinsey & Co., en San Francisco, nuestro jefe solía ponerse de rodillas y rogarnos que no desperdiciáramos nuestra hora de almuerzo comiendo solos en la oficina. Estábamos enfrascados en nuestros análisis, cosa que era muy importante. Pero los almuerzos también son una herramienta importante, tan eficaz como el análisis, para compenetrarse con el desarrollo de los mercados.

Piénselo: de las 49 semanas de trabajo anuales, reste algunos feriados y obtendrá 225 oportunidades para cultivar sus relaciones durante el mediodía. **¡PIÉNSELO!**
Aunque le signifique consumir cantidades de antiácido, o hacer algunas sesiones adicionales en el gimnasio, no desperdicie las oportunidades que le ofrece la hora del almuerzo.

¡Use el teléfono! ¿Recuerda las fotos de Bill Clinton antes de la votación para el NAFTA? Horas tras horas tras horas pegado al teléfono. Pero eso no es algo reservado al Jefe de Estado. Más de una vez en mi vida me vi arrinconado y necesitando ayuda desesperadamente. En ocasiones, para obtenerla, tuve que subirme a un avión y cubrir 3.000 millas para asistir a una reunión de cinco minutos de duración. Pero la mayoría de las veces, la mejor forma de conseguir lo que necesitaba era pegarme al teléfono, hora tras hora, día tras día.

Por naturaleza, no soy un fanático del teléfono. No me gusta usarlo. Pero reconozco la importancia de pegarme al tubo. Si es imposible concretar un encuentro cara a cara, la mejor alternativa es un encuentro voz a voz, tantas veces como sea necesario.

Estudie a su objetivo. En su primer libro, Harvey Mackay, autor, empresario, gurú de management (¡el hombre-tiburón!), dejó lo mejor para el final: el Mackay 66. Presentaba 66 preguntas referidas al cliente, que uno debiera estar en condiciones de contestar, en las que se incluia el cumpleaños de la esposa del cliente. Mackay dio en el blanco. Sepa más sobre su cliente (o su colaborador) que cualquier otra persona, y tendrá una apreciable ventaja. (2)

Hace algunos años, me crucé con un tipo que manejaba el negocio de los helicópteros vinculados a la defensa, para la firma Boeing. Tenía una regla de oro: una hora de preparación para cada minuto de reunión con el cliente. Si tenía una entrevista de veinte minutos con alguno de los jefes del gobierno saudita, eso le representaba alrededor de veinte horas de estudio.... desde la capacidad de defensa del país hasta el bifurcado árbol genealógico de la familia real.

Amén.

Como construir la credibilidad desde afuera hacia adentro (y, en el proceso, evitar las políticas internas). ¿Está cansado de los juegos intestinos de poder? ¿Le arde el trasero de tantas pateaduras? Bien, olvídelo (o casi). Conviértase en tan indispensable para los de afuera, que los de adentro no se atrevan a ponerle la mano encima. Ésa fue mi estrategia en McKinsey, que funcionó... durante un tiempo. Por desgracia, me encontraba sólo a 3.000 millas de la casa matriz. Con una distancia de 9.000 millas, la misma estrategia obró milagros para la superestrella de McKinsey, Kenichi Ohmae, que durante mucho tiempo lideró en Japón las operaciones de la empresa.

Sí, yo estaba demasiado cerca y, además, Kenichi Ohmae estaba mucho más establecido en Japón que yo en los Estados Unidos. Escribió una docena de libros o más; está en el epicentro de la política japonesa; de acuerdo con las encuestas, es el comentarista económico y empresarial (y también de temas generales) más respetado en su país. Aunque quisiera, McKinsey no podría haberlo despedido. Tenía demasiado peso propio. (Y en 1994 se fue de McKinsey para dedicarse a la política. ¿Primer Ministro Ohmae? No lo considere imposible.)

No, no estoy sugiriendo que irrite a todo el mundo (o a alguien en particular) dentro de su organización. Lo que estoy sugiriendo —especialmente en el mundo actual, cuando las relaciones externas son por lo menos tan importantes como las internas— es que no deje de hacer el esfuerzo y de tomarse las molestias inherentes a construir su presencia y credibilidad externa. Le dará, por lo menos, la ventaja de que lo dejen más o menos tranquilo. Y eso no es poca cosa.

Constrúyase una imagen creíble en su área. Lo que funciona hacia afuera, también funciona hacia adentro. Usted es un colaborador junior. Tiene una idea fantástica. Su jefe está ocupado con lo que él considera cosas más importantes. ¿Cómo hace para resaltar su maravilloso proyecto, de forma tal que pueda escalar en la lista de prioridades de su superior?

¡Por lo que más quiera, deje de romperle la paciencia a su jefe! (Es una actitud autodestructiva que no lo conducirá a ningún lado.) En lugar de eso, hágase el tiempo, rásquelo de donde pueda, y contáctese con la otra gente de su área, de mayor rango y antigüedad. Hágase amigo de ellos, véndales su idea, indúzcalos para que la ensayen y ayúdeles en todo lo posible. Deje que sean ellos quienes le vendan su idea al jefe. Su credibilidad se convertirá en la credibilidad de ellos, la cual será, sin duda, mucho más eficaz ante su jefe.

Por supuesto que el mérito será de ellos. La idea se ha convertido en propiedad de ellos. (Este es el punto.) ¿Cuál es, entonces, el beneficio para usted? La técnica trepadora de la vid nunca falla: la gente sabe que fue usted quien inició la idea y, a la larga o a la corta, esa información llegará hasta los más altos niveles.

La gente huele su compromiso afectivo (y también su falta) a la legua. Cuando yo ocupaba una posición de no mucha importancia dentro y cerca de la Casa Blanca, me las arreglaba para implementar una cantidad increíble de cosas (al menos, eso es lo que la gente decía, que es, finalmente, lo que cuenta). El secreto radicaba en mi persistencia perruna frente a temas que me importaban: les ganaba por cansancio. Ellos, por supuesto, tenían su propia lista de prioridades y las cosas en las que yo trabajaba, por lo general, no figuraban a la cabeza. Pero en vista de mi tenacidad e insistencia, me dejaban hacer en lugar de gastar un montón de tiempo discutiendo conmigo.

> **La gente huele a la legua su compromiso afectivo**

La percepción de que usted está dispuesto a hacer cualquier cosa para implementar su idea (y, en el camino, insumir un montón de valioso tiempo ajeno) termina siendo un precioso "abre barreras". La gente huele la emoción, el compromiso y la energía a la legua (e incluso a las diez leguas).

Bob Kriegel, autor (con Louis Patler) de *If It Ain't Broke - Break it!* (Si no está roto... ¡rómpalo!), recuerda haber trabajado con jefes de proyecto de Hewlett-Packard. Les pedía que, frente a posibles tareas, les asignaran un puntaje a la importancia (sustancia) de las mismas y a su nivel de compromiso. Si un proyecto no obtenía un puntaje de compromiso de por lo menos 7 (en una escala de 1 a 10), no valía la pena seguir adelante con el mismo.

Reitero: su compromiso no sólo cuenta en el sentido real, es decir, en su disposición de invertir un esfuerzo adicional; también cuenta la forma en que otros lo perciben, a través de su disposición por insistir y no bajar los brazos. Es casi seguro que lo dejarán hacer y buscarán otra cosa sobre la que discutir.

Conteste las llamadas telefónicas... ¡de inmediato!. La credibilidad surge a partir de la percepción de que usted es alguien "con quien se puede contar". Hay muchas formas de ganarse esa reputación, pero quizás ninguna mejor que contestar prontamente las llamadas telefónicas que recibe. Si yo hago una llamada al Secretario de Trabajo, y su secretaria me dice: "En este momento está en una reunión con el Presidente, pero se desocupará en media hora y lo llamará desde su automóvil", y él realmente lo hace, créame, soy su esclavo incondicional de por vida. El ya fallecido Sam Walton contestaba sus llamadas telefónicas personalmente, sin la mediación de su secretaria. Hoy es posible comunicarse con Bruce Nordstrom, presidente de la firma Nordstrom, que factura 3,5 mil millones de dólares por año, con la misma facilidad.

Pareciera que en este mundo hay dos clases de personas: las que contestan sus llamadas telefónicas con celeridad, y las que no lo hacen. Cosa rara, la actitud pareciera tener poco que ver con la jerarquía. Walton, un individuo que valía miles de millones, encontró la forma de contestar telefónicamente a todo el mundo... y de inmediato. Otros, de cualquier jerarquía, y sin importarles la jerarquía de quien los llama, no lo hacen.

Para serles sincero, les tengo que confesar que he sobrevivido sin estar cerca de la perfección (10) ni de la imperfección (5) en este tema. Por mi parte, detesto el teléfono. Mi aversión me aflige, porque es muy descortés no contestar una llamada y, sin saberlo, esta actitud me debe haber salido bastante cara (en algunos casos, incluso, lo sé.) Pero, por favor, aprenda de mis errores: ¡Conteste sus llamadas telefónicas... de inmediato!

"Estuve en el lugar de los hechos": la respuesta que le tapa la boca a cualquiera. Cuando yo trabajaba en Washington, en 1973, y mi tema (el narco-control internacional) empezó a cobrar importancia, en lugar de encerrarme en mi oficina y abocarme a su estudio, hice todo lo contrario: me iba de la ciudad. Me subía a un avión y viajaba a Tailandia o a México, para conversar con los interlocutores válidos in situ. No es que esperara obtener mucha información nueva. Pero sabía que, cuando regresara a Washington, podría decir: "La semana pasada estuve hablando con el embajador en Tailandia" o "Cuando hablé con el jefe local de la CIA, me dió otro enfoque del asunto..." ¿Cómo podría alguien superar eso?

Sí, significa acumular cientos de miles de millas de vuelo, pero funciona de manera infalible. Es una variación de las 3.000 millas para una reunión de cinco minutos: en este caso las millas suman para incrementar su dimensión y su credibilidad como la persona que habló con la gente en el lugar de los hechos... ayer.

La percepción lo es todo... ¡manéjela! No hay nada real. Sólo existe la realidad percibida. Jeff Greenfield, a cargo, entre otras, de las encuestas sobre Bobby Kennedy, ofrece el siguiente consejo: "Si piensas que tu candidato sólo convocará una multitud de siete personas, realiza la reunión en una cabina telefónica. Cuando las fotos de prensa aparezcan en la calle, mostrarán gente arañando la puerta para entrar".

Greenfield no está tan errado. En mi vida como disertante, le presto mucha atención a este detalle y trato de reservar siempre auditorios con una capacidad menor que la cantidad de personas que espero convocar. Por cierto que esto significa que pierdo de ganar algunos (o muchos) dólares, pero no hay mejor propaganda que la reventa de entradas al doble de su valor original y que la gente diga: "...¡vaya, ese tipo debe ser algo fuera de serie!"

Resérvese la tarea de preparar el temario. Préstele especial atención a algo, y ese algo será percibido como importante. Es un hecho automático. Pero esto también sugiere que quien escribe el temario a tratar en una reunión, tiene un poder extraordinario. Es quien decide qué aparece en esa lista (y qué es lo que se deja de lado). Qué se va a tratar primero (y qué se dejará para el final). Por supuesto que tiene que adecuarse a las indicaciones del jefe, pero muchos de estos no toman conciencia de la importancia de esta actividad, y dejan que su secretario o secretaria se ocupe de esa tarea.

Para un jefe, una de las formas más efectivas de lograr que un tema encabece esta guía, es la repetición. Roger Milliken, jefe de la inigualable empresa textil que lleva su nombre (Milliken & Company) se entusiasmó al extremo, en 1980, con el tema de la calidad. Hasta el día de hoy, cada pregunta que formula implica, de una forma u otra, algo relacionado con calidad. Todos sus temarios para cualquier tipo de reunión la tienen como primer punto. Modificó radical y rápidamente una organización enorme, cambiando la esencia misma del lenguaje empresarial: todo el mundo aprendió a hablar de calidad con fluidez.

Otro ejemplo: el profesor Jim March de la Universidad de Stanford, sugiere que quien escribe (o re-escribe) la historia, tiene un poder considerable. Esto significa que es importante aceptar, sin titubear, la oportunidad de ser "simplemente" quien escribe la guía de una reunión. Por supuesto que también aquí, como en todo, hay ciertos límites. Pero dentro del marco de lo adecuado y permitido, hacer que una reunión aparezca como positiva y productiva es un desafío y una delicia para el redactor del temario.

Vístase para el éxito. Me enferma decir esto. A mí me encanta andar en shorts o pantalones de gimnasia. Cuando me despidieron de McKinsey, uno de los cargos en mi contra era que iba a trabajar vistiendo shorts.

La triste verdad es que en esta polémica ganan los malos. Nos guste o no nos guste, hay un "aspecto físico y un cierto aroma" que se asocian con el poder. La cuestión no es que unos lo tengan y otros no. Lo que pasa es que unos trabajan para obtenerlo, y otros no.

Por un lado, la vestimenta del hombre exitoso puede ser exagerada al extremo de aparecer pretenciosa. Por el otro lado, por ejemplo, a la gente de los Estados Unidos no le gustó demasiado que el presidente Jimmy Carter hablara sobre política internacional vestido de cárdigan de lana y pantalones de corderoy.

El asunto no es simple: lo que queda bien en mi oficina puede quedar mal en la suya. La base de referencia debiera ser: sea fiel a

su propio estilo. Exhiba un adecuado cuidado en su vestimenta y, sobre todo, demuestre confianza en usted mismo. Quienes caminan con la cabeza en alto y la espalda derecha y, además, visten ropa de buena confección, se encontrarán con que se les presta más atención. Si usted no me cree, pregúntele al mejor abogado que conozca, cuál es el consejo que suele dar a sus clientes con respecto a cómo aparecer en tribunales: "Vístase con elegancia y asegure su ganancia".

No sea obsequioso ni servil. Decir muchas gracias y ser cortés es increíblemente importante. En el otro extremo del espectro está la persona que es obsequiosa, servil, sumisa y casi se humilla. Craso error.

No es cierto que sea de buen tono colocarse a lo último. Quien aparece como débil y vulnerable (no me refiero a lo físico), pierde de entrada.

Pida ayuda a los especialistas. La habilidad para la comunicación oral cuenta. Muchísimo. Muchos ejecutivos no son malos para hablar en público. Pero el que no sean malos no es suficiente. No si usted sabe lo que le conviene. La estatura y el color de cabello podrá ser herencia genética. Pero el arte de hablar en público no lo es. Es una técnica que se puede aprender, pulir y perfeccionar. (Fíjese en Bill Clinton, que de dormir al país con su discurso durante la Convención Demócrata en 1988, pasó a cosechar laureles y alabanzas de todos los sectores por su impactante discurso de asunción del mando, en 1993). Usted no sólo puede aprender a ser más o menos bueno hablando en público... ¡puede llegar a ser muy, pero muy bueno! ¡Y vaya si hay diferencia entre una cosa y la otra!

He dado muchísimas charlas y conferencias y, por lo visto, he llegado a ser bastante bueno en esto. Por ejemplo: hablar en público. Si usted tiene el más mínimo sentido de humildad, hablar en público le resultará casi aterrador. Hubo momentos en que sentía que tenía a la audiencia en la palma de mis manos. Eso es lo que se llama poder. La sonora elocuencia de Churchill fue un arma indispensable para darle fuerza y ánimo al pueblo británico durante los días más negros de la Segunda Guerra Mundial. Su adversario, del otro lado del Canal, también era alguien que manejaba la palabra hablada con maestría (ya sabe a quién me refiero).

Una solución al problema de hablar en público es recurrir a escuelas o cursos de oratoria. Los buenos pueden lograr maravillas en lo que se refiere a mejorar la capacidad de expresarse y comunicarse verbalmente. Si tiene alguna duda sobre su habilidad para hablar en público, piense seriamente en esa posibilidad.

Y si usted es el jefe y está pensando en enrolar a todos sus colaboradores en algunos cursos que brindan este servicio, tome como ejemplo al plomero Larry Harmon, que hace esto último, como podrá leer en el punto Nº 76.

¡Cuidado con sus modales! Los próximos puntos son defensivos y no ofensivos. Para lograr que las cosas se hagan, a menudo es necesario ser agresivo e imponer un punto de vista que no resulta demasiado simpático. Su mejor aliado en estos casos es mantener su faceta agresiva (suponiendo que la tiene... pero casi todos la tenemos) bajo control.

Cuando comencé a trabajar en el proyecto de McKinsey que me condujo a escribir el libro *En busca de la excelencia*, recibí algunos buenos consejos de uno de los socios mayoritarios de la empresa: "Usted tendrá que imponer algunas ideas que están mucho más allá de lo que la gente está dispuesta a aceptar. Así que asegúrese de que en las pequeñas cosas nadie tenga nada que reprocharle: concurra puntualmente a las reuniones, vístase en forma conservadora, etc". Fue un consejo excelente, que seguí con éxito durante varios años.

Como yo sabía que mi mensaje fastidiaba a mucha gente, puse especial empeño en ser "un buen soldado", en especial cuando uno de mis enemigos sentía que yo tenía algo positivo o interesante para ofrecer a su cliente (ignorando muy convenientemente nuestras diferencias). Removía cielo y tierra para ir a donde él quería que fuese, antes del tiempo estipulado y preparado como el mismo demonio para trabajar con dicho cliente. Esa actitud, que era el núcleo de la característica "socio-a-socio" de McKinsey, me permitió ir imponiendo con cierta dureza y con bastante celeridad mi propia idea, que era lo que realmente importaba.

(Nota: Con el tiempo, el precio de tratar con gente por la cual estaba perdiendo el respeto se fue haciendo demasiado alto: saber cuándo cortar una relación y tomárselas, también es parte del bagaje indispensable para ejercer el poder.)

No se crea que se las sabe todas; nunca JAMÁS abochorne a nadie en público. Conozco demasiados consultores y expertos en administración de empresas que han estropeado su efectividad por alardear de inteligentes, sabelotodos y, muy en especial, por abochornar y humillar en público a otros, incluso a sus clientes, que tienen tanto o más talento que ellos pero que quizás no son tan rápidos o tan analíticos. Es como si esta gente no pudiese dominarse. Este error fatal (la condescendencia es un solapado asesino) es mucho más común de lo que uno podría suponer.

Aprenda a callarse la boca. Cada vez que participe de una reunión, repítaselo como un mantra: "No voy a presumir de lo que sé, no voy a presumir de lo que sé..."

Si se comporta de forma medianamente decente, le será posible evitar enterrarse en un montón de mierda. El tipo bueno podrá terminar o no en último puesto. Pero los hijos de puta siempre reciben su merecido.

Sí, estoy utilizando palabrotas. Pero tengo un buen motivo para hacerlo: quiero que mi mensaje llegue e impacte. Si uno defiende algo medio descolgado de la realidad (hay que tener en cuenta que la gente también se burló de los hermanos Wright), se empieza ya con 2,76 golpes en contra. Pero si uno es un tipo decente o, al menos, se comporta de forma decente, tiene la mitad de la batalla ganada.

Yo me he ganado la vida vendiendo mensajes e ideas que, por lo general, no son muy bienvenidos. Pero aprecio sinceramente a la gente con la que trabajo (por ahí, gracias a lo que mamá y papá me enseñaron); siento simpatía y empatía, me pongo en su lugar, me identifico con ellos... y ellos sienten que estoy de su parte y que les administro el trago amargo no porque me divierta sino porque creo que es importante y positivo para ellos.

Si usted no es medianamente decente, al menos simule serlo... aunque no creo que eso sea posible. Ya alrededor de los catorce años de edad, el ser humano tiene desarrollado en su interior un detector de mentiras interior bastante confiable.

Uno PUEDE cometer todo tipo de estipudeces impunemente cuando las cosas andan bien... pero más vale que resista la tentación de hacerlo, porque todo eso puede volverse en su contra cuando las cosas empiecen a andar mal (y ese momento siempre llega). En su autobiografía, el militar norteamericano Norman Schwarzkopf cuenta que, cuando fue promovido a brigadier general, de un día para el otro todo el mundo comenzó a celebrar sus malísimos chistes.

Cuando uno es jefe, todo el mundo aplaude hasta las más grandes estupideces. El problema es que eso se suba a la cabeza y uno comience a creerse tan gracioso como Robin Williams.

Bueno, pero el tema aquí no son los chistes sino impedir que el éxito le infle el ego. Trate de liberase de las pequeñas arrogancias que el poder suele traer aparejadas. En primer lugar, porque lo convierten en un engreído y hará que sea menos respetado. En segundo lugar, porque a la primera oportunidad se lo harán pagar.

La gente tiene buena memoria. Muy buena memoria. Una memoria infinita. Si usted los humilla o les gasta una broma pesada, lo recordarán. Boicotearán sus políticas. Y en cuanto usted tropiece y caiga, le darán una buena patada. No porque sean unos malvados, sino porque son seres humanos comunes y corrientes, a los que no les gusta que se los humille.

Sea generoso en la victoria... y aun mucho más en la derrota: mañana será otro día. Cuando alguien esté mal o se sienta herido, sea en especial bondadoso. La simple bondad humana tiene un poder inconmensurable. Y comparta su gloria cuando la suerte se la depare (toda victoria es, en gran medida, cuestión de suerte... no lo olvide.)

Las respuetas del todo correctas NO existen, así que no insista demasiado. El problema con los consultores de McKinsey y de BCG y con muchos expertos en administración de empresas, es que creen tener todas las respuestas y que todas son absolutamente correctas. Y como saben que los ángeles los han bendecido al entregarles esas respuestas, insisten para imponerlas. Atropellan sin miramientos al hombre de 49 años (cuando ellos tienen 26), que estuvo en el "frente de batalla" durante décadas. Lo siento: a pesar del imponente título de Administrador de Empresas y del hecho de que McKinsey/BCG los admitieron en sus claustros, las respuetas del todo correctas no existen. Punto.

(Afloje la mano, dirá usted. Bueno. escuche, no estoy diciendo que el tipo de 49 años de edad necesariamente tenga razón. Lo que digo es vaya despacio. Ese hombre tiene su experiencia. Adquirió cierta sabiduría. Ha visto a gente como usted llegar —y partir— varias veces antes. Y lo que digo, y repito es que LAS RESPUESTAS ABSOLUTAMENTE CORRECTAS NO EXISTEN.)

Recuerde: Todos somos el centro de nuestro propio universo... usted y CADA persona con que usted hable. Cada persona es la estrella de su propia película. Cada persona valora sus ideas (e ideales). Cada persona que compra la idea que usted le vende lo hace incorporándola como su propia idea (por más que siga pareciéndose mucho a la que usted le vendió).

Si usted tiene presente que la otra persona se encuentra en el epicentro de su propio mundo, las cosas le irán mucho mejor. Deje que la estrella del otro brille y que se luzca... él, por ese gesto, lo amará eternamente.

Es muy fácil desairar a otros. El comité de recepción que lo recibió en su visita a esa empresa, estuvo integrado por cinco personas. Usted acostumbra a enviar notas de agradecimiento y está convencido de su efecto positivo (¡Bravo!). Usted envía las notas de agradecimiento del caso. Tenga cuidado. Mucho cuidado.

La única forma de no desairar a nadie es ser muy cuidadoso. Muy, muy cuidadoso. Tome nota, controle, vuelva a controlar y luego controle una vez más para asegurarse de que tiene una lista completa y, sobre todo, correcta de toda la gente que lo atendió. Luego controle cómo se escribe cada nombre. Verifique otra vez. Y otra, y dos veces más. Confirme los títulos profesionales y universitarios de cada persona, una, dos, tres veces. O cuatro.

Recuerde que los negocios son una actividad muy compleja y, como tal, está sujeta a fallas y errores. ¡Es tan, tan fácil herir a alguien sin proponérselo! Insisto: la clave para evitarlo consiste en trabajar con dedicación sobre el tema. Y tomar esas pequeñeces muy en serio.

Apóyese en un buen amigo que no tenga pelos en la lengua y le "cante la precisa". Cuando usted llega a la cima, nada de lo que escucha es verdad (o, por lo menos, toda la verdad). Es muy difícil mantener la perspectiva de las cosas. La dificultad es directamente proporcional a la altura que ha logrado escalar.

La mejor defensa es un buen compinche, un amigo de verdad. Puede ser su pareja. Puede ser su ex compañero de cuarto de sus tiempos de estudiante, con el que habla sólo tres veces por año. Pero en algún momento y de alguna manera, usted necesitará mantenerse en contacto con la realidad. Necesitará a alguien que pueda reírse de usted, que disfrute de eso y que lo obligue a reírse de usted mismo. Cuando los senadores romanos se dirigían a las masas, siempre tenían a su lado a un subalterno cuya única misión era repetirle, de tanto en tanto: "Recuerde que usted es mortal". También usted, querido lector, es mortal y sería muy sano que se lo recuerden con cierta frecuencia y sin rodeos.

La verdad es que, al llegar a determinada posición, por más abierto que usted sea, terminará rodeado de personas obsecuentes (los conocidos "sí, señor"). Y es difícil no creerle a la gente que repite sus propias ideas. Resista esa tentación.

Muévase con anticipación... y con rapidez. Escoger el momento oportuno es esencial. Por supuesto que existen acciones que pecan por prematuras, llevadas a la práctica antes de haberse construido toda la red de apoyo requerida. Pero, por otra parte, el esperar demasiado es, quizás, el pecado más grave. "Ellos" (los otros) nunca estarán maduros para concretar las medidas revolucionarias. Por lo tanto, moverse con cierta anticipación y hacer el trabajo sucio (por ejemplo, la reducción de personal) con celeridad, es imperativo.

Cuando analizo las carreras de los ejecutivos que se han destacado por su capacidad de dar un golpe de timón, como el ya desaparecido Mike Walsh de Union Pacific Railroad y Tenneco, es eso lo que observo. Walsh escuchó con atención a los veteranos de la empresa. Estudió el terreno a fondo, trabó amistad con la tropa. Pero, un poco antes de lo que todo el mundo esperaba, dio el gran paso hacia el cambio. Walsh siguió el viejo proverbio chino que dice: "No es sabio cruzar un abismo en dos etapas". Él lo cruzó de un solo salto.

Es cierto que, a veces, queda sangre derramada. Pero, al menos, es un corte neto. Los Walshes de este mundo le dicen lo que van a hacer y, a continuación, lo hacen. De una sola vez. Rápidamente. Todo superado. Y con más tiempo para volver a construir algo nuevo.

Saber cuándo retroceder es tan importante como saber cuándo avanzar. Los mejores conductores militares (y de empresas) coinciden en que la mejor defensa es un buen ataque. Ser agresivo e innovador, en especial en los atestados mercados de nuestros tiempos, es fundamental. Pero ya sea usted Napoleón, Aníbal o el Harry de "Hamburguesas Harry", hay momentos en que la otra parte lleva las de ganar. En estos casos, lo mejor es abandonar el campo lo más rápidamente posible: al menos salvará parte de su tropa (como en Dunkerke) y vivirá para dar una nueva batalla. Saber cuándo dar marcha atrás es una parte fundamental del éxito.

Persevere. ¡Gáneles por cansancio! Hace poco tiempo leí un artículo referido al éxito de Sunkist Growers, la firma estadounidense que realiza enormes exportaciones al Japón y que desarrolló excelentes relaciones con los granjeros japoneses, que suelen ser muy quisquillosos. Se le preguntó al directivo máximo de Sunkist cuál había sido el secreto para lograr su éxito y la respuesta fue: "Muy fácil. Viajé al Japón regularmente durante treinta años".

Me gustó, me encantó. ¿Quiere tener éxito en el difícil mercado japonés? Muy fácil: vaya al Japón, ande dando vueltas por ahí... y, con toda seguridad, dentro de algunas décadas, podrá encontrar un lugarcito.

Resumiendo: la victoria suele ser del más insistente. Prácticamente nada, ni grande ni pequeño, se ha logrado sin soportar fracaso, tras fracaso, tras fracaso. Mucha gente planta bandera y abandona (y, a veces, tal como se dijo un poco más arriba, eso es lo más conveniente). Pero otros tiran hacia adelante, trastabillan, caen, se vuelven a levantar, se can de nuevo... y siguen aguantando.

Deténgase y admire el paisaje. Tenemos tendencia a dejarnos atrapar por la negociación de hoy, el triunfo de hoy, el fracaso de hoy, cualquier cosa de hoy. Y sin duda, un serio compromiso con lo que estamos haciendo es imprescindible, dada la gran cantidad de dificultades que suelen presentarse a cada momento. Por lo tanto es recomendable comprometerse con seriedad y con pasión con lo que se tiene entre manos. Pero por otro lado, conviene tener en cuenta que el triunfo, o el fracaso, no es más que un paso en un largo camino por recorrer. Una pequeña etapa de un largo viaje. Procure obtener una perspectiva adecuada. Aprenda a aceptar los fracasos y a ser generoso en los triunfos, porque todavía le quedan muchos partidos por jugar.

> **El triunfo (o el fracaso) de hoy es sólo un paso en un largo camino por recorrer**

Los grandes dirigentes comprenden esto: por algo llegaron a donde llegaron y tienen en cuenta cómo reaccionar frente a las derrotas de los que están recorriendo el camino hacia la cumbre. "Los que aflojan o se enojan frente a los fracasos, no tendrán mucha vida en la carrera hacia la cima", me dijo cierto ejecutivo. Recuerde esas palabras.

Cuídese de las medias tintas. Las pérdidas y las insufribles demoras pueden ser, a la larga, más valiosas que un resultado mediocre. Muchas cosas terminan en medias tintas, porque es muy tentador partir la diferencia y evitarse una discusión. Por otro lado, y una vez más: recuerde el largo plazo. Este sólo es un round. El compromiso mediocre puede ser un error. Quizás sea mejor dejar que le rompan la nariz y convertirse en un mártir. Acepte la irritante demora, porque le permitirá retirarse a su rincón, recuperar energía, o reanimar a su equipo, y tratar de conquistar el gran triunfo mañana, o pasado mañana, o algunos días más adelante...

Acepte ese miserable trabajito, que nadie ve pero que le permite, con toda tranquilidad, hacer la suya. Estar cerca del centro del poder —por ejemplo, aceptar ese trabajo de asistente del jefe— es muy tentador. Y a menudo redituable. Y, además, le permitirá construirse, en poco tiempo, un currículum sólido, lo que también es importante. Pero, a veces, ese puesto tan interesante, que lo pone en el centro de la acción, puede entorpecer el desarrollo de sus propias habilidades e impedirle recoger sus ganancias. Con todas esas luces que lo enfocan, es menos probable asumir riesgos. Además siempre tiene a su jefe al lado, cosa que, de cierto modo, actúa como inhibidor.

Respuesta: Sorprenda a sus pares. Acepte ese miserable trabajito de secretario o asistente que muchos no quieren hacer. Y hágalo bien. Muy, muy bien. Sea innovador, crativo, deje su marca personal en lo que hace.

Un diseñador de software que asistió a uno de mis seminarios, me contó que trabajaba para una empresa que no le prestaba mucha atención al servicio al cliente, un tema que secretamente a él, lo apasionaba. Pero él era una estrella en ascenso en el diseño de programas y siempre estaba en el candelero. Charlamos largamente sobre el tema y lo alenté a seguir su instinto. Cuando, luego del seminario, volvió a su trabajo, por propia cuenta abandonó su lugar destacado y se hizo cargo del área de servicio al cliente. Se abocó con toda pasión a su nueva tarea, se sintió feliz concretando sus ideas y logró convertir esa área atrasada en el punto fuerte y más competitivo de la empresa...y a sí mismo en una figura fuerte dentro de la misma.

Los objetivos por lo general son estúpidos; aproveche el día. Tener un ideal no es una mala idea. En realidad, es una idea bastante buena: lo motiva a usted e inspira a quienes lo rodean. Pero asegúrese de que ese ideal sea flexible. Conviene que se pueda transformar si algo interesante aparece, de pronto, en la pantalla de su radar. Oportunismo no es una mala palabra, al menos no peor que poder. Si se abre una ventana de oportunidad, no cierre la persiana sólo porque la misma no encuadra en sus planes a largo plazo. Una reacción de ese tipo, irónicamente, convierte la visión de su ideal en una venda sobre sus ojos.

La verdad es que, con lo que dije, estoy edulcorando la realidad. Hace tiempo que siento que los objetivos son en verdad estúpidos. La noción de que, en medio del torrente turbulento y de la maravillosa cacofonía de esta vida, haya que seguir sólo una brillante estrella (excluyendo todo el resto de la galaxia) me parece absurdo.

En lugar de ello, prefiero ponerme cada día ante una nueva tela en blanco, sobre la cual pintar mi cuadro. Le aclaro que lo que funciona para mí, no necesariamente tendrá que funcionar para usted. Pero, por lo menos, piénselo...

Más vale construir puentes con amigos, que quemarlos con enemigos. Detesto los conflictos. Los evito como la peste. Pero no es sólo cuestión de carácter: estoy convencido de que los conflictos no sirven para nada. Su arrolladora personalidad y su brillante capacidad analítica difícilmente logren convertir a sus enemigos en aliados. Y, pierda o gane, gastará un montón de tiempo entrenándose para la batalla y, después, limpiando los destrozos.

Olvídese de sus enemigos. Elúdalos. Concéntrese, en cambio, en hacer amigos, conviritiendo a quienes coincidan con usted, poco o mucho, en fervorosos adherentes. Es decir, rodee a sus enemigos con sus amigos.

Los choques frontales son estúpidos y sin sentido. Bueno... no siempre. A veces sirven como un punto final simbólico, para demostrar que usted es un tipo fuerte o alguna pavada similar. Sin embargo, por lo general, creo que hay que evitarlos. Las peleas insumen una cantidad enorme de energía emocional y, por lo general, usted queda mal parado. Además, muy difícilmente le permitirán ganar adherentes... que es, en última instancia, lo que usted busca..

Haga esa llamada AHORA MISMO: solucione el problema antes de que se pudra todo. Es obvio, al menos viéndolo en perspectiva: todo gran problema, en algún momento, fue nada más que una pequeña molestia. Si tan sólo hubiera....

Si tan sólo hubiera atacado el asunto antes de que se convirtiera en un problema. La cruda realidad es que una simple llamada telefónica de cuatro minutos (240 segundos) ya mismo, tal vez puede evitarle un juicio de dos millones dentro de dieciocho meses. (**Sugerencia:** ignore a su abogado cuando le aconseje no hacer esa llamada.)

Sinceramente, no sé cómo manejar eso, a no ser de una forma muy personal. Por lo general, evito hacer este tipo de llamadas. A pesar de que, al menos hasta ahora, no he tenido ningún juicio pendiente por dos millones de dólares, mi pecado de omisión causó un montón de sufrimiento y angustia, tanto a otros como a mí mismo. Pero, de tanto en tanto, la hice. Y le puedo decir una cosa: nunca falló. La verdad es que, al final de los cuatro minutos —o de los catorce minutos a que la conversación generalmente se estira— uno, a menudo, se encuentra con la sorpresa de que ha ganado un amigo. La mayoría de las personas queda sorprendida cuando alguien hace el esfuerzo de solucionar de inmediato un malentendido o de reparar una ofensa involuntaria.

Créamelo: la mayoría de los errores que usted cometa en su carrera y, probablemente, también en su vida personal, tendrán su origen en la omisión de esa llamada de cuatro minutos que podría haber evitado que el granjero soltara la vaca que pateó el farol que inció el fuego que quemó el establo...

La respuesta no es, necesariamente, ser un tipo pendenciero. Los tipos recios no siempre son los que ganan. Dos presidentes muy distintos, Ronald Reagan y Bill Clinton, son famosos por evitar conflictos. Es cierto que se puede ir demasiado lejos en esa postura, que es lo que, tanto uno como otro, hicieron en su momento (y ambos tuvieron problemas por eso). Por otro lado, ambos llegaron a la Casa Blanca... y usted no. De modo que evitar los grandes embrollos y derramamientos de sangre no es, necesariamente, algo negativo.

De tanto en tanto, dígale a la gente que se largue... incluso a su jefe. El proceso ES importante, pero usted también obtiene poder a partir de los resultados, que se obtienen manteniendo el desenlace cuidadosamente en la mira. Es importante enviar sus notas de agradecimiento. Es importante contestar sus llamadas telefónicas. Y a veces es importante ser grosero.

Aproximadamente cada 18 meses escribo un libro. Todas mis otras actividades, por más divertidas, interesantes y lucrativas que sean, dependen de esa actividad. Así que, cuando escribo, escribo. No puedo escribir un libro y hacer otras cosas, al mismo tiempo. Así que no lo hago. Me vuelvo descortés, rudo e incluso grosero.

No contesto llamadas telefónicas. No contesto mi correspondencia... ¡a veces durante días, semanas, meses, un año! Todo lo que no sea una verdadera emergencia, va a parar a un cajón. Quizás mi vida no sea una vida común. ¿O sí? Yo me inclino por pensar que sí. Conteste sus llamadas telefónicas y su correspondencia, si quiere hacerlo, pero cuando esté trabajando en algo realmente vital, cierre la puerta a toda distracción.

Bien, estos fueron mis pequeños secretos para ejercer el poder. Muy personales. Muy propios de mi idiosincracia. Pero creo que aportan mi granito de sal (o todo un salero) sobre el tema. No es el enfoque habitual del tema. Hago hincapié en notas de agradecimiento y en ser un buen tipo, en lugar de hablar de habilidades para la negociación. Lo cual me conduce al fútbol americano.

Un partido de fútbol, a menudo, se pierde en los últimos 30 segundos por un tiro errado, un error del árbitro o lo que fuese.

Pero no me identifico con quienes se quejan por ese tiro malogrado o la falta que el árbitro no cobró. Si hubiesen contado con una ventaja de 27 a 7, ese error de los últimos 30 segundos no les hubiese costado el partido.

La idea es que hay que conseguir una ventaja de 27 a 7. Si le da importancia a esos ítems menores —¿engrosó su agenda de direcciones en el día de hoy?— es posible evitar las confrontaciones decisivas, las grandes batallas que dependen de la suerte o de la casualidad.

A mi criterio, en eso consiste la acumulación y el ejercicio del poder.

28

Mucho cuidado con las soluciones y recetas facilistas, propuestas por los gurúes del management... empezando por el que esto escribe.

LECHE, GALLETITAS Y CÓMO CONDUCIR GENTE

29 Poniendo al cliente en su lugar

Hal Rosenbluth relata el increíble éxito de Rosenbluth International, su empresa de servicios al viajero, en un libro titulado:

El cliente no es lo primero (1)

¡Me encanta ese título!

Pero, entonces... ¿Qué o quién está en primer lugar? No sea tonto, dice Hal: los empleados. Esto significa que, si uno quiere poner al cliente en primer lugar, deben estar "más primero" los colaboradores. Elemental, mi querido Watson.

¿Comprendido?

30 Los ritos de la primavera

Los inviernos de Vermont siempre son muy largos, pero el de 1993-94 batió todos los records. Y de pronto... aparece la primavera en escena. Casi de un día a otro, todo revive, glorioso y colorido.

Nosotros y nuestros vecinos estamos como transfigurados. Mientras contemplo una deliciosa salida de sol, siento que puedo mover montañas.

Ese tipo de renacimiento rara vez se produce en las grandes empresas. El empleado de expedición despacha por enésima vez los pedidos del día; el de la oficina de reclamos recibe hoy la misma tanda de problemas que ayer y que mañana; la mucama del hotel recoge las mismas sábanas y toallas de todos los días. Y lo que vale para ellos también vale para el ejecutivo. Cada día trae consigo un promedio de 5,27 reuniones con 48,1 transparencias por reunión. ¿Es así o no es así?

No es de extrañar que, en esas organizaciones, con el paso del tiempo, nos pongamos un tanto cínicos o, cuando menos, tengamos la sensación de estar atados a una noria.

¿Qué tal si ponemos un renacimiento primaveral en el tope de nuestra lista de prioridades? A medida que el mercado se vuelve más y más exigente y el ritmo más y más implacable, también se hace más y más importante reforzar y apoyar el proceso de renovación. Por lo tanto, a continuación le doy algunas sugerencias:

■ **Haga una pausa —pero en serio— durante su actividad diaria.** Me preocupa mucho mi nueva fotocopiadora Canon ultrarrápida. ¿Cómo hago ahora para tomarme una pausa? He comprobado —en serio— que muchas de mis mejores ideas me surgieron mientras estaba parado junto a mi vieja fotocopiadora que pasaba, una a una y lentamente, las 75 páginas de un trabajo. Las pausas de café son una buena cosa, pero estoy hablando de algo distinto, de una pausa de verdad que permita refrescar o reorientar las ondas cerebrales.

■ **Haga algo de forma diferente.** Una empresa de comercialización da a su gente de telemarketing un día libre por semana, para que trabajen exclusivamente en proyectos para mejorar la productividad. Además de que este día no rutinario recarga las pilas para el trabajo principal de cada individuo (el telemarketing), los beneficios que trajeron los proyectos compensaron con creces los costos de personal adicional que esa política requiere. Pienso que ese enfoque puede ser aplicado casi en todos los rubros.

■ **Establezca un espacio para el tiempo libre.** ¿Qué tal si invita a toda la gente de la oficina de contabilidad al cine, hoy por la tarde? ¿O a ver actuar al hijo de uno de ellos en una obra de teatro vocacional?

■ **Cambie de entorno.** Cuando el tiempo se vuelve más cálido en Worthington, Ohio, los diseñadores de Fitch RS salen a trabajar al aire libre, sobre mesas de picnic. En general, cambiar de entorno es importante y muy positivo. (Por lo general, yo trabajo en dos o tres lugares por día, aún cuando me veo confinado a una oficina; y a veces me voy con mi camioneta a algun lado y trabajo durante unas horas sentado dentro de la misma.) Si es posible, ubique algunas mesas de picnic cerca de la oficina, o tenga a mano algunas bicicletas. De esa forma, cuando necesite una reunión realmente productiva con su gente, puede hacerlos trabajar al aire libre o subirse a las bicicletas y dirigirse hacia el parque más próximo.

■ **Celebre.** Casi todas las semanas (¿o todos los días?) hay algo que vale la pena celebrar. ¿Qué le parece la idea de "Conducción por Sandwiches y Gaseosas"? Sandwiches, masas y algo para beber es una buena forma de invertir en renovación. Para incentivar esa actitud, establezca un fondo de reserva que permita que cualquiera tenga acceso a unos dólares para improvisar una fiesta de pizza y gaseosas.

■ **Organice un espectáculo.** Quedará sorprendido de los talentos de sus colegas, más allá de los que demuestran en su trabajo contidiano. ¿Por qué no darles un espacio para demostrarlos y así, de paso, usted los conoce un poco mejor? Por ejemplo, organice una semana de arte dramático, que puede concluir con un evento un poco más formal para los empleados y sus familias.

■ **Nada mejor que un buen libro.** Conozco una empresa que cierra su planta durante dos horas por semana, para que equipos formados por jefes y empleados estudien un capítulo de algún libro sobre calidad, servicio al cliente, reingeniería u otro tema similar. En otra empresa, grupos informales de lectura, conformados por ejecutivos, ingenieros y quien quiera, leen juntos una novela o una obra de teatro por mes. Me parece lindísimo.

■ **Haga una limpieza a fondo.** Imite la gran limpieza de primavera de mamá (al menos la mía). Durante dos días, todo el mundo aparece vestido con jeans y remeras, especialmente diseñadas para el caso, y se aboca a una limpieza a fondo: se tiran viejos archivos, se limpian cajones y escritorios, en fin, lo que sea necesario para sentir que se está frente a un nuevo comienzo.

■ **Comience el entrenamiento de primavera.** Todas las primaveras, los hinchas de los Chicago Cubs vuelven a soñar con el título mundial. ¿Por qué no hacer lo mismo en nuestra empresa? Esto va más allá de la limpieza antes sugerida y apunta a algo más fundamental y profundo. Por ejemplo dos días de esfuerzo concentrado (llámelo "La celebración de la primavera") para analizar las pérdidas y las ganacias y renovar el compromiso individual con la visión y los valores del grupo de trabajo.

Pero si no la pone en práctica con profunda convicción, cualquier táctica puede ser un arma de doble filo. Hasta una pequeña celebración puede resultar un fiasco. Mis propuestas no tienen nada de especial. La intención es que usted comience a pensar en términos de renovación, en ese fenómeno revitalizador que la mayoría de los granjeros, aunque sean aficionados como yo, viven cada año en primavera, pero que la mayoría de las empresas ignora por completo. En una economía que clama urgentemente por respuestas llenas de brío y vitalidad, y que, por lo general, recibe exactamente lo contrario, tanto de empresas grandes como de pequeñas, ésta es una oportunidad estratégica.

31

"El equilibrio ha muerto.... Busque el desequilibrio persistente." (2)

Kevin Kelly
*Out of Control: The Rise
of Neo-Biological Civilization*

¡Hurra!

Sé que no fue por la influencia de E.F. Schumacher. (Para ser franco, todavía no leí *Small Is Beautiful*.) Y sé que no es por predisposición natural, ya que, durante mucho tiempo, me inclinaba a favor de la potencia de las grandes empresas.

Quizás haya sido la fuerza de convicción de Ren McPherson. Junto a Herny Ford, Cyrus McCormick y otros grandes empresarios, llegó a figurar entre los grandes de *Fortune* durante la década del 70, por su actividad pionera en la productora de autopartes Dana Corporation, implementando un enfoque que ponía en primer lugar a su gente. Cuando hice mis primeros trabajos de investigación para mi libro *En busca de la excelencia*, en 1979, McPherson me dijo que prefería mantener pequeñas a sus plantas y empresas. Consideraba que si su personal superaba las doscientas o trescientas personas, la empresa tendía a perder su espíritu.

"Primero la gente" quizás sea una frase que no va del todo bien con Chuck Knight de Emerson Electric's, testarudo y fanántico de la eficiencia. Sin embargo, también a Chuck le gusta mantener alto el nivel de energía y, por lo tanto, prefiere no trabajar con unidades muy grandes. (Emerson fue otra de las empresas que analicé al preparar *En busca de la excelencia*).

Aunque poco a poco me fui interesando en el gran éxito de las empresas medianas y pequeñas, pasaron diez años hasta que centré mi atención en la dimensión de las compañías. Pero cuando, a fines de la década del 80, la competencia se fue haciendo más y más violenta y feroz, me fui topando con más y más individuos y empresas que confiaban ciegamente en la fórmula de la "empresa de tamaño moderado".

Percy Barnevick, de ABB Asea Brown Bovery (ver su historia también en *Liberation Management* y *El seminario de Tom Peters*), desintegró una empresa de 200.000 personas en 5.000 unidades con un promedio de 40 empleados cada una. A pesar de que Barnevik se graduó en ingeniería, su lógica fue tan poco convencional, como la de McPherson o la de Knight: "La innovación constante y la preocupación por el cliente —condiciones obligatorias en todos los mercados superpoblados en que compito— sólo se logran a partir de equipos humanos vigorosos, obsesionados y llenos de energía" fueron sus palabras. Ese era el motivo por el que buscaba unidades de negocios pequeñas. Ben Lytle, integrante del exitoso equipo de servicios financieros The Associated Group (ver *Liberation Management* y *El seminario de Tom Peters*), utilizó el mismo argumento para explicar por qué dividió su grupo de gran envergadura en unidades con no más de cien integrantes, que volvía a subdividir cuando el éxito de una de ellas la hacía crecer por encima de las doscientas personas.

¿Cuáles son los límites máximos y mínimos a que apunta esta filosofía? Richard Branson (Grupo Virgin) es otro fanático de las unidades operativas pequeñas y de subdividirlas en cuanto crecen demasiado. Afirma que si se llega a más de 50 ó 60 colaboradores, la gente se "pierde en los vericuetos del poder." De modo que aquí tenemos un punto de referencia: 50, persona más, persona menos. Mike Walsh, cuando condujo el extraordinario cambio de rumbo de Union Pacific Railroad, definió como "grupos pequeños" a unidades operativas de 600 personas. A pesar de que Walsh era lógico al extremo, esa subdivisión de la gigantesca empresa ferroviaria en unidades de negocio de 600 personas tuvo motivos fundados: era fundamental que los gerentes de cada unidad ("Top Guns" como eran llamados en Union Pacific Railroad) conocieran por su nombre a todos sus colaboradores y a sus principales clientes.(3)

De modo que en un extremo del espectro tenemos grupos de 50 personas y, en el otro, de 600. Pero uno se pregunta si este asunto de la dimensión tiene algún otro fundamento, además de la intuición (aun cuando se trate de la intuición de tipos muy geniales).

Sí, tiene.

Antony Jay, en su revelador libro *Corporation Man*, publicado en 1972, analizó al detalle el tema del dimensionamiento de las unidades de negocio: "Yo tenía la sensación, el presentimiento, de que había una cantidad de personal óptima, aun cuando racionalmente no lo podía explicar, —dice en su libro—. La cifra oscilaba entre las 400 y las 500 personas." Su presentimiento fue confirmado por estudios realizados en las llanuras desérticas de Australia, en los suburbios parisinos y en numerosas escuelas y empresas.

"Una unidad de 500 personas es un grupo del cual uno se

puede sentir parte —explica Jay—. Se sabe que si uno se va del grupo, todo el mundo notará el vacío que dejó.... Esto es de gran importancia en una comunidad, aunque más no sea porque afecta de forma radical la cantidad de metidas de pata que uno puede cometer impunemente... Imagínese tratando de tener una aventura extramatrimonial en un pueblo de 600 personas: se puede calcular, con bastante certeza, que desde que la primera persona sospeche algo hasta que todo el pueblo hable del asunto, no transcurrirán más de doce horas." (4)

Investigaciones más recientes fijan el número mágico en 150 (exactamente en 153, según uno de los estudios). En todos lados aparecen ahora grupos de entre 100 a 230 personas, informa la publicación británica *New Scientist.*

En la mayoría de los ejércitos modernos... la menor unidad autónoma generalmente consta de 130 a 200 individuos... Desde 1950, los sociólogos saben que existe un umbral crítico entre las 150 y 200 personas y que las empresas más numerosas sufren una cantidad desproporcionada de ausentismo por enfermedad y otras causas. En 1989, Tony Becher, de la Univesidad de Sussex, publicó una investigación realizada sobre doce disciplinas, tanto de carreras científicas como humanísticas y señaló que una vez que los grupos de estudio superan la cifra de 200 investigadores, la disciplina se fragmenta en dos o más subdisciplinas...

Los poblados neolíticos del Medio Oriente, alrededor de 6.000 años A.C. parecen haber sido conformados por no más de 120 a 150 habitantes... Los huteritas, un grupo de fundamentalistas religiosos contemporáneos de los Estados Unidos, que viven y trabajan la tierra en forma comunitaria, agrupan, como máximo, a 150 integrantes en cada comunidad... Han comprobado que cuando esa cifra es excedida, ya no es posible ejercer el control del comportamiento de sus miembros, sólo a través de la presión de sus pares.

Una investigación denominada "Hipótesis de la inteligencia social", aporta el fundamento más sólido en este amplio espectro de observaciones. Los grupos de primates se limitan a 55. El motivo básico: el "acicalamiento social", mecanismo básico para cimentar las relaciones entre los individuos, sólo puede ser realizado individuo a individuo (en este caso, mono a mono). Por lo tanto, según el *New Scientist*, el límite máximo de monos en un grupo estrechamente unido, está en función del tiempo limitado disponible para lamerse, tocarse, acariciarse y despulgarse mutuamente.

El acicalamiento social, a nivel humano, se realiza a través del lenguaje. El *New Scientist* continúa diciendo al respecto: "Se supone que el lenguaje fue evolucionando, para brindar al ser humano la posibilidad de intercambiar información sobre fuentes de alimentos y posibilidades de caza. Pero es difícil entender por qué el ser humano tendría mayor necesidad de hacer eso que los otros primates... Una suposición más plausible es que el hombre fue desarrollando el lenguaje, para tener la posibilidad de integrar mayor cantidad de individuos en sus grupos sociales". Y el lenguaje, tal como lo sugiere con gran precisión esa investigación, es tres veces más eficiente que el acicalamiento no verbal. "Los grupos de conversación en una residencia estudiantil, por ejemplo, están integrados, generalmente, por un promedio de tres a cuatro individuos... grupos mayores suelen fragmentarse en subgrupos de conversación menores... Por lo tanto, parecería que estas características de la conversación están estrechamente ligadas al tamaño que requiere un grupo para mantener su cohesión interactiva."(5)

Durante la era de la producción en masa y la hiperespecialización, cuando la imaginación tradicional del artesano se vio subordinada a la lógica de una máquina, el ser humano violó impunemente ese límite de la dimensión grupal. Pero ahora, la inteligencia, la imaginación, la habilidad individual y las tareas encaradas, de principio a fin, por el mismo individuo, han vuelto a aparecer en escena y, probablemente, alrededor de 150 individuos vuelve a ser la dimensión ideal para un grupo de trabajo. McPherson, Barnevik, Lytle y Bransen creen que es así. Y Bill Gates, de Microsoft, lidiando con un crecimiento demográfico increíble dentro de la empresa, ha fijado la dimensión ideal de una unidad de negocios en 200 individuos.

¡PIÉNSELO!

33 2-3-9

2-3-9. Dos-tres-nueve. Doscientos treinta y nueve.

¿Puede creerlo? 239. De visita en casa de mi mamá, en Annapolis, realizo mi cotidiana caminata revitalizadora. Paso la sede central del Centro de Educación del condado. Es la media mañana, el viernes 23 de septiembre de 1994. La playa de estacionamiento de ese centro es un vasto mar de automóviles.

Quedo petrificado por el impacto. Me detengo y cuento. 239. Esa es la cantidad de automóviles allí estacionados. Y eso que no conté los coches estacionados en el sector para visitantes, ni los vehículos que, obviamente pertenecen a prestadores de servicio (una camioneta de la compañía de teléfonos, entre otras).

Suponiendo que allí no exista el uso compartido del automóvil (*car-pooling*) y suponiendo que ese día nadie estuvo ausente, tengo que deducir que en el lugar trabajan 239 personas. Absolutamente ridículo.

Usted podrá pensar lo que quiera, pero yo no veo ninguna razón que justifique que en la sede administrativa de un distrito escolar (¡ni siquiera en el de Manhattan!) trabajen más de 50 personas. ¡¿Por qué no dejan que los directores manejen las malditas escuelas?!

¡Por Dios, qué burocracia! Como dato adicional, me complazco en informarle que el espacio de estacionamiento más cercano a lo que supongo es la entrada principal, estaba reservado para el Inspector General de Escuelas. ¡Pobrecito, sería terrible si tuviera que usar su paraguas o mojarse en un día de lluvia!

Si vamos a hablar del problema de educación en Estados Unidos, puedo sugerir esto como un buen tema para comenzar nuestra discusión...

34 ¿Una promoción para el negocio lechero?

Carl Schmitt es el fundador y presidente del increíblemente exitoso y próspero Univesity Bank & Trust de Palo Alto, California. Durante un discurso dirigido a sus colegas banqueros, se remitió a una página de Robert Fulghum, autor de *Todo lo que realmente necesito saber, lo aprendí en el Kindergarten,* y sugirió que las empresas funcionarían con más eficiencia si todos hiciéramos una pausa a media tarde para tomar la leche con galletitas. (6)

Conociéndolo a Carl, creo que lo decía mitad en broma y mitad en serio. Después de todo, su banco brinda lustradas de zapatos gratuitas, regala globos a los niños y envía un enorme pan dulce a todos sus clientes para Navidad.

Bien, ¿qué está esperando? Vaya calentando el horno y preparándose para ordeñar la vaca...

35 Empresario con minúscula

La perspectiva de la reducción de personal y del despido es una amenaza constante. Y la probabilidad de encontrar un puesto con remuneración similar no es demasiado buena. Entonces... ¿qué tal si LO intenta? Hablo de la E MAYÚSCULA. De convertirse en EMPRESARIO.

Le da miedo. Piensa que usted no es Bill Gates de Microsoft, ni Ted Turner de la CNN, ni Wayne Huizenga de Blockbustser, sino sólo un Juan o una María cualquiera, de 34 años de edad y medianamente capaz y talentoso(a).

Considere otra alternativa: ¿Y si en lugar de encarar el negocio propio al estilo de Bill Gates, pone un restaurante italiano? Magnífica idea... salvo que quizás ni siquiera sepa hacer un huevo frito sin dejar la cocina como si el lugar hubiese sufrido un terremoto...

Usted podrá o tener o no genes italianos, pero si piensa así, está considerando las alternativas equivocadas (Gates o cantina italiana). Oriente su mente hacia la empresa con minúscula. Piense en aprovechar sus doce años de experiencia en capacitación (o marketing, o finanzas, o lo que sea) y conviértala en una empresa de servicio o consultora unipersonal. Quizás, dentro de diez años, se convierta en una firma de 40 (¡o 400!) personas... o tal vez no crezca en absoluto y termine enganchándose con un sólo cliente de medianas dimensiones (con lo que dependerá de nuevo de un patrón). O quizás usted sea el próximo Gates-Turner-Huizenga. Pero, sea como sea, comience a pensar en algo modesto. Por lo menos logrará reducir sus gastos en medicamentos contra la acidez estomacal y contra el estrés.

Muchos profesionales que suponen que los están por despedir, entran en un estado de pánico, porque no se ven al frente de un negocio al estilo de Pizza Hut, Midas o de los tantos negocios de *franchising* que hay en el mercado, o en una cantina italiana. Eso es lo que, generalmente, entienden por "trabajar por cuenta propia", y es bastante intimidador (incluso para mí, y conste que sé hacer huevos fritos como un profesional).

No me malinterprete: iniciar un negocio unipersonal no es un lecho de rosas. Tendrá que empezar desde la base, pensar qué es lo que lo destaca de los demás, ocuparse de mil detalles (la oficina en su casa, diseñar tarjetas de visita, hacer circulares anunciando sus servicios, etc. etc.) Pero al menos estará pisando terreno conocido y podrá ver la transición desde la relación de dependencia a la vida de empresario como un proceso manejable, que usted podrá encarar paso por paso. (Con suerte, ya tendrá un puñado de clientes —o al menos uno o dos— antes de dejar la relación de dependencia.)

Ser empresario con minúscula puede ser altamente gratificante. Yo mismo lo practiqué durante unos cuantos años, antes de que otra oportunidad golpeara a la puerta de mi oficina doméstica. Confieso que, a veces, recuerdo con cierta nostalgia esos días más simples en que "la empresa era yo".

Por otro lado, si usted es un maestro entre ollas y sartenes y tiene creatividad para armar menúes, abra ese restaurante... ¡y mándeme una invitación para la inauguración!

36

¿Está entusiasmado con el curso de capacitación de tres días, al que concurrirá la semana que viene? ¿Se encuentra impaciente por adquirir nuevas habilidades y nuevos conocimientos? Me parece fantástico, pero... ¿pensó en el lunes después del curso? Volverá a su trabajo y, con toda seguridad, encontrará un sinnúmero de llamadas en su contestador telefónico, su bandeja de entrada estará desbordando de papeles y su agenda abarrotada con reuniones de todo tipo. Y se dirá a sí mismo que una vez que se ponga al día con sus trabajo comenzará a poner en práctica todo lo aprendido en el curso.

¡No lo haga! Estudios muy serios revelan que, si no aplica lo aprendido de inmediato, el primer día que regresa a su oficina, la probabilidad de que alguna vez lo aplique es muy baja o nula.

Cómo remediarlo: Utilice el tiempo inmediato al regreso del curso, o tres o cuatro horas del sábado siguiente, para revisar los puntos principales de lo aprendido y determinar con precisión de qué manera comenzará a ponerlos en práctica el lunes próximo.

Sea realista. El lunes, de todos modos, será un día caótico y de mucho trabajo para ponerse al día, pero a fin de que sus nuevos conocimientos se afirmen y echen raíces, tiene que empezar a encontrarles, de inmediato, un lugar en su lista de prioridades. Si le es imposible, trate de introducir dos o tres de esas nuevas técnicas o habilidades el martes. Sin falta. Además, dedique media hora por día para rever aquellos puntos que no tuvo oportunidad de aplicar de inmediato. Para aprender algo nuevo, es necesario nutrir esos conocimientos discreta pero insistentemente.

Sugerencia: Intercambie números de teléfono con otros participantes y comprométanse a apoyarse mutuamente. Ese trabajo práctico que le salió tan bien durante el curso, no funcionará de la misma manera cuando trate de ejecutarlo en su empresa. Es muy posible que sus compañeros de curso tengan los mismos problemas que usted, y que, al igual que a usted, también los consideren extraterrestres cuando quieran implementar las nuevas ideas. Ayuda (un montón) tener alguien empático con quien intercambiar ideas.

37 El A-B-C del éxito para la década del 90

Las nuevas claves del éxito, el A-B-C para esta década, dice un colega, son: reputación, currículum y archivo de direcciones. Ya no basta con ser puntual, estar de buen humor y tener el escritorio limpio de papeles a las cinco de la tarde, para asegurarse el puesto. En realidad, nada nos asegura el puesto, es decir, trabajar en una-empresa-para-toda-la vida, idea que colmaba las expectativas del hombre de ayer.

Hoy en día, usted es tan bueno como los demás dicen que es (reputación), como las habilidades y resultados que puede enumerar concretamente por escrito (currículum) y la cantidad de contactos que mantiene en su ámbito de interés profesional (archivo de direcciones).

Analice su agenda para esta semana: ¿refleja con claridad la importancia de esos tres puntos? Es decir ¿está usted trabajando específica y conscientemente en su A-B-C del éxito?

38 Mil individuos, mil carreras

Mientras deambulaba por el Alte Pinakothek, el grandioso museo de arte de Munich, buscando los cuadros de Pieter Brueghel el Viejo, pensé en varios de mis amigos y traté de imaginarme qué hubiesen hecho ellos en un domingo libre, a 3.000 millas de su hogar.

Uno de ellos, sin duda, se habría acoplado a una expedición ornitológica y estaría acarreando cincuenta kilos de equipo fotográfico por las colinas, al pie de los Alpes. Otro habría jugado al "antropólogo", recorriendo desde salones de té hasta burdeles, entablando conversaciones con todo el mundo, en su alemán medianamente pasable. Unos cuantos se habrían ido a la tradicional Fiesta de la Cerveza (también yo pasé unas cuantas alcohólicas horas allí). Mis reflexiones me hicieron notar que cada uno de nosotros, por más que fuésemos buenos compinches y tuviéramos intereses profesionales comunes, éramos muy distintos los unos de los otros. ¿Y con eso qué?

La era de la producción masiva se está diluyendo con rapidez. La nueva economía se basa en conocimiento, imaginación, curiosidad y talento. ¿Qué tal si pudiésemos aprender a utilizar y aprovechar las maravillosas y riquísimas diferencias entre individuo e individuo? ¿No le parece que la corporación que supiese explotar la "aptitud clave" de cada uno de sus mil empleados (o diez, o diez mil), llegaría a ser extraordinariamente poderosa? Poniéndolo en negativo... ¿no le parece que una corporación que no se las ingenia para utilizar y explotar la curiosidad y talento especial de cada uno de sus colaboradores, está destinada a tener serios problemas?

De ahí surge la idea de: "mil individuos, mil carreras laborales. Peter Drucker sugirió algo similar cuando declaró, en el número de septiembre-octubre de 1992 de la publicación *Harvard Business Review*, que "la relación entre los obreros del conocimiento y sus organizaciones es un fenómeno claramente novedoso".(7) Los popes de ese concepto son el profesor Ed Freeman, de la Universidad de Virginia, y el profesor Daniel Gilbert, de Bucknell. En su libro *Corporate Strategy and the Search for Ethics*, los autores proponen la "estrategia empresarial de los proyectos personales". Dicen que la empresa es "un medio para facilitar la concreción de los proyectos personales de cada uno de los miembros de la corporación... Las personas sólo pasan por la empresa en su camino hacia sus respectivos objetivos... Las corporaciones son ficciones que sólo se hacen realidad a través de los intereses de sus integrantes". En un mundo en el cual el éxito depende de la capacidad intelectual y de la curiosidad, el crecimiento auto-gerenciado del individuo se torna de fundamental importancia y la empresa inteligente se convertirá, sabiamente, en una herramienta para fomentar el crecimiento de los individuos que la integran. Tanto la firma como sus integrantes temporarios, se beneficiarán con ello.(8)

¿De qué manera es posible que una empresa desarrolle una estrategia empresarial de proyectos personales? Se me ocurre una serie de ideas generales al respecto:

■ Organice todo en forma de proyectos y permítale a sus colaboradores que se autoasignen a los mismos. Este es el estilo congénito de la empresa de servicios profesionales y, tal como firmas tan gigantescas como Arthur Andersen y EDS demuestran, no hay límites en cuanto a la dimensión de una empresa "proyectizada". Cada vez, más y más organizaciones tradicionales adhieren a esa idea.

■ Permita que las carreras se vayan desarrollando a su propio ritmo. En la agencia de publicidad Chiat/Day, una secretaria puede decidir ocuparse del aspecto creativo de las tareas y, si está dispuesta a trabajar duro, puede progresar en esa dirección. ¿Por qué no? Permitir, y alentar, a todos los empleados de la empresa, para que avancen en la dirección que les indica su pasión y su curiosidad, es importante.

Tengo algo que aclarar sobre Peter Drucker. Su denominación "Los trabajadores del conocimiento" minimiza o deja de lado, a mi criterio, un punto importante. "La curiosidad es más importante que el saber", dijo Albert Einstein. ¿Qué tal si cambiamos la denominación mencionada por la de "trabajadores de la curiosidad"? Me parece que es una idea más abarcativa y más importante.

Y aquí va la pregunta que mete el dedo en la llaga: ¿Está usted desarrollando la "aptitud clave" de cada integrante de su grupo de trabajo? ¿Sí? ¿Está seguro? (Por ejemplo ¿Tiene respuesta para esta pregunta?: ¿Cuáles son sus habilidades especiales?)

39 ¡Nunca trate al personal temporario como personal temporario!

El segmento de la fuerza laboral estadounidense de crecimiento más acelerado, es el de los trabajadores temporarios. Hoy en día todas las organizaciones los utilizan. El sistema de trabajo temporario brinda, tanto a las empresas como a los trabajadores, una flexibilidad muchas veces muy deseable. Pero a medida que su empleo se ha incrementado, los problemas también lo han hecho. ¿Cómo se inspira lealtad para con la firma y se enseña la cultura empresarial a alguien que sólo estará con la empresa durante unos pocos meses? ¿Cómo se logra que la gente rinda un 110 por ciento si saben que sólo estarán relacionados con la tarea por un plazo limitado?

Respuesta: ¡Nunca trate al personal temporario como personal temporario!

Trate al colaborador temporario tal como trata a sus empleados permanentes: dele la bienvenida a la empresa, demuéstrele respeto y confianza, asígnele responsabilidades reales y aplíquele los mismos niveles de exigencia que a los colaboradores permanentes. Éste es el secreto del éxito en lugares como Disney, donde la rotación es inmensa. Los sistemas de capacitación y compensación son para todos iguales. Y los jefes tratan a sus empleados por 90 días igual que si fuesen miembros del equipo de Disney con 20 años de antigüedad.

40 ¡Estúpido, lo fundamental son los servicios!

¿Cuán importantes son los "servicios"? Créalo o no, el 96 por ciento de la gente que trabaja, realiza tareas de servicio. El 79 por ciento de nosotros trabajamos en áreas oficiales de servicio (transporte, venta al menudeo, entretenimientos, servicios profesionales, etc.). Y el 90 por ciento del 19 por ciento empleado en lo que se denomina "sector de producción", realiza tareas de servicio (diseño, ingeniería, finanzas, marketing, ventas, distribución, compras, etc.) (9)

La inversión de capital por empleado en el sector de servicios es más elevado que en la producción y el valor agregado por empleado es igual en ambos sectores. La realidad es que los terriblemente sofisticados líderes del sector de servicios (por ejemplo Wal-Mart), con más información que el sector de producción (a pesar de que son responsables del 75 por ciento del PBI, el sector de servicios acapara el 85 por ciento de las inversiones en tecnología de información), son los que llevan la voz cantanate y, de hecho, dictan las estrategias de los fabricantes.

Según una encuesta anual realizada por la reconocida organización World Economic Forum, las dos economías más competitivas del mundo —los Estados Unidos (Nº1) y Singapur (Nº2)— desplazaron, en 1994, a Japón, quien durante muchos años fuera líder indiscutido. Dos son las razones para el alto puntaje de estas economías: una enorme ventaja en productividad de servicios y un tremendo balance positivo en la venta de esos servicios.(10)

Así que... ¿por qué seguimos hablando mal del sector servicios? Habrá hombres que comen tarta y otros que no. Pero prácticamente todos los hombres y todas las mujeres realizan tareas de servicio, así que organicemos y compensemos como corresponde. Quizás, incluso, Washington se dé cuenta de esto algún día, y comience a concentrarse en una elaboración de políticas relativas a la calidad de servicio y su reconocimiento.

41

P. En la planta de producción que yo dirijo, trabajamos en tres turnos. El turno noche tiene algunos problemas de productividad y baja moral de trabajo. ¿Qué puedo hacer?

R. Sospecho que el problema básico es que el turno noche se siente dejado de lado... y probablemente ello sea real. Nunca ve a los máximos ejecutivos (por lo menos, en el período de un año, según me dice un amigo que trabaja en el tercer turno) y no participa de los acontecimientos cotidianos de la empresa. Pero, sobre todo, sienten que están trabajando en una tierra de nadie, aislada e ignorada.

En cinematografía, cuando se utilizan lentes especiales para filmar escenas nocturnas con luz diurna, se dice que se convierte al día en noche. Lo que su compañía necesita es lo contrario: convertir la noche en día. Es posible tomar algunas medidas especiales para que su tercer turno trabaje tan brillantemente como el primero.

Comience por arriba. Trate de que integrantes de los niveles directivos y gerenciales, se hagan presentes de manera regular durante el turno noche. Después, considere transferir al diez por ciento de su personal de áreas como contabilidad, recursos humanos y administración, al turno noche. Procure, asimismo, poner un poco de magia, un poco de emoción en ese turno (celebraciones y reconocimientos, comidas especiales en la cantina, premios para reconocer los rigores que significa ser un "trabajador-lechuza"). La idea es hacer que la gente que trabaja de noche se sienta especial, pero en forma positiva y no negativa.

42

El ruido de los truenos distantes pero no tanto: En los Estados Unidos, las empresas manejadas por mujeres emplean más personal que todas las quinientas empresas de *Fortune* juntas. (11)

43

¿Suele tener la sensación de que se está ahogando en información, que los diarios, la televisión, las revistas, los nuevos programas de computación, el Internet y el correo electrónico, e incluso este libro, lo están asfixiando? ¿Que la información le llega de todos lados más rápidamente de lo que usted la puede deglutir y, mucho menos, asimilar? ¿Que está circulando fuera de control en la súper-autopista de la información? ¿A veces tiene ganas de tirar todos los diarios y revistas, desenchufar la radio y la televisión, deshacerse de los videos y cancelar todas sus suscripciones a publicaciones?

No lo haga.

Deje que sus archivos se vayan engrosando y acumulando. Guarde ese recorte del diario local, con una nota que apareció cuando usted estaba fuera de la ciudad. Grabe en video ese programa que parece tan interesante, pero que no podrá ver porque no estará en casa. Archive ese fax sobre las principales atracciones turísticas de Dakota del Norte. Creo que ya lo está adivinando: soy una rata guarda-todo y un convencido de que eso está bien. No sé cuántas veces un dato o una información —archivada en los recovecos de mi sobrecargado cerebro y en algún bibliorato— me vuelve a la mente y constituye el eslabón perdido que otorga coherencia al trabajo que tengo entre manos.

Supongo que la eficiencia de este proceso es de alrededor del dos por ciento, pero ese nivel está bien. Me gusta tener un montón de información a mano y no me importa el desorden. En mi opinión, los sistemas súper ordenados terminan siendo irremediablemente ineficaces. Se pasa tanto tiempo ordenando y archivando, que la información pierde toda su fuerza, su capacidad de establecer relaciones, un poquito de esto mezclado con un poquito de aquello. La sobrecarga de información es útil y, de todos modos, inevitable. Así que, diviértase con ella.

44 En busca de manuales que, en lugar de prohibir, fomenten la acción

Prefiero leer cualquier cosa antes que un manual de políticas y procedimientos empresariales. Esos manuales son, inevitablemente, una recopilación de cosas que **no** se deben hacer. Y esos "no" frenan toda iniciativa, aplastan la innovación y bloquean la creatividad. Cuando veo un grueso manual de ese tipo, sé que estoy frente a una compañía lenta, que se mueve con dificultad tratando de cumplir pesadas normas, como si acarreara exceso de equipaje.

Desenfunde su lapicera roja. Conviértase en un corrector despiadado. Pregúntese ante cada frase, ante cada norma, ante cada prohibición: ¿es realmente necesario que esto figure aquí? ¿Ayudará a la empresa, aunque sea en la más mínima medida, a ser más eficaz y competitiva en este mundo turbulento y despiadado? ¿No? Entonces, sáquelo. ¿Ve ese cesto de papeles? Haga de cuenta que es un jugador de la NBA: practique su puntería.

Mejor aún, tire todo ese podrido manual lleno de prohibiciones y reemplácelo por otro que especifique todo lo que está permitido. Eso es lo que hizo David Armstrong, inventor del sistema de "Gerenciación por relato de historias". (Incluso escribió un libro sobre el tema.)

Armstrong, en cuya tarjeta de visita figuraba "Contador de historias" como título profesional, maneja su empresa contando una y otra vez historias reales sobre cómo su gente en las trincheras de Armstrong Internacional se manejó bien

> Cuando veo un grueso manual de ese tipo, sé que estoy frente a una compañía lenta, que se mueve con dificultad tratando de cumplir pesadas normas, como si acarreara exceso de equipaje.

en situaciones azarosas (clientes irracionales, conflictos personales, etc.) Estas historias sobre qué y cómo hacer cosas, no son normas de facto para ser aplicadas irracionalmente la próxima vez que aparezca un problema similar. Por el contrario, son ejemplos que, casi siempre, muestran una respuesta flexible e innovadora frente a temas actuales (como todo adulto sabe, cada situación es diferente). Estas historias marcan un tono, una tendencia, pero son la antítesis de cualquier manual de normas y procedimientos.

No nos engañemos, la colección de historias de Armstrong constituye su política y su manual de procedimientos. Y no hay otro.

45 Esto le va a costar caro, amigo (y a mí también)

Estoy en el supermercado, buscando una marca determinada de prepizzas (para mí, la más rica). No están donde suelen estar. Hay un empleado cerca, y le pregunto:

—¿Me puede decir en dónde están ahora las prepizzas?

—Las cambiaron de lugar —contesta y se va.

OK, fue un día estresante. Y ese negocio de por sí no me cae demasiado simpático. Y la respuesta recibida es harto habitual. Así que... Así que perdí la paciencia.

—Las cambi*aron* de lugar. ¿Ellos las cambi*aron* de lugar? ¿Quiénes son "ellos"? ¿Puedo yo preguntar*les* adónde pusi*eron* las prepizzas? —Admito que el nivel de decibeles de mi voz iba en aumento.

Bueno, ¿y cuál es el drama? No es ningún drama, pero sí una muestra más de mal servicio. Me quedé pensando sobre esos anónimos "ellos", que se manifiestan a través de las terminaciones verbales "aron" y "eron". Dicen que Ted Turner aplica una multa a todo colaborador de la CNN que use la palabra extranjero (según él, estamos todos en el mismo bote). Si yo estuviese a cargo de un almacén, un restaurante u otro tipo de negocio, multaría al empleado que sorprendiera explicándole algo a alguien diciendo que "ellos" lo hici*eron* así.

LUCHE POR LA COMPETITIVIDAD:
¡AYUDE A ELIMINAR
LAS TERMINACIONES VERBALES "ARON" Y "ERON"!

46 La estrategia de toparse con las cosas

Caso primero: Mi gigantesco *Diccionario Random House de la Lengua Inglesa* solía dormir en un estante de la biblioteca. Lo consultaba unas cuantas veces al mes. Un día lo cambié de lugar, poniéndolo sobre una mesa en el hall de entrada, por la que paso docenas de veces al día. Ahora consulto el diccionario por lo menos una vez por día.

Caso segundo: En nuestra casa junto al mar, guardábamos las bicicletas en el garage. Salíamos en bicicleta cada dos o tres días. Decidimos dejarlas afuera, al lado de la puerta trasera. Ahora salimos en bicicleta varias veces por día.

Estos dos ejemplos le enseñan casi todo lo que necesita saber de la vida. En serio.

Yo lo llamo "el efecto encontronazo".

¿Quiere que sus veinte empleados se informen más sobre temas de negocios? Suscríbalos a *Fortune, Inc.*, y *Success* y hágales llegar las publicaciones a sus casas. No les quedará otro remedio que hojearlas... y, con el tiempo, leerán cada vez más y más de su contenido.

¿Quiere incrementar la conciencia del servicio al cliente entre sus colaboradores? Olvídese de dar órdenes. O de publicar un manifiesto (por supuesto, plastificado) sobre el tema: "Primero el cliente".

En lugar de ello, haga lo siguiente:

■ Tapice la oficina con estadísticas sobre servicio al cliente.

■ Distribuya a todo el mundo, todas las cartas recibidas de los clientes, tanto las que contienen comentarios positivos como las de queja (tape discretamente el nombre de cualquier empleado que se mencione, pues la idea no es humillarlos públicamente).

■ Empapele las paredes con fotos relacionadas con los clientes (compradores, productos, instalaciones, etc.).

■ Invite a sus clientes a visitar cualquiera de sus instalaciones en cualquier momento. Insístale a sus vendedores que traigan a sus clientes a la planta de producción, al centro de distribución o a las oficinas administrativas.

■ Comience a otorgar premios semanales por pequeños "actos de heroísmo" frente al cliente.

■ Publique una historia relacionada con el servicio al cliente (positiva o negativa, pero trate de que, en el 90 por ciento sea positiva) en su boletín o revista departamental.

■ Convoque todas las semanas a una reunión de media hora para intercambiar ideas prácticas en relación con nuevos clientes y órdenes de compra perdidas, haciendo una especie de balance de pérdidas y ganancias.

La lista podría incluir cien ítems más. La idea es: "diccionario en el hall" y "bicicletas en la puerta". Ingénieselas para que a su gente le sea imposible no toparse, varias veces al día, con algo relacionado con el cliente. Ésta es la esencia para lograr cambio de actitud a largo plazo.

Los psicólogos (al menos los que yo respeto) coinciden con esto: el comportamiento cambia las actitudes y no a la inversa. Es decir, que si literalmente inunda a sus empleados con información práctica relacionada con el servicio al cliente, en lugar de aburrirlos con discursos generales y abstractos, no les será posible distanciarse del tema. Empezarán a pensar en el cliente... y, quizás, incluso lleguen a soñar con sus clientes.

(A propósito: usted, que es el jefe, comience por aplicar ese truco con usted mismo. Para concientizarse más profundamente sobre calidad, servicio, innovación o lo que fuese, coloque material relativo a esos temas en lugares estratégicos, donde usted los vea por lo menos diez veces al día.)

47

TGI Friday's quiere que el brío y la gracia caractericen a sus restaurantes. ¿Cómo se hace para reclutar brío y gracia? Muy fácil: se busca brío y gracia en los postulantes.

Cuando Friday's estaba por abrir sus negocios en Londres, reunía a sus postulantes en pequeños grupos y, haciéndolos salir de la oficina, les encomendaba improvisar una breve escena cómica, que luego representaban frente al personal de Friday's y de los demás candidatos.(13)

Moralejas: (1) Se consigue lo que se pide. **(2)** Resulta simpático.

48 La lección de mi vida

"Un minuto con un ejecutivo de primera línea equivale a un mes con el tipo que está dos niveles por debajo de él." Eso es lo que se dice. Y tiene algo de verdad.

Pero no mucho.

Aprendí una importante lección cuando trabajaba en Washington, veinte años atrás. "Arréglatelas para pasar la guardia de seguridad y acceder al congresal, aunque sólo sea por treinta segundos." Eso fue lo que me dijeron y enseñaron.

A veces me las arreglé para llegar al congresal, conseguir mis treinta segundos o incluso un minuto de audiencia. Sabía a gloria pero, por lo general, no resultaba demasiado productivo. El hombre importante, invariablemente, estaba distraído y en su mirada había algo perdido, vidrioso...

En forma casi accidental, me fui dando cuenta de que las cosas funcionaban de otra forma. El congresal que votaría por mi propuesta (la cual, de todos modos, no estaba a la cabeza de la lista de prioridades nacionales) basaba su voto en las recomendaciones de un asistente de 26 años, que, en el momento decisivo, le suministraba los datos pertinentes.

También aprendí que, con ese asistente ávido de información, podía conseguir una entrevista, no de treinta segundos sino de treinta minutos. Y que si yo tenía algo sustancial que decirle, y hablaba con claridad y precisión, ese asistente solía prestarme todo su interés.

De ahí en adelante, dediqué mi preciosa atención (el tiempo es el único bien real que tenemos) a la gente que echa a rodar la pelota.

Veamos un ejemplo: Me reúno con un posible socio para un negocio conjunto. Yo soy el jefe de mi equipo. Él es el jefe del suyo.

Nos entendemos de maravilla, nos caemos bien y nos respetamos. Quedamos en llamarnos pronto por teléfono. (En este caso, realmente lo hago.)

Y sin embargo... Me tomo el tiempo para conocer, tanto social como profesionalmente, a uno de sus principales ejecutivos operativos, al hombre que está más vinculado al tema de interés común, en todos sus aspectos y detalles. Con el tiempo, logro que esa persona se apasione con la idea de que nuestros grupos trabajen en conjunto. Y, a partir de ahí, las cosas empiezan a encaminarse en serio.

Fue una lección que valió la pena aprender. Ahora, que soy un profesional conocido y reputado, me resulta fácil hablar con los ejecutivos máximos... pero eso no siempre es tan redituable como contactar a alguien que está un poco más abajo.

Invierta en quienes tienen a su cargo, día a día, la conducción concreta; invierta en el asesor que le sugerirá al político cuando se dirija al plenario, para emitir su voto: "Vote 'afirmativo' en el proyecto de Peters". Esos contactos más humildes quizás no gratifiquen tanto a su ego... pero le permitirán obtener resultados mucho más concretos.

49 Sólo se trata de la fuerza más importante del mundo

La lluvia anual de meteoros del mes de agosto, me indujo a reflexionar sobre la astronomía en general, sobre la Osa Mayor y la Osa Menor, Orión y las Tres Marías. Y sobre la insaciable sed de saber del ser humano, la necesidad de encontrar un significado cada vez que se enfrenta con lo incomprensible.

> Mantener informados a los clientes es, quizás, el elemento básico del buen servicio.

Comparados con Copérnico, o Newton —y ni hablar de Einstein— los griegos sabían bien poco sobre cómo funcionaba el mundo. Sin embargo, desarrollaron un sistema de significados e interrelaciones tan finamente articulado como cualquiera de los que se puede hallar en un texto moderno sobre mecánica cuántica.

La traslación de este hecho a la vida cotidiana es muy clara. Cuando nos enfrentamos con algo inusual, ya sea un dolor desconocido o un nuevo jefe, tratamos de elaborar una teoría sobre cómo van a andar las cosas. Y —según lo confirma la experiencia y la investigación sicológica— cuanto menos sepamos con certeza, tanto más compleja será la red de significados (mitología) que nos armaremos.

La lección para el mundo de los negocios es obvia. Mantener informados a los clientes es, quizás, el elemento básico del buen servicio. Explique la demora y actualice su explicación —aunque no tenga nada nuevo que decir— cada tres o cuatro minutos. Estime el tiempo de espera del cliente para acceder a un juego en el parque de diversiones, para recibir la visita del representate de servicios al cliente o para ser atendido en la ventanilla del banco (Disney, Microsoft y First Chicago, son campeones en esto eso).

Lo que vale para los clientes, también funciona con los empleados: discuta con ellos hasta el mínimo detalle de la nueva política de licencia sin goce de sueldo, del nuevo plan de salud, de lo que significa haber perdido (o ganado), la semana pasada, a ese cliente importante, el anuncio de que un nuevo negocio de la competencia abrirá sus puertas, dentro de seis meses, a una cuadra de distancia. No hace falta tener todas las respuestas (ni siquiera algunas). El mero esfuerzo de discutir las cosas, con franqueza y sin dilación es, en sí mismo, una excelente política.

La idea de mantener a la gente informada (clientes, proveedores, franquiciados, empleados, banqueros, analistas financieros) no es, en sí, nada nuevo. En lo que insisto es que esta idea tiene una importancia fundamental, que está directamente ligada con el impulso psicológico básico del ser humano: sentir que tiene las cosas bajo control, gracias a la explicación y a la información.

¿Le parece absurdo si afirmo, lisa y llanamente, que NADA es más importante que mantener a la gente informada? Hay muchos estudios, muy serios, que apoyan mi afirmación. ¡Cuántas oportunidades nos perdemos, sólo por mantener a la gente a oscuras o mal informada!

50 Los conocimientos equivocados

¿Por qué siempre ponemos énfasis en las cosas equivocadas? Durante los dos años que estudié para obtener mi licenciatura en Administración de Empresas en Stanford, a principios de la década del 70, me maté trabajando con números, cientos y cientos de horas (al menos a mí así me parecían). Pero nunca nadie dedicó siquiera treinta segundos para hablarme de técnicas de entrevista.

Mis sucesivas experiencias como consultor gerencial, me han llevado a la conclusión de que hay muchísima gente que sabe manejar números y es capaz de hacer un análisis de problema en forma muy eficiente. Pero muy, muy pocos son buenos entrevistadores... los Mike Wallaces, podríamos decir, del mundo de los negocios.

Voy a ser muy directo: tanto para un joven analista de finanzas como para un gerente de marketing, poco (¿o nada?) es más importante que saber llevar adelante una entrevista en forma exitosa. ¿A quién le importan sus habilidades analíticas, si la información que está analizado es deficiente o errónea?

Los entrevistadores de segunda se guían por un cuestionario (bueno, al menos es un principio) pero rara vez llegan más allá de la superficie. Se vanaglorian de la cantidad de entrevistas "completadas" en un día o en una semana. (Algunos de los idiotas con que trabajé en McKinsey alardeaban de hacer media docena por día.)

Los genios de la entrevista también tienen su listado de preguntas y datos sobre el entrevistado, pero, en realidad, se guían por su olfato. Dos entrevistas exitosas por día (por ejemplo, que deparen una verdera sorpresa), son un rendimiento increíble para esta gente. Los mejores entrevistadores terminan la entrevista y quedan agotados, como si hubiesen jugado 48 minutos de un reñido partido de la NBA.

Mi objetivo aquí no es ofrecer sugerencias sobre cómo llevar adelante una entrevista (a pesar de que no sería una mala idea), sino sugerir que la entrevista es una actividad de suma importancia. Y que, al igual que con el golf, el tenis o las ecuaciones diferenciales, uno puede mejorar la técnica si se toma en serio esta actividad y si trabajamos sin cesar para perfeccionar nuestra técnica.

51 Herramientas para llegar al fondo de la cuestión

OK, OK. Ofrecer sugerencias sobre cómo llevar adelante una entrevista es una buena idea. Aquí le presento algunas, destiladas de 25 años de experiencia recogida tras realizar entrevistas y, sobre todo, observar a entrevistadores fantásticos en acción (por ejemplo un ex director de "60 Minutos", con quien trabajé en diversos programas de televisión):

■ No sobrecargue su agenda. Repito, esto no es una carrera de caballos. Tres sólidas entrevistas, de una hora o más de duración, por día constituyen un ejercicio bastante exigente. Si todos sus sentidos están realmente puestos en la persona que tiene frente a usted, terminará exhausto al cabo de una entrevista. Ni hablemos de tres.

■ Deje al "pez gordo" para el final. No comience entrevistando al gerente general. Su entrevistado estará impaciente y usted todavía no sabe nada de él ni de su empresa. Deje las entrevistas más importantes para el momento en que usted conozca mejor el terreno.

■ Encuentre un lugar agradable. Cuanto más grato, informal y neutral sea el entorno de la entrevista, tanto mejor. El peor lugar: su silla del otro lado del escritorio del entrevistado. ¿El mejor lugar? Depende, pero los ganadores señalan como tal una caminata de dos horas a lo largo de una playa o un cuarto sencillo y confortable, con algunos sillones, un pizarrón, una máquina de café, una heladera con Coca-Cola y jugo de tomates... y sin teléfonos.

■ Empiece con una conversación sobre temas generales (si el terreno es propicio). Personalmente, encuentro que charlar un poco sobre, por ejemplo, el partido de la noche anterior, rompe el hielo y distiende al entrevistado (¡y ni que hablar de mí mismo!) Pero vayan dos advertencias: si usted es un mal conversador, no simule. También hay un montón de altos ejecutivos que detestan la charla social e intrascendente (estoy convencido de que esto es parte de la personalidad que se han construido ellos mismos; pero sea cual sea el motivo, la detestan). Introduzca brevemente su tema, y si su entrevistado es el tipo de persona que aprecia ir al grano, bien, vaya al grano.

■ Prepárese. Por ejemplo, lea todo lo que pueda. (Pero trate de evitar prejuicios, después de todo usted está ahí para ser sorprendido y no para confirmar sus convicciones o especulaciones.) Concurra a la entrevista con tres o cuatro páginas de preguntas, yendo de lo general a lo específico. ¿Tendrá tiempo de preguntar tanto? ¡No, Dios lo libre y lo guarde! Pero le dará una sensación de seguridad, le servirá de guía y, lo que no es de poco valor, dará la impresión de que usted va bien preparado. La mayoría de la gente que uno entrevista está muy ocupada (o, al menos, cree estarlo) y un "hablemos del tiempo" puede ser una forma muy negativa de empezar una entrevista.

■ **"Por favor, deme un ejemplo."** Estas son las cinco palabras más importantes en el arsenal del entrevistador y no es posible abusar de ellas. No hay nada peor que terminar una entrevista y encontrar entre sus notas un comentario notable... sin nada que lo avale o apoye.

La frase de su entrevistado "Últimamente hemos tenido algunos problemas con el servicio al cliente", automáticamente debiera desencadenar en usted toda una serie de preguntas: "Deme un ejemplo de algo que haya sucedido, en ese sentido, en las últimas 72 horas". "¿Con quién más puedo hablar para averiguar mayores detalles?" "Le importa si hablo con el cliente con quien tuvieron el problema?"

EL OBJETIVO BÁSICO DE UNA ENTREVISTA ES ARMAR UNA HISTORIA, OBTENER ILUSTRACIONES PRÁCTICAS SOBRE CÓMO FUNCIONAN O NO FUNCIONAN LAS COSAS CON EXACTITUD. MIDA SU EFECTIVIDAD POR EL NÚMERO DE HISTORIAS QUE AFLORAN DURANTE LA ENTREVISTA.

■ Piense en pequeño. Lo que usted necesita son detalles. "Por favor, explíqueme todo el proceso." "¿Podríamos hacer un diagrama en el pizarrón?" (Ahora entiende por qué quiero que haya un pizarrón en el cuarto.) "A ver... quisiera aclarar un punto... ¿Es en ese momento en que interviene el área de ventas, verdad?.... Pero a qué nivel del sector de ingeniería llega ese pedido?... ¿Me podría mostrar el formulario que utiliza?"

■ Contacte a las líneas del frente de combate. Los detalles son fundamentales, y los detalles se suelen obtener en el terreno. Conozco muchos consultores y gente de marketing que nunca entrevistan a las líneas del frente. (O entrevista a los clientes. O a los proveedores.) NO MIDA LA EFECTIVIDAD DE SU ENTREVISTA POR LA ANTIGÜEDAD DE LA GENTE CON LA QUE HABLÓ. MÍDALA SEGÚN LA CANTIDAD DE EMPLEADOS DE MENOR JERARQUÍA CON LOS QUE PUDO HABLAR.

■ No deje de ahondar en el tema hasta haberlo entendido. Los mejores entrevistadores son aquellos que formulan las preguntas más tontas. Por definición, en cada entrevista usted es un extraño: no entiende el idioma, ni la cultura, ni los detalles de la empresa de su entrevistado. Cuando algo no está claro (y rara vez lo es al primer intento), vuelva una y otra vez sobre el asunto... hasta que no le queden más interrogantes. RECUERDE QUE LE PAGAN POR HACER PREGUNTAS ESTÚPIDAS, PERO QUE LOGREN EL OBJETIVO BUSCADO.

■ Olvídese de las generalizaciones. "Nuestros productos son pura palabrería." "Tenemos fallas en la calidad con cierta regularidad." "El departamento de producción no habla con el de compras." Si bien son conclusiones importantes, son, cuando menos, sospechosas, hasta que estén avaladas por evidencia concreta. El objetivo de la entrevista es recoger estas evidencias.

■ Averigüe "cómo se hacen las cosas aquí". Sí, ya sé. Acabo de criticar las generalizaciones. Pero al final de una entrevista, puede ser de gran ayuda conseguir que el entrevistado anote, mejor que decirlas, diez afirmaciones que caractericen la cultura empresarial, es decir, qué es lo más y lo menos importante. En una línea similar, usted puede presentar de su propia cosecha, recogida durante entrevistas previas, diez afirmaciones descriptivas de ese tipo ("No se repara en gastos cuando se trata del servicio al cliente"; "Producción gana todas las discusiones"; etc.) y vea cómo reacciona su entrevistado ante las mismas. Incluso puede asignarle un puntaje en una escala de 0 a 10, de acuerdo con la medida en que está de acuerdo o en desacuerdo con dichos postulados.

■ "Cuénteme su día de ayer." Por lo general, usted está tratando de imaginarse cómo funciona la empresa. ¿Qué mejor ejemplo que el día de ayer? ¿Cómo pasó el día su entrevistado? Es algo simple (suponiendo que ayer no fue feriado) que invariablemente le revelará pistas que valdrá la pena seguir.

■ No deje que sus notas envejezcan. Después de la entrevista dése tiempo para (1) ordenar sus ideas (anote de inmediato sus impresiones más importantes, pues nunca serán más puras que en este momento) y (2) darle un primer repaso a sus notas, para completar datos mientras aún están frescos en su memoria. (Siempre debiera preguntarle al entrevistado a qué hora, al día siguiente, le conviene que lo llame para aclarar puntos que, en retrospectiva, le pudieran parecer poco claros.)

■ La práctica (y la observación) es lo que le ayudará a mejorar. Procure estar presente durante entrevistas realizadas por grandes entrevistadores en su empresa. Procure no fijar su atención en el contenido (cosa que, además, es difícil) sino en cómo el entrevistador juega sus cartas. De la misma manera, evalúe todos los días su propio desempeño después de sus dos o tres entrevistas: ¿Qué se le pasó por alto? ¿Falló en el seguimiento? ¿Cómo es posible que haya salido de esa entrevista con tan pocas informaciones concretas? etc.

UNA PALABRA FINAL: NADA ME SACA TANTO DE QUICIO COMO REVISAR LAS NOTAS DE LA ENTREVISTA DE ALGUIEN Y ENCONTRAR QUE FALTAN EVIDENCIAS, ES DECIR, EJEMPLOS CONCRETOS Y PEQUEÑOS DETALLES QUE ILUSTREN LA GRAN IDEA CENTRAL.

52 Sesiones para la estrategia "que lo hagan ellos mismos"

El 21 de octubre de 1993, la firma Rockport Co. (una subsidiaria de Reebok), que factura 300 millones de dólares, cerró la empresa para realizar una jornada donde se elaborarían estrategias de alcance mundial. Audaz, ¿no es así? Ahora agregue el hecho de que no había temario preparado para esa reunión en el "espacio abierto", como lo llama el consultor y gurú Harrison Owen.

Todos los colaboradores de Rockport se reunieron en un depósito. Se sentaron en círculo. Owen, de acuerdo con lo que informa el Profesor Srikumar Rao en un artículo llamado "Bienvenido al espacio abierto" publicado en la revista *Training*, se ubicó en el centro del círculo y les dijo que inventaran su propia reunión:

> Uno a uno, los participantes que así deseaban hacerlo, se colocaban en el centro del círculo. Cada uno decía su nombre y el tema que lo apasionaba, al menos lo suficiente como para convocar a una sesión para tratarlo. A continuación, escribía el tema en una hoja de papel grande y la pegaba en la pared con cinta adhesiva. Sobre ese papel colocaba un sticker indicando a qué hora y dónde se reuniría el grupo de discusión.
>
> Este proceso se repetía hasta que nadie tenía más temas que proponer. A continuación se abría el "mercado". Todos los participantes (tanto los que habían propuesto temas como los que no), desfilaban delante de la pared, que se había convertido en una especie de cartelera comunitaria, y anotaban los temas que les interesaban. Los participantes que habían propuesto los diferentes temas, tenían a su cargo la responsabilidad de convocar a los grupos, hacer de moderadores en la discusión y registrar el resumen de la reunión, en una de las tantas computadoras que habían sido instaladas con ese fin.

Owen agregó que el encuentro se realizaba siguiendo cuatro principios que tenían cierta similitud con la filosofía Zen:

Quienes quieran que vengan, son las personas indicadas.

Suceda lo que suceda, es la única cosa que podía suceder.

Comience cuando comience, es el tiempo adecuado.

Cuanto se termina, se termina.

También había, según informa Rao en aquel artículo, "un gran poster con un dibujo tosco que representaba dos huellas, bajo el título 'La Ley de los Dos Pies'. Ese poster ilustraba el carácter voluntario de la participación. Si cualquiera de los participantes se aburría, no aprendía nada o sentía que no tenía nada para aportar, estaba moralmente obligado a poner en movimiento sus pies y marcharse."

Después de lo que pareció una eternidad de silencio y titubeos, uno de los empleados de Rockport se adelantó tímidamente. Una hora después, recuerda Rao, "un grupo dinámico había pegado docenas de temas en la pared: distribución, puntualidad en la entrega, servicio al cliente, exceso de materia prima". Conclusión: la reunión, que comprendió unas 66 sesiones de 5 a 150 participantes cada una, fue un éxito aplastante, aun de acuerdo con los más ardientes opositores o escépticos (y hubo unos cuantos); el seguimiento demostró que de ese seminario se derivaron acciones prácticas, como así también un cambio importante y positivo en la actitud general de la gente.(14)

Moraleja: el "háganlo ellos mismos" supera, de lejos el "hágalo por o para ellos", sea cual sea el tema. ¿Tendría usted el coraje de ensayar esta técnica en las reuniones generales de su propia empresa?

(¿Supongo que usted realiza reuniones generales, verdad?)

☞ ¡PIÉNSELO!

53

Manejar una de esas organizaciones virtuales recién inventadas (o una ya inventada hace tiempo, como una consultora que conocí, en la cual el ochenta por ciento de los consultores podía llegar a estar en la calle al mismo tiempo) es un trabajo nada sencillo.

Es decir, hay que hablar, y mucho, sobre los objetivos, sobre lo que se quiere y lo que se busca, sobre lo que "es importante aquí" y sobre lo que no lo es. Y seguir hablando... y hablando.

Pensando en *telecommuting*, la gurú de la industria de la computación, Patricia Seybold, dijo: "Si se logra crear un modelo mental compartido del trabajo que se hace en conjunto, será posible superar los obstáculos de la *telecommuting*".(15)

Un modelo mental compartido. Me gusta ese término. Traducción: hablar, hablar y hablar.

54 Sed de cambio

Todo cambio implica dolor. En el momento de escribir estas líneas, los poderes superiores que rigen nuestros destinos viales, están reparando la calle que hay entre mi casa y mi oficina. Esto significa que tengo que hacer un desvío, después de ir por el mismo camino durante 10 años. Ese desvío me fastidia y me altera.

Pero ese desvío es una pavada en comparación con la introducción de equipos auto-gestionados o de un nuevo esquema de evaluación de desempeño. Sin embargo, ilustra a las claras que aun el más mínimo cambio puede acarrearnos un máximo de irritación y hasta un rechazo liso y llano.

Moraleja: Todos necesitamos una cierta estabilidad en nuestras vidas. El ejecutivo inteligente invierte una parte importante de su tiempo en ayudar a sus colaboradores a encontrar un nuevo tipo de estabilidad en medio de la mar siempre tormentosa del mundo de los negocios.

Pero esto no es el final de mi perorata. La mayoría de la gente sí pondría un punto final aquí: (1) Todo cambio implica dolor. (2) Ayude a la gente a manejar el cambio en forma adecuada.

Pero esta es exactamente la primera mitad de la historia. Toneladas (supongo que literales) de seria investigacion psicológica, nos dicen que los seres humanos necesitamos estabilidad... al mismo tiempo que necesitamos estímulos. Los que se adhieren con fuerza al criterio que indica que todo cambio es doloroso, afirmando que "La gente no quiere cambiar" o "La gente no se puede adecuar al cambio", ignoran la otra mitad de la historia.

¿Este verano, fue de vacaciones al mismo lugar que el verano pasado? ¿Fue al mismo restaurant este viernes que el viernes pasado? ¿Releyó *The Firm* de John Grisham en lugar de comprarse un libro nuevo para leer durante su último viaje en avión? ¿Se da cuenta a lo que apunto? En cierta medida, como por ejemplo, en los casos arriba mencionados, y también en aspectos mucho más importantes como pueden ser nuevos proyectos, nuevos hobbies, un nuevo curso nocturno, nueva búsqueda laboral, buscamos el estímulo del cambio, aun cuando, al mismo tiempo, valoramos la estabilidad.

Mensaje: No trate al cambio con guantes de seda. No asuma que los demás, o usted, no podrán manejar el cambio. Tenga presente que el cambio es algo tan normal como la respiración, y que el ser humano necesita muchos cambios (además de mucha constancia).

55

Los poderosos de Hollywood entraron en un shock colectivo hace unos meses atrás, cuando, al abrir el *Daily Variety* vieron que la película más taquillera de la semana era una producción independiente británica, realizada con un presupuesto de sólo dos millones de dólares, llamada *Four Weddings and a Funeral* (Cuatro Bodas y un Funeral). Por supuesto, pronto fue desplazada de ese primer puesto por el último monstruo de acción, producido por Hollywood con un presupuesto de cuarenta millones de dólares, pero, sin embargo, llegó a ganar la respetable y muy rentable suma de cincuenta millones. En comparación, una producción de cuarenta millones de dólares no sale de las cifras rojas hasta no alcanzar una ganancia de ochenta. ¿Qué fue lo que impulsó a esa original y graciosa comedia romántica hacia el tope del palo enjabonado de la notoriedad en Hollywood? Lo mismo que ha convertido en estrellas a productos pequeños y originales, como así también a grandes productos convencionales, desde tiempos inmemorables: el medio publicitario más grande y poderoso que existe, es decir, la publicidad boca a boca.

Un cliente satisfecho le cuenta a un amigo, a un conocido, a su primo, al conductor del ómnibus o a un desconocido, lo contento que está con determinado producto, o que ese servicio realmente vale oro. Un socio mío se complace en relatar lo que considera lo máximo en publicidad verbal. Hace algunos años, estaba sentado en la sala de espera de un aeropuerto, concentrado en sus propios asuntos, cuando una mujer, algunos asientos más allá, se dirigió hacia él y le dio un ejemplar del libro *El Exorcista*.

"Acabo de terminar este libro. Todavía tengo palpitaciones. ¡Es buenísimo! ¡Tiene que leerlo!"

Mi amigo supo, en ese preciso instante, que el Sr. Blatty había escrito, sin duda alguna, un libro fantástico.

¿Cómo se genera la propaganda verbal? Por supuesto, en primer, segundo, tercer y último lugar, mediante la excelencia. Pero supongamos que usted tiene un producto o un servicio excelente para vender... ¿hay alguna forma de estimular esa inapreciable forma de publicidad? Sí. Si usted realmente cree en su producto, ponga su dinero donde puso su fe. Regálelo. Sí, entendió bien. Deje que la gente lo pruebe gratuitamente. Ya se trate de condimento para ensaladas, software o automóviles, deje que la gente lo pruebe. Por empezar, nadie puede decir si su producto le gusta o no, hasta no haberlo probado. Segundo, usted transmitirá su propio entusiasmo por el producto. Recuerde que la pasión es contagiosa... transmítala de persona a persona, de boca en boca.

56

Tomemos a dos vendedores de librería. Joe Doaks y Jane Blivens. Un cliente se acerca a la caja atendida por Joe.

—Vi que tienen el libro *Ike and Monty: Generals at War* —dice el cliente. —Estoy leyendo ese libro, realmente es fantástico.

Joe lo mira inexpresivo mientras marca la compra del cliente en la caja registradora y murmura, como único y último comentario:
—Ahá.

Ahora es Jane Blivens quien está en la caja. El mismo cliente, el mismo comentario. Jane responde:

—Me alegro. ¿Qué es lo que más le gusta de ese libro?

El cliente hace un comentario de cuarenta segundos, paga su compra y se va.

¿Qué es lo que hizo Jane? Estimuló a su cliente prestándole atención. Además —y esto es, por lo menos, tan importante como lo primero— recogió una información valiosa. Ahora, cuando venga un cliente buscando un buen libro novedoso e interesante (por ejemplo un hombre mayor que se interese por la Segunda Guerra Mundial y por la guerra en general), Jane podrá decirle: "Bien, uno de nuestros clientes me comentó que..."

¿Y Joe? Supongo que contestará al segundo cliente con uno de sus gruñidos tan expresivos.

La historia va dirigida a quienes están en la venta al detalle (contrate a las Janes y despida a los Joes; aliente a sus vendedores a ser abiertos y conversadores, no robots automáticos y distraídos). Además va dirigida a los potenciales Joes y Janes: al margen de las normas y regulaciones de la empresa en que trabaja, usted tiene un poder, propio e inconmensurable, para crecer... o desaparecer.

A propósito, el ejemplo atribuido a Joe (aunque no sepa cómo se llama el individuo real) me aconteció hace poco en la librería Chartwell, en la calle 52 entre Madison y Park Avenue, en Manhattan. Nunca más volveré a pisar ese negocio.

57

P.: En mi empresa ni se me ocurriría adoptar cualquier forma de participación en las ganancias. ¿Por qué habría de hacerlo? ¿Es que los empleados y obreros no pueden conformarse con una paga diaria adecuada por un trabajo diario adecuado?

R.: No, los empleados y obreros no pueden ni deben conformarse con una paga diaria adecuada, porque no existe nada que se pueda calificar como un trabajo diario adecuado. Cada día es un desafío. Nos la tenemos que ver con máquinas que se descomponen, colegas que faltan por enfermedad, discusiones y malentendidos, plazos imprevistos. Nadie se va a su casa pensando que realizó un trabajo adecuado. Egocéntricos como somos todos los seres humanos, pensamos en los problemas que tuvimos que afrontar y en las que creemos injustas cargas que cayeron sobre nuestros hombros en el día de hoy. Si no tenemos un *feedback* positivo constante, si no se nos brinda la oportunidad de una capacitación continua y si, además, no hay incentivos individuales ni para los equipos, caemos en la mediocridad que hace que sólo hagamos un trabajo mediocre, en lugar de tener un desempeño "por encima y más allá de lo obligatorio", imprescindible si se quiere que un producto o un servicio se destaque en el cada vez más superpoblado mercado mundial.

58

¿En cuál empresa se podría esperar un mayor nivel de lealtad? ¿En Real Ltd.? ¿O en Virtual Ltd.? No cabe duda, me dice un amigo que trabaja en el negocio cinematográfico. Virtual Ltd. gana de lejos.

Si un contratista independiente (cameraman, supervisor o maquillador) no aparece a las 5:30, si esta es la hora para la que se convocó a todo el equipo de filmación, se puede afirmar, según mi amigo, que "nunca volverá a trabajar en ese lugar". La reputación hecha de boca en boca y la frase "Usted es tan bueno como lo fue su último trabajo" es la A y la Z (y todas las letras intermedias) para el contratista independiente de Virtual Ltd.

También se puede afirmar que en Virtual Ltd. existe más responsabilidad que la que se suele encontrar entre los empleados efectivos de Real Ltd.

¿De dónde surge la lealtad? ¿A la espalda de quién se aferra con más fuerza el monito de la responsabilidad?

59

"Premie fracasos excelentes. Castigue éxitos mediocres."

Consejo de Phil Daniels
Participante de un seminario
Sydney, Australia, 28 de julio de 1994

60

"El control es una ilusión, mi querido e infantil egomaníaco. Nadie controla nada."

Nicole Kidman a Tom Cruise
en *Days of Thunder*

61

Las reflexiones sobre los excesos ocurridos en los bulliciosos años '80, han tenido el efecto de convertir la ética comercial en un tópico relevante... tal como debe ser. Por desgracia, esta conciencia ética agudizada ha provocado, a su vez, un torrente de escritos y discursos estúpidos, que pregonan eso de: "haga el bien, sea bueno". El tema de la ética no es tan simple. Después de haber aceptado una invitación para disertar sobre ese tema, en una conferencia para la Business School de la Universidad de Virginia, no me quedó otro remedio que meterme en ese tema... durante varias noches de insomnio. Las siguientes observaciones son un subproducto de mucho dar vueltas y consultar con la almohada:

■ La ética no tiene que ver demasiado con lo que aparece en los titulares de los periódicos, sobre el tema de la intoxicación con Tylenol o el manejo de información confidencial. La preocupación por la ética es algo que nos rodea permanentemente y se manifiesta cada vez que tratamos con gente. La forma en que manejamos las pequeñas cosas determinará cuál será nuestra respuesta, en caso necesario, ante una crisis de las dimensiones de la del Tylenol. Cuando el desastre se produce, ya es demasiado tarde para buscar criterios éticos.

■ Un nivel ético elevado —ya sea en relación con los negocios o con lo que sea— tiene que ver, ante todo, con tratar a la gente con decencia. Para mí, eso significa respeto por las opiniones, la privacidad, el entorno, la dignidad y el natural deseo de crecer de una persona.

■ Es necesario respetar la diversidad. Por cierto que es importante tener muy claro el propio rumbo y el tipo de brújula que nos guía. Pero nunca hay que olvidar que otras personas pueden tener rumbos y brújulas profundamente diferentes, pero tan decentes y éticas como los nuestros.

■ Los seres humanos, incluso los santos, son egocéntricos y egoístas. Fuimos mal diseñados desde el principio. Cualquier estructura ética tendrá que tener en cuenta el carácter intrínsecamente "fallado" del hombre.

■ Las corporaciones han sido creadas y existen para servir a la gente, tanto la interna como la externa. Punto.

■ Por su misma naturaleza, las organizaciones suelen tratar sin miramientos al individuo. Despliegan mayor habilidad para producir impotencia y humillación para muchos de sus integrantes, que para producir o desarrollar sus productos y servicios.

■ A pesar de que todos los hombres son iguales, unos, sin duda, tienen más poder que otros. De ahí que, tanto en el lugar de trabajo como fuera de él, uno de los temas éticos centrales es la protección y el apoyo hacia los que no tienen poder, en especial aquellos trabajadores que están detrás del mostrador, atendiendo al cliente.

■ Tanto para los empleados como para los directivos, la lucha contra el impersonal "ellos", y contra toda institución burocrática, casi siempre se justifica por razones éticas.

■ Si bien es posible señalar empresas éticamente superiores (y rentables), como Herman Miller, la mayoría trabajamos en organizaciones con menos principios éticos. Estar insertado en la política de oficina, significa adentrarse en un pantano ético permanente. Una postura puramente ética, pronto lo llevará camino a la calle. La línea entre tener patrones éticos y ser "más papista que el Papa" es muy delgada.

■ A pesar de que suelo cantar loas a la propensión a la acción, una conducta ética exige que pisemos con cuidado en todas nuestras actividades. Las consecuencias no-intencionales y los efectos secundarios de nuestras acciones, por lo general, son más numerosas que la intención original o los efectos directos.

■ La persecución de altos niveles éticos, podría beneficiarse con la eliminación de muchas *Business Schools*. La convicción implícita en la mayoría de los cursos de administración de empresas es que los grandes sistemas y las grandes técnicas son más importantes que las grandes personas.

■ ¿Es posible vivir de acuerdo con el espíritu de la Declaración de Derechos (*) en nuestro lugar de trabajo? ¿Pueden coexistir en la acción cotidiana la ética y la rentabilidad? Habría que esperar que la respuesta fuera afirmativa, a pesar de que el respeto por el individuo no ha sido, precisamente, la piedra basal de la industria estadounidense.

■ Cada uno de nosotros está, en última instancia, solo. Al final depende de cada uno de nosotros, en nuestra soledad, descubrir quiénes somos, quiénes no somos, y actuar más o menos coherentemente con esas conclusiones.

Desde mi punto de vista, cualquiera que no tenga una confusión constante con respecto a los temas éticos, está desconectado de la terrible y gloriosa riqueza de la vida. Pero estar confundido, al menos, significa que tenemos en cuenta nuestra propia posición ética y la de las instituciones con las que tratamos.

Eso ya es un buen comienzo.

———

(*)Bill of Rigts: Carta o Declaracion de Derechos (las diez primeras enmiendas a la constitución de los Estados Unidos.)

62 ¡Prohibido meterse en la vida privada!

P.: ¿Cuál es su opinión sobre la tendencia, cada vez más difundida, a hacer tests para determinar el consumo de drogas, como condición para la incorporación y tests del mismo tipo, hechos al azar, como condición de permanencia en el empleo?

R.: ¡Que es una tontería total y absoluta! ¿Significa esto que estoy a favor de empleados dominados por la bebida o las drogas, que molestan a sus colegas y constituyen un riesgo para la seguridad en el lugar de trabajo? No sea absurdo. Por supuesto que no estoy a favor de eso. Pero esto es como empezar a construir una casa empezando por el techo.

Dejemos de lado los problemas de productividad y el tema de la seguridad. Hablemos de lo que hace que cualquier empresa funcione: integrantes unidos por la confianza mutua, a quienes les importan los demás y que sienten un profundo compromiso con el trabajo en equipo, para generar grandes resultados para cada uno de ellos... y para sus clientes.

Confianza. Respeto. Compromiso. Apoyo mutuo. Cada uno de estos conceptos está reñido con las medidas de evaluación invasoras e impersonales. Es decir, el test para determinar el consumo de droga. Y, en mi opinión, la grabación de los tests para la evaluación psicológica, escuchar en secreto las conversaciones del operador en el sistema de telemarketing y, por supuesto, las pruebas detectoras de mentiras.

Comience por el principio. Su proceso de reclutamiento debiera transmitir al candidato la siguiente propuesta: "¿Le gustaría formar parte de nuestra comunidad, integrarse a un equipo y crecer en lo personal y en conjunto con sus colegas?" A partir de ahí, el reclutamiento se convierte en un cuidadoso ritual, en un cortejo que incluye citas para tomar el té, flirteos, paseos de fin de semana, cena con los padres, pedido de mano hincado de rodillas y el intercambio de solemnes votos de fidelidad. En síntesis, un montón de gente, incluyendo a los potenciales colegas (¡obligatorio!) debieran pasar un montón de tiempo con los postulantes, tanto para el puesto de cadete como para el de jefe del área de ingeniería, en diversos entornos y situaciones, a lo largo de varios días o semanas. No cabe ninguna duda —me baso en mis treinta años de experiencia y observación— de que, a lo largo de ese proceso, el candidato que abusa de sustancias adictivas, el disconforme crónico, el negativo y el aprovechador quedarán eliminados.

¿Le parece que mi modelo para reclutar empleados es muy costoso? Sí. Pero... ¿Hay acaso algo más importante que el proceso de selección? La selección es una estrategia, a pesar de que muy pocas empresas, grandes o pequeñas, le otorgan ese carácter.

Lo que vale para la contratación, vale diez veces más cuando el candidato se integra a la empresa: "Bienvenido a bordo. Trabajemos para crear algo especial. Cuidémonos mutuamente. Malcriemos a nuestros clientes. Y, de paso, esté dispuesto, cada vez que se lo ordenemos, a mear dentro de un frasquito, hijo de mala madre".

No, eso no va a funcionar.

Lo que sí va a funcionar, una vez que el nuevo haya ingresado a la empresa, es cumplir la promesa de brindar un ambiente laboral de confianza y crecimiento. Y muy altas exigencias en cuanto a desempeño y responsabilidad. En semejante ambiente, la persona ideal para hacer cumplir esas exigencias, es un capacitador-mentor-colega estricto. Y esos padrinos, en mi experiencia, son implacables con quienes violan la confianza otorgada.

La respuesta que he dado hasta aquí es más bien clínica. Ahora voy a ser más personal.

❶ Soy un fanático de la Declaración de Derechos... y un fanático de la privacidad. Un verso de la comedia musical *Hair* (contra la guerra de Vietnam), dice: "No pienso morir por ningún hombre blanco". Mi equivalente, en este caso, es: "No pienso mear en un frasco por ningún policía de la empresa".

Eso es lo que siento personalmente y, por extensión, como dueño o líder de una compañía.

❷ Estoy al frente de una empresa que tiene unos veinticinco empleados. Todos son fantásticas personas (¡por eso los contraté!). Antes se me ocurriría volar a la luna sin nave espacial, que someterlos a un test para determinar el uso de drogas como condición de ingreso a mi empresa. La sola idea de hacer algo así me disgusta profundamente... tanto en mi caso como en el suyo.

"Pero en su caso, no se trata de un negocio de *fast food*, en el cual los empleados son un montón de chicos criados en las áreas marginales de la ciudad" me dirá usted. Quizás no. Supongo que tengo más empleados con uno o varios diplomas universitarios que un negocio de *fast-food*. Pero, ¿qué tiene que ver esto con el precio de las papas fritas? Si yo tuviese un negocio de comida, optaría por el mismo criterio que tengo ahora. Sólo quiero gente lista y despierta, de 17 o 67 años. Y me esforzaría por lograr un ambiente de confianza y respeto, igual que en mi actual empresa de servicios profesionales.

"¿Pero si tuviera una cadena de veinte negocios de *fast-food*?" ¿Y eso qué cambia? Aun si tuviera doscientos, mi máxima prioridad sería la gente que trabaja en ellos. Querría gente que me hiciera sentir bien al tenerlos trabajando conmigo. Me comprometería directamente en la selección y contratación; y me aseguraría de que mi Departamento de Personas (*People Department*, así denomina la Southwest Airlines su área de Recursos Humanos) entienda bien mi mensaje: contraten gente que a ustedes les guste, que les caiga bien. Lo de las hamburguesas se lo enseñamos después.

No, no voy a mear en un frasco. Ni nadie que trabaje para mí tendrá que hacerlo. Y si hubiese una ley que me obligue a exigir tal cosa a mis empleados, cerraría mi negocio antes de someterme a ella.

Si usted quiere un ambiente de confianza, interés por la gente y empatía —que, de paso sea dicho, es el único entorno que le asegurará confianza, interés y empatía para con sus clientes— ¡no se meta en la vida privada de su gente!

63

"Recompense a su gente por sus logros, y no porque sean empleados modelo. La gente suele hacer su mejor trabajo lejos de su escritorio... El aburrimiento es la justa recompensa para quienes trabajan todo el día y jamás se toman un recreo de verdad." (16)

David Kelley
IDEO

64

Agregue diez "diferenciadores" a cada producto o servicio, cada sesenta días. Pequeñas mejoras. Cosas que el cliente quizás ni siquiera note. Una silla más confortable para su recepcionista o un mejor asiento para el conductor de su ómnibus. Una pequeña notita de agradecimiento acompañando cada pedido que entrega. Una modificación en el manual de instrucciones. ¡Los detalles cuentan! ¿Le parece que 10 cada 60 días es imposible? No, no lo es. ¿Que es difícil? Sí, por supuesto. Pero... ¿cuál es la alternativa? Su competidores no se quedan quietos.

65

¡Nunca contrate al Sr. Perfección! Su currículum es impecable. Se presenta a la entrevista rebozante de confianza. Tiene todas las respuestas correctas. Encaja a la perfección. Pero... ¡espere! Este es un mundo sumamente imperfecto. La gente que vive según las reglas también muere según las reglas.

Busque, en cambio, al Sr. Ligeramente-Chiflado. Alguien que reaccione frente al caos e incluso se sienta cómodo en el mismo, que pueda cambiar de la noche a la mañana con tal de cumplir con las exigencias del momento. Busque los antecedentes no tradicionales, el espacio en blanco en el currículum, esos dos años en que su candidato estuvo escalando montañas en el Tibet o enseñando a leer a los niños en una escuela de frontera.

Procure encontrar ese brillito picarón en la mirada, lo que Carl Sewell, el brillante y terriblemente exitoso vendedor de automóviles llama el "el factor de la impaciencia". Carl dice que sólo contrata a quienes se muestran impacientes e inquietos durante la entrevista. Quiere que ese tipo de incontenible energía sea lo que corra por las venas de su empresa. Créame, usted necesita lo mismo.

66 100 días por año

La principal habilidad que tiene que tener un líder, es la capacidad de hacer crecer a los demás. Ya sé, no es una idea novedosa. Pero, mi querido señor jefe, revise su agenda: ¿cuánto tiempo está dedicando directamente al desarrollo de su gente? Un colega, en Apple Computer, dedicaba 100 días a esta labor, a la que, sonriendo, denominaba "revisión de desempeño". Tiene a su cargo veinticinco personas, y dos veces por año cada uno de sus colaboradres pasa dos días a solas con él, revisando la calidad de colaboración que ha existido entre ambos hasta el momento y cuáles son las próximas metas. Adecue su agenda a sus palabras.

67

Tengo predisposición al "incrementalismo" (el viaje de las mil millas comienza con un solo paso) y todos los postulados por el estilo, que generalmente encierran mucha verdad. Pero si usted es un pesado pedazo de bestia y debe alcanzar el ritmo de carrera de las liebres, no tendrá demasiado tiempo para hacer las cosas poco a poco. El mundo se mueve con la velocidad standard de esos animalejos corredores.

La historia reciente sugiere que las corporaciones tienen que reorganizar prácticamente todo a la vez. Los tiempos que vivimos son revolucionarios. Si se titubea en dar el necesario paso hacia adelante, se dispersa la energía y se engendra la sospecha en el corazón y en la mente de todo el mundo. (Los reorganizadores dicen: "Esta es, absoluta y positivamente, la última tanda de despidos". Los empleados que quedaron piensan: "Hasta que llegue la próxima; esta es la sexta vez que nos dicen que esta es la absoluta y definitiva etapa de reorganización...")

68 ¿DIS-capacitado? ¡Mentiras!

Es todo cuestión de actitud. Está bien, está bien.... supongo que ya escuchó esa frase alguna vez.

Pero es así. Lo que para uno es una pesadilla, para otro es la oportunidad esperada. Adhiera al espíritu de los estadounidenses para con la Ley de Discapacidades (Disabilities Act). Qué pasaría si....

¿Qué pasaría si viéramos el hecho de emplear discapacitados como la clave del éxito, o como una forma de reventar a la competencia? Esto es lo que sucedió en la firma Carolina Fine Snacks, que factura 2 millones de dólares por año, cuando Phil Kosak contrató, por primera vez, a un obrero discapacitado.

Durante los años 80, Kosak y sus socios, Ray Lander y Craig Bair, se hallaban frente a una rotación de su personal del 80% cada seis meses. La compañía nunca logró superar la marca de los 500.000 dólares de facturación anual.

En 1989, Kosak fue invitado por la Oficina para la Rehabilitación, una dependencia del Estado que se ocupa de estos temas, para asistir a un Congreso para la incorporación, en la fuerza de trabajo, de adultos discapacitados. Allí conoció a David Bruton, que sufría de una severa discapacidad de aprendizaje.

"Me impresionó su actitud jovial —recuerda Kosak—. David era una persona honesta, sincera, y tenía muchas ganas de trabajar."

Allí nomas, Kosak contrató a Bruton para trabajar en el área de embalaje y expedición de su empresa.

"David no sólo fue capaz de hacer su trabajo, sino que pasó por arriba a todos sus colegas", afirma Kosak.

Bruton ha sido promovido dos veces y actualmente trabaja como asistente de producción a cargo de la expedición.

"Ser el primer discapacitado que trabajaba allí, constituyó un gran desafío para mí... y una gran responsabilidad", nos dijo Bruton.

Cuando visitamos la empresa, ocho de los dieciséis empleados de CFS eran discapacitados. Su invalidez iba desde serios problemas de aprendizaje hasta parálisis cerebral y sordera. Kosak no tuvo que hacer ninguna adecuación física en su planta de producción. Los costos de los seguros de la empresa no se han incrementado. Y todos los empleados reciben los mismos beneficios.

Janice Griffin-McKenzie es una operaria físicamente sana, que fue testigo del crecimiento del plantel de personal discapacitado. Antes trabajaba en embalaje y actualmente se desempeña como operadora de una máquina y, en ambas funciones, ayudó a los nuevos a aprender su trabajo. Janice nos cuenta que, pesar de que algunos, al principio, se mostraron reacios a enseñar a los discapacitados, la mayoría estuvo más que dispuesta a dar a estos operarios una oportunidad para triunfar.

"Ahora tenemos una muy buena relación con todos ellos —nos informa Janice Griffin-McKenzie—. Siempre podemos contar con ellos, nunca llegan tarde y prácticamente no faltan jamás. Su trabajo, además de permitirles obtener un salario, les ayuda a incrementar su autoestima."

A fin de disminuir el estrés que algunos discapacitados sienten en un entorno desconocido, CFS realiza reuniones semanales con su personal, para hacerles conocer las distintas tareas que se realizan en la planta. Los empleados también tienen contacto directo con los clientes, que son invitados a la planta para realizar visitas guiadas. El gerente de personal, incluso, aprendió el lenguaje de los sordomudos para facilitar las cosas a quienes tenían problemas de audición.

La producción general ha incrementado al 95 por ciento de la capacidad productiva de la planta, en comparación con el 60 por ciento de 1989. La rotación de personal se ha reducido a un 5 por ciento.

"Esta gente nos ha cambiado la vida a todos —afirma Kosak—. Cada uno trabaja muy duro aquí, como parte integrante de un equipo. La circunstancia que nos indujo a contratar a David, nos ayudó a crear un clima de trabajo de orgullo y excelencia." (17)

69

"Para aprender, hay que fracasar.... Si nunca nada se rompe, nunca se sabrá cuán resistente es. Borre el temor al fracaso... Premie el éxito y el fracaso por igual, pero castigue la inactividad."(18)

David Kelley
IDEO

70

"La educación, la tecnología y el espíritu de empresa son los tres grandes generadores de riquezas en la economía moderna."(19)

Brian Quinn
Tuck School, Dartmouth

71

¡Apoye a las escuelas de su comunidad! Son la columna vertebral, fundamental, anónima y con bajísimo presupuesto, de la importante red de aprendizaje estadounidense.

Lapiceras, Baños y Empresas Que Prestan un Servicio Diferente

72 Las Pentels de Londres

Buen diseño es un traje de Armani, el automóvil japonés Lexus o un producto exótico anunciado en un catálogo de J. Peterman. De eso no cabe duda. Y yo, como tantos otros, lo reconozco.

Pero también importa que el buen diseño, tanto comercial como estético, sea aplicado a los objetos de uso cotidiano.

En el bazar de Jay Baker, True Value Hardware, en Gualala, California, hay todo un sector (o por lo menos un sector de un sector) dedicado a los productos de la marca Rubbermaid. Son lindísimos, funcionan a la perfección... y la mayoría de los mismos puede ser adquirida por menos de 5 dólares.

¿Alguna vez guardó una ensalada, ya condi-mentada, en la heladera y, cuando al día siguiente trató de comerla, se encontró con que se había convertido en una sopa horrible? Bien, Rubbermaid no puede cambiar las leyes físicas... o quizás sí. El bol circular que compré la semana pasada, está provisto de un pequeño disco perforado, con patitas de 1/4 de pulgada, que se coloca en el fondo. El condimento de la ensalada se acumula debajo de ese disco y, al día siguiente, la ensalada está casi tan sabrosa como cuando la guardó. Demás está decir, que estoy encantado con ese bol.

De paso quiero mencionar que, lo que primero me atrajo en los productos Rubbermaid, fue el hecho trivial de que se podían sacar las etiquetas, adheridas en el exterior de los productos, con absoluta facilidad. (¿No le sucedió a usted también que se pasó horas tratando de despegar raspando y raspando, las etiquetas de un producto recién comprado? ¡Qué pérdida de tiempo!)

De tanto en tanto, le digo a mi esposa que es hora de hacer otro viaje a Londres, porque se me terminó mi última Pentel. Lo digo en tono de broma pero, en realidad, no es tan en broma la cosa. Me encanta la Ball Pentel R50 de punta fina (en este momento estoy escribiendo con una lapicera de ese tipo... sí, todavía suelo escribir mis primeros borradores a mano); y me encanta, repito el término, el aspecto de esa Pentel, la forma en que la siento en la mano y cómo corre la tinta. Las compro en Rymans, en Londres... y no hay forma de encontrarlas en los Estados Unidos.

El diseño puede transformar (es una palabra importante: trans-formar) cualquier objeto, cueste 25 centavos o 25 mil dólares. Lamentablemente, pareciera que muy pocos operadores de lavaderos automáticos o fabricantes de lapiceras, comprenden esa verdad. Si usted piensa que el buen diseño es área exclusiva de Armani y Bank & Olufsen, se está perdiendo lo que puede ser su mejor oportunidad para diferenciar su producto o su servicio.

Lo siento, corto aquí... tengo que colgar algunos cuadros. ¡Disfruto de antemano el placer de manejar ese martillo Stanley Contractor-Grade!

73 Los astros de la exportación

¿Los ganadores del mañana? ¿Astros de la exportación? ¿Biotecnología? ¿Software? ¿Servicios financieros?

¿Qué tal un sistema para almacenar *pallets* en grandes depósitos?

¿Por qué no? Eso fue lo que dijo Spacerack Systems Pty. Ltd. de Brisbane, Australia. Hace cuatro años atrás, la empresa traspuso el mercado local y, con mucha audacia, incursionó en el sudeste de Asia. Lo que siguió fue un crecimiento rapidísimo, incluyendo importantes proyectos en Singapur, Tailandia, Malasia, las Filipinas y Taiwan, para empresas como Nippon Paints, Singapore Airways, Bayer Pharmaceuticals y Coca-Cola.

Gracias, en parte, a su asociación con el Centro de Ensayos de Ingeniería Civil de la Universidad de Tecnología de Queensland (Australia), Spacerack se ha convertido en el líder en innovación y en modelo para los servicios de almacenamiento. Ahora está actualizando y remozando sus distribuidores locales, creando una oficina de apoyo asiática. Lo antedicho es una forma algo rebuscada para decir que, con imaginación, prácticamente cualquier producto o servicio de una compañía de cualquier dimensión, puede convertirse en estrella, aun en los sectores más duros y competitivos del mercado mundial.(1)

74

Su empresa se está tambaleando. Los estudios de mercado para un futuro producto demuestan que el 40 por ciento de los encuestados sienten "franco rechazo" por el mismo. Y que sólo el 10 por ciento "se enamora" de ese producto.

¿Ha llegado el momento de salvar lo que queda por salvar y abandonar todo? Eso es lo que nueve de cada diez compañías resolvería como sensato... y haría. Pero haciéndole caso a la enfática insistencia de su director de diseño, Renault decidió ignorar el 40 por ciento negativo y orientarse hacia el 10 por ciento que adoraba el nuevo producto.

De la noche a la mañana, el rechazado Twingo de la empresa automotriz, se convirtió en segundo en ventas en el mercado automotor francés.(2)

El mercado de hoy en día — prácticamente

en todos los sectores— está lleno de productos y servicios iguales entre sí. Creo que los ganadores son aquellos que se arman de coraje y apuestan a algo diferente, como el Twingo. ¡Adelante! ¡Sorprenda a sus clientes!

75 ¡Lo seguro es arriesgado!

"Hoy en día, cada vez más negocios hacen hincapié en la seguridad. A pesar de que suene contradictorio, según la filosofía de Pressman, lo seguro es arriesgado. Es arriesgado porque, a medida que los negocios se hacen más seguros y se manejan exclusivamente en base a decisiones financieras, en lugar de decisiones de marketing, tienden a comprar la misma mercadería, tener el mismo aspecto, diseñar lo mismo y actuar todos en forma idéntica... Tenemos que seguir siendo diferentes."(3)

Bob Pressman,
Co-CEO de Barneys

Señor Pressman... ¿podría usted, por fa vor, explicar eso al 90 por ciento —digamos 98 por ciento— de los empresarios de venta al detalle con que hablo?

76 Existen plomeros y, además, existe De-Mar (¡De-Maravillas!)

No cualquier empresa de instalaciones de plomería, calefacción y aire acondicionado, capacita a sus trabajadores tres días por semana, les ofrece un ingreso ilimitado en base a comisiones, los obliga a seguir cursos de Dale Carnegie y tiene un programa de ganacias compartidas... sólo para mencionar algunas de las cosas que De-Mar ofrece a su gente.

Pero De-Mar (3,3 millones de dólares de facturación anual, 40 empleados) exige muchísimo a cambio de lo que da. Sus operarios, llamados Asesores de Servicio, tienen que adecuarse a las normas de cuidado personal fijadas por la empresa: nada de cabello largo, barbas o patillas.

"Quiero que piensen como empresarios y que comprendan

que su camioneta es su franquicia —dice Larry Harmon, presidente de la empresa Clovis, California—. No puedo darme el lujo de que vayan a la casa de una pobre ancianita, a las dos de la mañana, para una reparación de emergencia, con el aspecto de integrantes del grupo los Ángeles del Infierno.

■ El servicio religioso de los miércoles por la mañana

A las seis de la mañana comienzan las sesiones de entrenamiento, cuando Harmon grita: "¡Quiero escuchar un amén!" y todo el equipo responde como si se tratara de un servicio religioso. De hecho, esas sesiones de los miércoles por la mañana, están destinadas a ayudar a superar la valla de mitad de semana, en el tratro con los clientes. Se leen transcripciones de llamadas telefónicas con comentarios positivos, se otorgan puntos, se hacen discursos, se discuten en detalle las tareas y se critica el mantenimiento de los uniformes. Hoy, Harmon muestra un video sobre servicio y ofrece 500 dólares, o un viaje a Las Vegas para la mejor idea sobre como brindar un servicio excepcional.

"Las quejas sobre los precios son las quejas más valiosas", declara Harmon, explicando que, para ganar con sus precios extraordinarios, De-Mar tiene que ganarle a la competencia en lo que se refiere a servicio. La reunión termina con uno de los obreros proponiendo hurras a De-Mar.

■ Duro pero justo

"Hay tanta presión por parte de nuestros pares, que no hacen falta los supervisores, sólo tenemos líderes de equipo —dice Randy Newman, un asesor de servicio y líder del equipo de calefacción y aire acondicionado—. Uno de los muchachos le hizo un desastre total a un cliente y yo fui allí para arreglar el trabajo. Cuando, de regreso a la empresa, conté lo que el otro había hecho, todo el mundo lo quería ahorcar. El que no se adapta al nivel del equipo, automáticamente es marginado y sacado del medio por todos. Si un camión no está limpio, mandamos a sus responsables a casa (por ese día).... Pero cuando echamos a alguien, se echa a llorar."

¿ESTÁ SEGURO DE QUE ESTO NO ES NEIMAN MARCUS?

De hecho, la mitad de toda la gente contratada durante 1991 fue despedida en el curso del primer año.

"Pero a todos se les ofrece una oportunidad —agrega Newman—. El equipo asesora y aconseja. Si uno tiene un problema, se dirige al líder del equipo. Hablamos con mucha franqueza y tratamos de resolver las situaciones difíciles. Uno de los muchachos había quebrantado una norma importante y fue despedido. Volvió para pedir que le dieran otra posibilidad, el grupo sometió el pedido a votación y el tipo fue reincorporado."

■ Los trabajadores se autocontrolan

A las 8:43 hs. de la mañana, Newman arriba al trabajo Nº9, que consiste en la presupuestación de la instalación de una nueva unidad calefactora. Por radio transmite su hora de llegada, habla con el cliente, se sube al techo resbaladizo por la lluvia, y vuelve a su camión para preparar el presupuesto. Le presenta el presupuesto (una "inversión", según el lenguaje de De-Mar, nunca un "precio") al cliente, explicándole cómo funciona la garantía de la empresa, por cinco años, que cubre todos los repuestos y el servicio de atención de las nuevas unidades.

Newman también le deja un folleto y una tarjeta, por si el cliente se decide a hacer el trabajo y se va.

Entre tanto, en la unidad de plomería, el asesor de servicio Art

Fuentes pasó toda la mañana destapando la obstrucción en una ducha, pidiendo un inodoro e instalándolo en un espacio reducido. Son las 13:05 horas y Fuentes, bajo una lluvia torrencial, se dirige hacia su camioneta. A pesar de haber estado trabajando en el minúsculo baño desde las 8:30 de la mañana, saluda a su cliente con una amplia sonrisa, deseándole un día "de maravillas".

Su buen humor, absolutamente genuino, nace de su ambición empresarial. Cada año, todos los asesores de servicio completan una hoja de objetivos, declarando cuánto

NO ES SIPLEMENTE OTRO SERVICIO DE PLOMERÍA

- ■ Se garantiza el servicio en el día.
- ■ Un año de garantía por todos los trabajos.
- ■ Precio garantizado al centavo, De-Mar absorbe cualquier error en los cálculos.
- ■ Servicio durante las veinticuatro horas del día, siete días a la semana, 365 días al año: No hay recargo por trabajos fuera de horario porque no existen horas "fuera de horario".
- ■ Precios fijos y uniformes. El listado de precios cubre 98 por ciento de los trabajos; semanalmente se comprueba si los operarios están familiarizados con los mismos, y tienen que obtener un puntaje del 90 por ciento en esas comprobaciones.
- ■ Bonos obsequio.
- ■ Descuentos a jubilados.
- ■ Notas de agradecimiento.
- ■ Seguimiento telefónico del servicio.
- ■ Estricto código de vestimenta.
- ■ Camionetas amarillas de De-Mar impecables pintadas con un color especial, registrado, creado para De-Mar por DuPont.
- ■ Dos por ciento de los ingresos brutos se destinan a capacitación, lo que incluye una videoteca y audiocasetes por 10.000 dólares.

dinero quieren ganar, anotando algún sueño personal, como, por ejemplo, comprar una casa, y detallando veinte formas en que planean alcanzar su meta financiera. Esto los obliga a concentrarse en la calidad de servicio que brindan y en la cortesía necesaria para lograr que un cliente los vuelva a llamar.

"El trabajo de este tipo, con un servicio en el día, garantido, es bastante movido", explica Fuentes, mientras por radiollamada anuncia la finalización de su trabajo y es enviado a otro destino. Fuentes comenzó a trabajar en la empresa hace seis meses, en un momento en que los horarios eran aun más alocados. Antes trabajaba con un competidor, y se siente muy satisfecho del trabajo que realiza en De-Mar, que está superando a su ex empresa en lo que se refiere a calidad de servicio.

"Cuando empecé a trabajar aquí, la cantidad de servicios que yo hago por día se fue para arriba —dice Fuentes— porque De-Mar sabe que si se trata bien a los trabajadores, estos tratarán bien a los clientes. No vendemos lo que la gente no necesita."

■ Un entorno de alta performance

¿Cuál es el trato distinto al que Fuentes se refiere?

"En la otra empresa, todo era muy severo y uno tenía ganas de todo menos de sonreír —se queja—. Cada día encontraban algo por qué gritar. Así ¿cómo puede ir uno a visitar a un cliente con una sonrisa pintada en la cara?

"Lo peor de todo —agrega— era que el patrón siempre estaba controlando nuestras conversaciones por el radiollamado."

En De-Mar, los obreros valoran la posibilidad de hacerse bromas entre sí por radio y mantener charlas amistosas.

"Es casi como si uno no estuviese trabajando —finaliza Fuentes—. Mi padre me dijo el otro día que, desde que empecé a trabajar aquí, cambié. Lo positivamente distinto en De-Mar es que todo el mundo es muy abierto y está dispuesto a ayudarle a uno."

■ La realidad en cifras

El servicio en De-Mar se mide en términos de percepción del cliente, es decir, cuántos llamados telefónicos o cartas con comentarios positivos y cuántas quejas se reciben con respecto de cada trabajador, cuántas veces un asesor de servicio tiene que rehacer un trabajo mal hecho u obtiene un segundo trabajo porque hizo muy bien el primero.

Todo el mundo se rige por un sistema de puntos basado en tales criterios, y los tres empleados que tengan el puntaje más elevado obtienen un incremento del 50 por ciento en sus comisiones sobre las ventas de ese mes. Los que obtienen los

SISTEMA DE PUNTAJE PARA EL ASESOR DE SERVICIO (AS)	
Comentario telefónico positivo sobre el AS	+ 1.000
Comentario telefónico negativo	- 1.000
Comentario por carta positivo	+ 2.000
Comentario por carta negativo	- 2.000
Cliente pide a determinado AS	+ 1.000
Cliente no quiere que determinado AS vuelva	- 2.000

puntajes más bajos se vuelven a capacitar o se despiden. Una gran planilla, colocada en lugar bien visible en la sala de capacitación, permite que cada uno de los obreros vea la posición exacta que tienen tanto él como sus colegas.

"Cada uno de los hombres del service es nuestra empresa —dice Harmon—. Venden, sirven, resuelven problemas y hacen que el cliente se sienta bien gastando 900 dólares por nuestros servicios. Se me pone la carne de gallina cuando explico cómo trabajamos." (Doy fe que eso es, literalmente, cierto.)

Pero el énfasis está en el "sentirse bien" y no en los 900 dólares.

"Una persona no dura mucho aquí si lo único que le interesa es su comisión", dice Harmon.

■ La maravillosa Bottom-Line

La dedicación de los asesores de servicio produce resultados sorprendentes. De acuerdo con una investigación de mercado encargada por De-Mar, en 1988 el 80 por ciento de los residentes de la zona de Fresno pensaba primero en la competencia cuando necesitaban algún trabajo de plomería. En 1993, De-Mar, que en el ínterin había crecido 15 veces, resultó ser la primera elección para el 84 por ciento de los encuestados. A esto dice Harmon:

"La clave para lograr esto es enseñarle al personal que lo que necesitan son clientes a largo plazo y no dólares a corto plazo."

¿Todavía piensa que un plomero es un plomero...? Si las cosas se pueden hacer diferentes ("a la Harmon") en plomería... ¿Por qué no en su negocio de 6 o de 66.000 personas?(4)

77

P.: ¿Puede darnos algunas ideas sobre el manejo de un pequeño estudio asesor contable, integrado por uno o dos profesionales?

R.: Me irrita cuando un fabricante de automóviles o de computadores me dice lo díficil que es competir. Pero me pongo lisa y llanamente furioso, cuando el jefe de cualquier empresa de servicios profesionales me dice lo mismo. (Está bien, en su pregunta, usted no dice exactamente esto, pero creo interpretar que se refiere a lo mismo.)

La idea de que el servicio profesional se convierta simplemente en mercadería es absurdo. Esto vale tanto para una empresa compuesta por dos personas como para los servicios contables ofrecidos por las más grandes empresas de auditorías del mundo (Big Six). Los servicios profesionales son específica e ineludiblemente personales. Sólo son "un producto más" si usted es "un  producto más", es decir, si no tiene nada especial que ofrecer, si es simplemente un contador, ingeniero, capacitador o lo que sea, uno entre el montón.

Cada uno de nosotros prospera en la medida en que logramos diferenciarnos en algo: el enfoque del problema, la excelencia en la relación con el cliente, la tenacidad en la implementación o todo esto junto.

Mi respuesta es muy cortante: pregúntese a sí mismo qué cosa, dentro de su campo, es claramente diferente y fuera de lo común en los servicios que usted ofrece. Si su respuesta —en 25 palabras o menos— no resulta convincente para un futuro cliente, o para un ex cliente (o, Dios no lo permita, para usted mismo), está en problemas. Y no espere que yo sienta compasión por usted.

78

No los puedo diferenciar (lapiceras, coches, servicios legales, servicios de ingeniería). Esto es algo que escuché cientos de veces.

Yo siempre trato de personalizar; no me puedo imaginar diciendo: "Hoy hojeé un libro sobre management. Pero no sé con seguridad si era mío o de Peter Drucker."

Y lo que vale para mí debiera valer para McDonald's, Burger King, Wendy's, Sony, GE, y RCA. (Recuerde De-Mar).

79 ¡Sorpresa!

Lo mejor siempre sorprende. Una obra de teatro, un software, un cajero especialmente cortés en el banco o un camarero dinámico, un equipo de fútbol o etiquetas autoadhesivas o lo que fuese.

Si sorpresa = éxito... ¿sería posible construir una FÁBRICA DE SORPRESAS, es decir, una organización que se la pase produciendo sopresas?

Si pudiéramos hacerlo, reafirmaríamos, científicamente hablando, los principios del cálculo de probabilidades y de la variación casual. La sorpresa es la impredecibilidad, aun en sus mínimas manifestaciones, como por ejemplo el camarero dinámico. Es decir que inculcar sorpresa es inculcar impredecibilidad.

Inculcar impredecibilidad es honrar la quiebra de normas (todas las sorpresas, por definición, rompen normas), el humor, la curiosidad, la excentricidad. Tanto en pequeñas cosas (provisión de servicio detrás del mostrador) como en las grandes (inversión en investigación y desarrollo en un lugar apartado).

En gran medida (¿en su totalidad?) la sorpresa no puede ser organizada o planificada. Para robarle la comparación al experto en management Henry Mintzberg, la sorpresa es como las flores silvestres, que crecen en un terreno abandonado, no como las que se cultivan en un invernadero controlado al máximo.

(Entre las flores silvestres —al contrario de lo que sucede en un invernadero— casi siempre crecen yuyos. Si usted no tolera los yuyos, no puede estar en el negocio de las sorpresas. Y si usted es un buen observador, también sabrá que, al mirar detenidamente un yuyo aparentemente sin importancia, podemos descubrir una maravilla, ya sea una diminuta flor o una hoja de tan delicado diseño que nos conmueve hasta las lágrimas.)

Piense: ¿QUÉ HIZO USTED DURANTE LAS ÚLTIMAS 24 HORAS PARA FOMENTAR LA PARCIAL ANARQUÍA QUE SE NECESITA PARA ALIMENTAR UNA FÁBRICA DE SORPRESAS?

80 Rechace la mediocridad

David Maister es, quizás el más importante analista, a nivel mundial, de las empresas de servicios profesionales. Recientemente realizó una encuesta entre los socios de diversas firmas de este tipo, pidiéndoles que clasifiquen a sus clientes en una de las siguientes categorías: "Esa gente me gusta y su industria me interesa", "Tolero a esa gente y su negocio está OK, ni fascinante ni aburrido" y "Soy lo suficientemente profesional como para no decírselo nunca a mi cliente, pero la verdad es que no me gusta tratar con este tipo de gente y su tipo de empresa no me interesa en lo más mínimo."

Los encuestados ubicaron alrededor del 30 por ciento de sus clientes en la categoría de "me gustan", un 50 por ciento en la categoría "los tolero" y un 20 por ciento en la categoría "no me importan/me desagradan".

Maister quedó consternado. Se preguntó por qué sus encuestados pasan la mayor parte de su tiempo trabajando con clientes que no le aportan gran cosa.

—Entiendo que existe trabajo aburrido para clientes aburridos —dijo Maister a un grupo— pero me pregunto ¿por qué son ustedes quienes lo tienen que hacer?

La respuesta más frecuente que recibió en sus seminarios fue:

—¿Es que tengo alguna opción?

Maister se quería cortar las venas.

—¡Por supuesto que tiene una opción! —Insiste—. No deje que clientes de cuarta arruinen su carrera e, incluso, su vida. Rechace las empresas y los clientes mediocres, y busque trabajar sólo para aquellos que hagan que su tarea resulte divertida. (5)

Mi experiencia personal me induce a confirmar esa posición con un ¡Correcto! y, sí... es posible hacerlo. Así que... ¿qué clientes piensa eliminar este mes?

81

Despida a los malos clientes. (No, no bromeo.) No permita que enloquezcan su organización o maltraten a sus empleados. David Maisster lo aconseja (ver punto anterior). El legendario publicista David Ogilvy se vanagloriaba de haber rechazado más clientes que maltrataban o torturaban a su gente de los que lo rechazaron a él. El genio británico de servicios de marketing Gary Withers, baja los pulgares frente a negocios aburridos que no constituyan un desafío.

Aunque le parezca mentira, existe el concepto de aceptar, o mantener negocios que, realmente, no son buenos para la psiquis de su empresa.

82 No es tan difícil, amigos

El día de Año Nuevo de 1994, estuve en el Radisson Hotel en Burlington, Vermont, después de haber asistido a la fiesta de cumpleaños de un amigo que cumplía sus 50. Con la intención de ver el segundo tiempo del campeonato local de fútbol, sintonicé la estación local de la NBC en el equipo de TV que había en mi cuarto. La recepción era malísima, se veía todo borroso. Llamé por teléfono a recepción y el empleado me dijo que me mandaría al técnico.

No vino nadie.

A primera hora de la tarde siguiente, quise ver otro partido por la NBC. Encendí el televisor. El mismo problema.

Llamé a conserjería y, después de relatar mi problema de la noche anterior y su continuación, la empleada se disculpó y dijo que iba a enviar al técnico de inmediato. Cuando me fui del hotel, dos horas después, el técnico todavía no había logrado llegar al sexto piso.

Sí, ya sé que otros —y yo mismo— le han contado historias similares. Y también usted habrá vivido situaciones tanto o más enojosas.

¿Entonces, cuál es el problema? Como nos dijo una y otra vez el ya desaparecido Dr. Deming, el problema es la mala conducción. ¿Y cuál es la respuesta?

"No es tan difícil, amigos."

> **CURA INSTANTÁNEA**
>
> Basta con dar la cara por 10 ó 15 minutos....y el mundo puede empezar a girar en dirección opuesta.

Creo que la próxima vez que le escuche a Ross Perot decir esa frase cuando se refiere al complejo tema de la política nacional, voy a vomitar. Pero, en cierta forma, tiene razón cuando se refiere a la conducción de una empresa mediana.

El perotismo me vino a la mente mientras estaba haciendo unas compras navideñas de último momento en un supermercado de Vermont. El negocio estaba repleto. Tomé las tres o cuatro cosas que había olvidado comprar y me dirigí hacia la caja rápida.

¡Qué desastre! Las dos colas para las respectivas cajas se cruzaban por lo menos una vez y llegaban hasta uno de los sectores de góndolas, haciendo imposible cualquier intento de compra. La gente se metía en la fila sin respetar turnos. Los ánimos estaban más que caldeados.

Mientras estuve allí parado, acercándome y distanciándome de mi lejano objetivo, me pregunté: ¿en dónde diablos está el gerente?

No, no es tan difícil. Me encantaría ser gerente de un supermercado como ese. Tendría la posibilidad de recrearlo a mi imagen y semejanza, al margen de los tarados que están al frente de la organización.

Tomemos como ejemplo mi lastimosa experiencia navideña. Cualquier gerente de departamento, aunque no tuviese más creatividad que un nabo, podría haber convertido ese caos en una fiesta. Podría haberse hecho presente y desempeñado el rol de policía de tránsito/animador/anfitrión de un show en vivo. Podría haber ordenado las filas, saludado a los clientes por su nombre (después de todo, esto no es Manhattan), ayudado a la gente en los atestados pasillos a encontrar la mercadería que estaban buscando y quizás, incluso, podría haberles dado una mano a los empleados de las cajas, por ejemplo, ayudándoles a embolsar los productos vendidos durante algunos minutos... y de paso, agradeciéndoles por mantener la calma en medio de la tormenta.

No miro al mundo a través de un cristal color rosa pero, créame, aquel no era un problema sino una maravillosa oportunidad. Ofrecía la posibilidad de dar la cara, no durante horas sino sólo por diez ó quince minutos, en un momento crítico, y mejorar el clima tanto para los clientes como para los empleados. Todo el mundo o al menos la parte del mundo que estaba en ese negocio aquella tarde, hubiese comenzado a girar en dirección opuesta.

(Relaté esta historia con mis sugerencias en un seminario. Uno de los participantes sugirió que el gerente del local hiciera corear a todos los presentes el villancico *Jingle Bells* y distribuyera bastoncitos de caramelo a los que estaban haciendo fila delante de las cajas. La idea me gusta, aun cuando, en aquel momento, yo me hubiese conformado con mucho menos.)

83

Relea el punto anterior. Repito: sólo diez a quince minutos, 9000 "tics" del reloj como máximo, hubiesen encauzado todo el operativo hacia una nueva y mucho más positiva dirección.

84 La diversión en los servicios financieros

Aquí les presento la revitalización de New England Securities, donde un nuevo presidente removió y activó las cosas. Créanlo o no, durante la primera reunión con sus empleados les leyó un cuento del Dr. Seuss, *Oh, the Places You'll Go* (Oh, los lugares a los que llegarán). De acuerdo con la nueva filosofía empresarial, puesta por escrito, se alienta a los empleados (llamados asociados), a lo siguiente:

1. Corra riesgos, no se vuelque siempre hacia lo más seguro.
2. Cometa errores. No trate de evitarlos a toda costa.
3. Tome la iniciativa. No espere instrucciones.
4. Gaste su energía en soluciones, en lugar de hacerlo en emociones.
5. Apunte a la calidad total. No se limite a lo mediocre.
6. Rompa cosas. Acepte la destrucción. Es el primer paso de todo proceso creativo.
7. Concéntrese en las oportunidades, no en los problemas.
8. Experimente.
9. Asuma la responsabilidad personal por arreglar las cosas. No culpe a otros de las cosas que a usted no le gustan.
10. Trate de facilitar el trabajo, no de trabajar más.
11. ¡Mantenga la calma!

12. ¡Sonría!
13. ¡Diviértase!

Una de las empleadas, Kate Lorinczi, que tuvo a su cargo transmitir la nueva "declaración de principios", nos dice que la empresa está haciendo realidad su filosofía. Ella misma había estado a punto de renunciar. Ahora se siente felizmente integrada en su trabajo. (Para quienes están en el tema, la Srta. Lorinczi fue la desmotivada, anónima protagonista de "Buscando el empleo perfecto con toda determinación" en el libro *El seminario de Tom Peters: Los tiempos locos requieren organizaciones locas*, página 215)

85 "Para" el mercado, "del" mercado

Préstele atención al mercado. Escuche a sus clientes. Gaste mucho dinero para recoger información relacionada con ellos, a fin de que pueda tratar incluso a los clientes de los mercados masivos como "segmentos de mercado" individuales. Esto no sólo son las ideas que marcaban la tendencia en la década pasada, sino que quienes las sostenían (yo, entre ellos) las proponíamos y defendíamos en voz cada vez más alta.

> **Hay una diferencia muy marcada entre hacer algo "para" el mercado y ser parte "del" mercado.**

¿Por qué, entonces, me fascinó, y me perturbó tanto, la historia de la diseñadora milanesa de ropas y accesorios, Miuccia Prada, retratada en una nota de Ingrid Sischy en *The New Yorker*?

¿Investigación de mercado? ¿Recopilación intensiva de datos? ¡Olvídelo! Prada llegó a la cima del mundo de la moda, con sólo escuchar su voz interior.

"La ropa parecía tener algo especial, distinto, casi interior. Era como si sugiriese que alguien, y no algo, la hubiese conformado" escribe Sischy en su nota, y agrega que "la imaginación de Prada conforma una parte importante de lo que es y de cómo hace su trabajo... la ropa creada por ella está como impulsada por sus propios sentimientos y su agudo sentido de dónde estamos ubicados en el mundo."

Pero incluso Prada metió la pata de tanto en tanto. "Utilizó las propuestas convencionales de la Séptima Avenida", comenta Sischy sobre la dudosa colección presentada por esta diseñadora de modas en 1989. "La ropa era exagerada y parecía que, en esta oportunidad, la guiaban más las consideraciones comerciales y cierta falta de naturalidad que su habitual espontaneidad subconsciente." Prada resume su traspié diciendo: "Odié a todo el mundo a mi alrededor y dije que sería la última vez que otros me empujarían a hacer lo que yo no quería."(6)

¿Qué nos enseña esto? Es lo que yo llamo la diferencia entre hacer algo "para" el mercado y ser parte "del" mercado. Las empresas que hacen algo "para" dependen de la recopilación y manipulación de datos, del análisis imparcial, de elaborados planes de marketing y de técnicos en marketing, planificadores y diseñadores, versados en las últimas técnicas. Las firmas que son parte "del" mercado buscan empleados dinámicos con puntos de vista fuera de lo común, alimentan un espíritu de aventura, valoran el instinto y la intuición, se fascinan con todo lo que nunca ha sido intentado.

Las firmas "para" sin duda pasan malos ratos con mayor frecuencia que las firmas "del". "La seguridad es riesgosa", dijo Bob Pressman, de Barneys. También son responsables de alrededor del 100 por ciento de los grandes adelantos. ¿A cuál pertenece usted?

86 El espejo retrovisor mira hacia atrás

"Los líderes de la Unión Europea debieran concentrarse en ejercer el liderazgo, no en seguir cualquier cambio de la opinión pública."(7)

Financial Times (15 de junio de 1994)

Amén. Tanto para los líderes de la Unión Europea como para los presidentes de los Estados Unidos. Y para los ejecutivos de *marketing* en empresas de 20 y 200.000 personas.

¿Coincide usted conmigo en que, a medida que la investigación de marketing prevalece más y más, también hay cada vez más productos que sólo son imitación, y líderes que no lideran nada?

Un negocio competitivo debiera guiar y liderar a sus clientes. El potencial comprador no puede decirle qué es lo que le gusta hasta tanto no haya usado o convivido con el producto. George Colony de Forrester Research dice: "El cliente es un espejo retrovisor, no una guía hacia el futuro."(8)

Correcto.

87 Mil pequeñeces...

Sugerencia de diseño para hoteles. Muchos de sus huéspedes tienen más de 45 años de edad (yo, por ejemplo). La mayoría de la gente de más de 45 años de edad, tiene presbicia (yo, por ejemplo). Mucha gente de mi edad, que usa lentes para leer, no se los pone cuando está en el baño (yo, por ejemplo). La mayoría de los envases hoteleros de champú llevan impresa la palabra champú en letras pequeñas. Algunos huéspedes (yo, por ejemplo) siempre intentan lavarse la cabeza con las sales de baño, la crema de enjuague y otros extraños líquidos que el hotel pone a disposición de sus clientes en forma gratuita.

Sugerencia: Utilice **letras grandes** para rotular los envases de champú.

Moraleja: Las pequeñas cosas cuentan... y cuentan... y cuentan.

88

Más comentarios sobre el tema del *packaging*. El otro día casi me detengo en la ruta para comprar una jarrita de jarabe de arce. El pequeño puesto, instalado a la vera del camino, al sur de Stowe, era realmente tentador.

¡Qué cosa tan estúpida! En mis campos, al sur de Vermont, crecen cientos de arces azucareros, todas las primaveras hiervo su jugo y tengo frascos y frascos de jarabe casero, almacenados en el sótano de mi casa.

Sin embargo, aquella mesita al lado de la ruta, con su mantel a cuadros rojos y blancos, sus hileras de jarritas prolijamente alineadas y un auténtico campesino de Vermont ofreciéndolas, todo contra un fondo de nubes blancas, cielo azul y montañas cuyas laderas comenzaban a teñirse de colores otoñales, tenía algo especial y muy tentador.

Ese momento me hizo reflexionar sobre la importancia del entorno y, por lo tanto, del *packaging*. J. Peterman, sin duda, entiende del tema: sus encantadores relatos sobre el origen e historia de ciertos productos de su catálogo, unidos a un diseño gráfico variado y atractivo, ha convertido a su empresa en un fenómeno excepcional, de crecimiento ultra-rápido, en un mercado absurdamente superpoblado.

De la misma manera, la gigantesca e impersonal Safeway gastó, hace algunos años, una tonelada de dinero para poner en sus departamentos de venta de productos de granja algo del encanto de los puestos de frutas y verduras al aire libre. A pesar de que no alcanzaron el encanto del puesto de jarabe de arce de Vermont, la inversión valió la pena.

El tema vale incluso para la alta tecnología: una firma que vende piezas para equipos de laser, venía "envasando" sus sofisticados productos de 500 dólares en simples y anodinas bolsas de plástico. Luego, basándose en las recomendaciones hechas por su gerente de ventas, pasaron a un contenedor sellado al vacío, montado sobre una base color ébano y un sello dorado. Apuesto a que a ninguno de los ingenieros se les hubiese ocurrido algo así. El "nuevo" producto, ofrecido a muy buen precio, se vendió como pan caliente... Por lo tanto, no me hablen de la fría y racional toma de decisiones de los compradores de productos técnicos. Los mismos ingenieros que nunca hubiesen creído en la importancia de semejante presentación son tentados, sin embargo, por ese envase cuando pasan a ser compradores... Quizás, después de todo, también son humanos.

Resumiendo: pocos (salvo los japoneses, que son fanáticos del tema) tomamos a la presentación tan en serio como debiéramos. Es una oportunidad que se pierde... y una oportunidad muy importante.

89

Durante un reciente viaje de negocios, mi esposa me llamó por teléfono, en estado de pánico. G-R-A-N atasco de papel en nuestra nueva fotocopiadora Canon NP2110 y ella estaba ya sobre la fecha para enviar ciertos textos a los correctores. (Kate, entre muchas otras cosas, tiene una pequeña editorial.)

No es que mi esposa sea una inepta en lo que se refiere a tecnología (bueno sí, en parte lo es... y yo soy muchísimo peor que ella). Lo que había pasado, era que yo no había guardado el manual en el lugar habitual (para decir la verdad, tampoco estaba en un lugar "menos habitual").

Le ayudé a encontrar el manual y colgué el auricular. A los diez minutos me volvió a llamar, eufórica de alegría: había logrado solucionar el problema y el manual era una maravilla, claro, explícito, con ilustraciones prácticas, etc.

¡Bravo, Canon! Y, lamentablemente, bienvenida a un club muy exclusivo: el de los que toman muy en serio la confección de sus manuales y lo hacen muy bien. (Ojalá pudiese decir lo mismo del manual del, por otro lado excelente, FAX-900 Hewlett-Packard, que vive al lado de la fotocopiadora Canon en la pequeña oficina de nuestra granja en Vermont.)

90 Se va a resfriar, Sr. Benetton

Anita Roddick (The Body Shop) y Richard Branson (Virgin Group). Rupert Murdoch (The News Group), Ted Turner (Turner Broadcasting), John Malone (Telecommunications Inc.), Wayne Huizenga (Blockbuster Video y, antes que eso, Waste Management), Al Neuharth (USA Today/Gannett), Bill Paley (CBS), Barry Diller (QVC) y Samuel Goldwyn (MGM).

Roger Milliken (Milliken & Co.) y Michael Milken (Drexel Burnham). Steve Jobs (Apple, NeXt), Stan Shih (Acer), Rod Canion (Compaq), Andy Grove (Intel), Mitch Kapor (Lotus Development) y Edson de Castro (Data General). Herb Kelleher (Southwest Airlines), Bob Crandall (American Airlines), Don Burr (People Express), Fred Smith (Federal Express) y Jan Carlzon (SAS).

John McCoy y John Fischer (ambos de Banc One), Walter Wriston (CitiCorp) y Carl Schmitt (University Bank and Trust).

Soichiro Honda (Honda) Masuru Ibuka y Akio Morita (ambos de Sony) e Hiroshi Yamauchi (Nintendo).

Les Wexner (The Limited), Don Fischer (The Gap) y Luciano Benetton (Benetton).

Algunos vestían de traje oscuro (Wriston, el banquero). Algunos no estaban vestidos (Luciano Benetton en un infamemente famoso —en realidad, todos lo son— aviso de Benetton). Todos ellos locos de atar. Y todos ellos —pillos, bribones y soñadores— son los hombres de negocios "Color-by-Kodacolor Dolby Sound" que adoro. Para mí, ellos son la empresa.

Son los creadores. Son los gigantes, la gente que ha convertido los negocios y la economía en una aventura. Son los "espíritus animales" a que se refiere John Maynard Keynes, el sine qua non del crecimiento económico.

Así que....

Si el loco Luciano (Benetton) se presentara completamente desnudo en su empresa, para someterse a una entrevista laboral. O la profana Anita Roddik se apareciera, con el mismo motivo, vistiendo un gastado overol y acompañada de uno o dos campesinos latinoamericanos o africanos.

Dos preguntas:

■ **¿Los contrataría?**
■ **¿Trabajarían para usted, si usted les ofreciera un trabajo?**

Supongo que usted conoce la respuesta a ambas preguntas. Y pienso que, teniendo en cuenta los locos tiempos en que estamos viviendo, a usted le convendría pensar en cómo cambiar esas respuestas.

91

No sé si fui lo bastante claro en el punto anterior. Usted, sin duda, conoce algunas personas realmente hábiles y capaces ¿verdad? No siga leyendo. Visualice a cinco de esas personas. ¿Cuántas de ellas aceptarían trabajar para su empresa?

¿Quedó más claro ahora?

P.: ¿Cómo estructuraría una iglesia para la década de los 90?

R.: Es obvio que, aun con la misma composición demográfica de la comunidad, algunas iglesias se convierten en imanes de atracción, mientras otras vegetan o, incluso, cierran sus puertas. Si bien los dogmas eclesiásticos son más o menos los mismos en todas las sectas y religiones, es la energía y la visión del párroco, rabino o imán lo que constituye la gran diferencia.

El líder religioso eficiente, se halla bien sintonizado con su grey, pero no es un esclavo de la investigación de mercado, de la misma manera que no lo es el inteligente comerciante o el dueño de un restaurante famoso.

Es decir que el sacerdote no se adecua indiscriminadamente a las necesidades de su comunidad, sólo para lograr la orientación al cliente. (La orientación al cliente se ha convertido en algo así como una verdad teológica de la literatura empresarial de nuestros días. ¡Oh, Dios mío, qué es lo que Bob Waterman y yo iniciamos! ¡Perdónanos Señor!) En lugar de ello, conduce y lidera a sus feligreses, insuflándole vida y dinamismo al dogma y, al mismo tiempo, teniendo en cuenta las necesidades de la comunidad.

Los aburridos blancos de cualquier confesión, podrían aprender mucho de las iglesias afro-americanas de nuestras ciudades, empezando por la vital y dinámica Glide Memorial Church de San Francisco, del Reverendo Cecil Williams. (**Aclaración** para principiantes: Glide no tiene "servicios", sino "celebraciones.")

93

¿Quiere que sus empleados le presten más atención a los temas relacionados con la variedad? Muy fácil: Comience usted por prestarle más atención a temas variados. Tan simple.

O, como dicen Ann Herbert, Margaret M. Pavel y Mayumi Oda en *Random Kindness & Senseless Acts of Beauty*:

> *Cualquier cosa que hagamos al azar y con frecuencia*
> *comienza a tener su propio sentido*
> *y cambia el mundo.*
> *Cualquier cosa de la que quieres que haya más,*
> *hazla al azar.*
> *No esperes las razones.(9)*

EL REVERENDO CECIL WILLIAMS CON SU CONGREGACIÓN

Anteayer fui a cenar a nuevo restaurante italiano cerca de mi casa. Voy a volver. El personal era simpático, atento y profesional. La comida estaba bien hecha. El propietario y chef había pasado seis años, con intervalos, visitando a sus familiares en diversas ciudades del norte de Italia. Ha preparado un menú diferente y delicioso. La experiencia de comer allí lo pone a uno en contacto con un trozo de historia y cultura italianas y, al mismo tiempo, se saborea una comida excelente.

Realmente... ¿hacía falta otro restaurante italiano en nuestra pequeña ciudad? Si usted me hubiese preguntado esto una semana atrás, le hubiese dicho que no. Hoy mi respuesta es un enfático sí.

La mayoría de los nuevos negocios se funden rápidamente. Y, a pesar de que los dueños, quizás hipotecaron todo lo que tenían para instalarlos, la mayoría de los que fracasan se tiene bien merecida su triste suerte. Sin embargo, algunos nuevos emprendimientos prosperan y florecen. ¿Qué diferencia a los ganadores de los perdedores?

Diferencia. La primera pregunta que se tiene que formular el futuro dueño de un emprendimiento comercial es, en pocas palabras: ¿De qué manera mi concepto sobre un negocio de plomería, una ferretería o lo que fuese, difiere de todos los demás? Si no puede explicar al hombre de la calle, muy sintéticamente, por qué su negocio es especial y diferente, ya está en problemas, aún antes de comenzar.

Alma. Su empresa debiera hacer exclamar a sus futuros clientes "¡Uau!" "¡Bárbaro!" "¡Qué bueno!". Es decir, debe tener algo que todos recuerden, por ejemplo, una garantía especial, un servicio fuera de serie o, incluso, vehículos extraordinarios. Digamos que usted instala una nueva empresa de taxis en una ciudad del norte de los Estados Unidos, su "alma" puede ser el compromiso de tener siempre vehículos impecablemente limpios, por dentro y por fuera, a pesar de la nieve barrosa del invierno, que hace que los vehículos de la competencia parezcan bolas de lodo con ruedas.

Pasión. La vida de un empresario es por momentos estimulante y casi siempre agotadora. Sólo la desenfrenada pasión por lo que hace, logrará que sobreviva a las 17 horas diarias (mes tras mes) y a los dolorosos errores que son parte de la experiencia y del derecho de piso que hay que pagar.

Detalles. Mientras todo el proyecto debe estar armado para llamar la atención, sólo una realización excelente lo convertirá en ganador. En el restaurante italiano que visité, el menú indica la historia de cada plato. Los muebles provienen del norte de Italia, de la región que inspiró el restaurante. Se invita a los comensales a recorrer la cocina y charlar con el chef. Si se desea, se pueden pedir las recetas, y se las dan sin omitir ingrediente alguno. ¡Y los baños son una maravilla!

Cultura. Eso de "cultura empresarial" suena como si fuese algo reservado a entidades como el Bank of America o Federal Express. Pero no. Lo de cultura empresarial vale incluso para la consultoría unipersonal con un asistente part-time. El espíritu, la energía y el profesionalismo de ese asistente marcará el tono del servicio que usted está ofreciendo. Una empresa con $1^1/_4$ empleados pueden tener tanta cultura empresarial y tanto espíritu distintivo (para bien o para mal) como sus grandes colegas.

Conclusión: La mayoría de las cosas que hacen los grandes también se aplican a su pequeña (o mínima) empresa. Por supuesto que el reclutamiento es fundamental. Luego dedique tiempo para compartir con ese solitario asistente su visión, a fin de que la comprenda, la comparta y la sepa transmitir a los clientes y proveedores, de mil pequeñas formas. Trate hoy mismo el tema de la participación en las ganancias, no lo deje para mañana. Un almuerzo semanal para ponerse mutuamente al día con las novedades es un requisito obligatorio, tenga uno, dos o muchos colaboradores.

Comunidad. Hace algunos años atrás, un amigo instaló una oficina de corretaje de bolsa. Cuando agregó un segundo empleado, ya era un pilar en su comunidad de 35.000 personas. No está escrito en ninguna parte que sólo el banquero local o el dueño de la concesionaria de automóviles de la ciudad pueda organizar un programa para reunir fondos adicionales para la biblioteca pública o pagarle un bien ganado viaje a la banda del colegio secundario. Participar en las actividades comunitarias, con tiempo más que con dinero es, a la larga, un buen negocio. Hace que se conozca su nombre y su persona y, lo mejor de todo, lo convierte en un potencial empleador atractivo (lo cual es la clave para el éxito sostenido).

Libros al día. Un buen sistema contable no debería ser complejo. Por el contrario, hasta un chico del colegio secundario debiera estar en condiciones de entender su contabilidad. Pero sus libros deben pintar un cuadro preciso, claro y actualizado de cómo funciona su negocio. Y, mejor aún, su contador y asesor financiero debiera comprender claramente su visión empresarial... y ser compinche con el banquero local. Es la credibilidad de él, más que la suya, la que le conseguirá esa línea de crédito de 7.500 dólares que, en algún momento, puede llegar a ser necesaria (p.ej. después de que una tormenta lo deje sin corriente eléctrica durante seis días y cuatro mil dólares de mercadería perecedera se pudra delante de sus narices).

Un compinche. Sea su socio o el empresario que, al igual que usted, comienza un nuevo negocio, usted necesita a alguien con quien hablar, a quien pedirle consejo y en quien confiar, pero que no sea un obsecuente.

Perseverancia. Para Sam Walton (Wal-Mart) y Anita Roddick (The Body Shop), el camino hacia el éxito estuvo signado por fracasos iniciales. Hay millones de cosas —sí, millones— para aprender sobre cómo manejar un nuevo negocio. No importa cuántos buenos libros lea usted sobre el tema (comience con *Running a One-Person Business* por Claude Whitmyer, Salli Rasberry y Michael Phillips) ni con cuántos colegas consulte, el aprendizaje lo tendrá que hacer usted mismo. Y a veces es duro. La palabra clave en cualquier negocio es, por supuesto, aprender. Walton y Roddick aprendieron de sus primeras metidas de patas, pequeñas y grandes, e hicieron ajuste tras ajuste...

El placer de reinventar. Es triste comprobar que, aun cuando debiera ser a la inversa, las pequeñas empresas son menos .

innovadoras que las empresas grandes. Si tienen éxito, tienden a quedarse atascadas en un surco, machacando hasta el cansancio sobre las brillantes ideas de ayer.

Si un negocio tiene éxito, no faltará quien lo copie. Esto significa que sus dueños deben tener un hambre permanente de revolución y reinvención, no sólo de mejora y perfeccionamiento. Por desgracia, esto es más fácil de decir que de hacer. Aferrarse con pasión a la idea que condujo al éxito (ver más arriba), puede convertirse en un lastre pesadísimo cuando llega el momento de implementar cambios fundamentales.

95 Piense en grande, piense en lo mejor de lo mejor

Gracias, Stephen y Paul Paliska, por ponerme en la *mailing list* de su boletín "Pasión por el Estacionamiento".

Hace diez años, los hermanos Paliska fundaron Professional Parking Services Inc., una empresa que presta servicios de estacionamiento (valet-parking) con asiento en California del Sur. (Ya hablé de ellos en *Liberation Management* y en *El seminario de Tom Peters: Los tiempos locos requieren organizaciones locas*.) Dicho boletín, dirigido a los clientes (empresas, lugares de espectáculos públicos, hoteles, etc.), informa sobre temas de actualidad, nuevos programas como el de "hospitalidad agresiva", un nuevo manual de capacitación, nuevos clientes, etc. Básicamente, esa publicación me recuerda, ¡una vez más!, que cualquier cosa puede ser muy especial. Si los Paliska pueden crear un servicio de estacionamiento que brilla y se destaca a kilómetros de distancia, ¿por qué no habría de poder hacerlo usted con su .... lo que fuese?

96

"Este es un negocio en el cual una atmósfera suelta, creativa y no lineal en nuestras salas, se traduce en mejor rating y una mejor

Cualquier negocio que sea **exitoso** será **copiado**.

experiencia de trabajo... Lo que, en parte, convierte el trabajo de radio en algo fascinante, es el hecho de que nunca hay que convertirse en adulto." (11)

Randy Michaels
Presidente de Jacor Communications (Radio)
Cincinnati

Y eso no sólo vale para la radio, mis queridos amigos.

97

La cosa es muy simple, dice un ejecutivo: no se obtiene carácter sin individuos con carácter.

¿Quiere vitalidad? ¿Dinamismo? ¿Energía? Entonces, promueva estas cualidades, lo que equivale a promover a las personas que las posean. Al que está un poco chiflado, al tipo algo extravagante (y, en ocasiones, incluso al excéntrico)

Dígame, si la **innovación, ineludiblemente, somos nosotros,** ¿qué otra alternativa nos queda? Y si usted coincide conmigo en que no nos queda absolutamente ninguna, pregúntese qué está haciendo al respecto. (Revea sus últimas seis incorporaciones, incluso en el área contable. ¿Cuál es la proporción de chifladura, extravagancia y excentricidad que agregó a su empresa?)

98 **Diseño es...**

1. 200.000 artículos distintos para 200.000 personas distintas
2. la ubicación exacta y correcta de una guía aérea en un envío remitido por barco a un puntilloso cliente japonés (llegó la hora de ser redundantes)

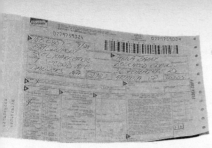

3. un nidito de paja para cada una de las seis latas de sopa de tomates Campbell's, presentadas en un lindo cajoncito de madera, en la vidriera de un negocio en Tokio

4. el hecho de que Lee Iacocca (ex-Chrysler) y Sonny Mehta (Alfred A. Knopf) figuren con frecuencia en la lista de los "mejor vestidos", y que sus automóviles y tapas de libros, respectivamente, tengan un diseño audaz

5. una guía aérea de FedEx fácil de usar

6. una caja de archivo de Fellowes Mfg., ridículamente fácil de armar

7. la inclusión formal del jefe de diseño en el organigrama de la empresa

8. el poder informal del jefe de diseño y su equipo en la cultura empresarial

9. la cantidad de jefes de diseño que el ejecutivo máximo considera buenos amigos (es decir, sabe sus números de teléfono de memoria y ha compartido una comida social con ellos durante los últimos 45 días)

10. la cantidad de veces que el ejecutivo máximo llama al jefe de diseño en el curso de una semana normal, o la cantidad de veces que ese mismo ejecutivo máximo pasa por la oficina del jefe de diseño durante una semana (y la proximidad de ambas oficinas)

11. puntos 9 y 10: por favor, vuelva a leerlos

12. el ingenioso dispositivo en mi sacacorchos Le Creuset, que me permite sacar un corcho utilizando sólo mi dedo meñique

13. la frecuencia con que se realizan sesiones de estrategia empresarial dedicadas exclusivamente a temas de diseño,

14. una comprensión visceral de que el

diseño es una de las principales o la principal forma de diferenciar un producto o un servicio

15. la presentación que convierte papas y carne en un plato elegante

16. un camarero que le sirve la ensalada Waldorf como si fuese Plácido Domingo cantando el papel de Rodolfo en *La Bohème*

17. el práctico cierre plástico en el envase de 2,99 dólares de Rubbermaid

18. tan importante (o aun más) en un producto de 29 centavos o 29 dólares o en uno de 29 mil dólares

19. algo que se refleja tanto en el logotipo o las formas y el espacio de las oficinas, como en el producto o servicio mismo

20. el plano oficial de los subterráneos de Londres, que tiene una historia maravillosa y se ha convertido por sí mismo en un motivo de venta a nivel mundial,

21. una actitud de vida

22. la comprensión de que todos nuestros sentidos tienen igual valor

23. parte del vocabulario cotidiano en toda la organización, tanto en el departamento de capacitación como en ingeniería e investigación

24. parsimonia en todo

25. espacios y lugares abarrotados que, a pesar de eso, son confortables

26. una prenda de vestir de veinte años de uso, que usted ama

27. el automóvil Lexus que compró ayer

28. el olor de una pelota de béisbol nueva

29. la sensación que me produce mi pelota de cricket Platypus Dave Brown (hecha en Australia, que tengo sobre mi escritorio y acaricio mientras escribo estas líneas)

30. el hecho de que uno, a veces, compra un libro por la tapa y un vino por su etiqueta

31. se lo encuentra tanto en una granja como en una boutique de alta costura

33. algo que se puede sentir pero no ver

34. cualquier cosa que lo deja maravillado
35. cualquier cosa que, como ciertas lapiceras o martillos o topadoras, lo siguen maravillando, aún diez años después de haberlos visto por primera vez
36. buscar, en el momento de reclutar personal, un "sentido del diseño" en los postulantes a cualquier puesto
37. cosas extraordinariamente bellas que no sirven para absolutamente nada... pero son bellas
38. cosas extraordinariamente horribles que funcionan de maravillas
39. ecuaciones como $e=mc^2$
40. palabras que invitan (el "disfrútelo antes del..." impreso en el recipiente del jugo de frutas Odwalla, citado en el punto Nº 9.)
41. manuales de instrucción prácticos y fáciles de usar
42. manuales de instrucción prácticos y fáciles de usar
43. esteee... manuales de instrucción prácticos y fáciles de usar
44. el cuidado con que el logotipo de una bodega está impreso en los corchos de las botellas de vino
45. algo que no se puede explicar, pero que se sabe que existe
46. coherencia absoluta (un sentido del diseño que se manifesta en absolutamente todo lo que hace una empresa)
47. algo tan importante para la empresa que vende 250 mil dólares por año, como para aquella que vende 25 mil millones por año
48. una metodología para asegurar que en cada decisión se tome en cuenta el diseño
49. el producto de una empresa que refleja profundamente la creatividad y el espíritu lúdico

50. considerar el diseño desde el comienzo del desarrollo de un producto o servicio, y no dejarlo para más adelante

51. popular, no elitista

52. algo enseñable (al menos, tomar conciencia del mismo)

53. algo que no es caro

54. holístico (un término del que se está abusando, pero que aquí corresponde)

55. algo que es potenciado por la diversidad (raza, nacionalidad, sexo, edad)

56. algo que es apreciado por los ancianos,

57. ...y por los hombres recios, al estilo de John Wayne,

58. ...y por niños pequeños

59. ...y por discapacitados

60. *packaging* fantástico, tanto en productos de 19 centavos como de 9 mil dólares,

61. el producto de la experimentación constante y lúdica (nadie lo sacó bien de entrada... y a veces ni a la centésima vez)

62. PASIÓN

63. INGENIERÍA METICULOSA

64. pespuntes y ojales

65. más importante en remeras (me encantan las remeras) que en un automóvil (los automóviles me son indiferentes)

66. quizás, lo opuesto del punto 65 para usted

67. logotipos

68. tarjetas de visita

69. lo que usted es

70. lo que es su empresa

71. discernible en un instante

72. durable

73. la personalidad fundamental de un producto o servicio (o de una empresa)

74. la medida en que usted cree en la idea de "personalidad de un producto" o "personalidad de un servicio"

75. TODO

76. el grosor de una lapicera (depende de si tengo un día-de-lapicera-gruesa o un día-de-lapicera-fina)

77. color, colorido

78. color, colorido y válvulas hidráulicas

79. la carpeta que usa para su curso inicial de capacitación

80. la memoria y balance actual

81. una grata sorpresa

82. algo que vale que se le dedique una enorme cantidad de tiempo, energía física y energía psíquica

83. algo que vale una fortuna,

84. que al frente de una empresa haya gente a la que les disgusta profundamente la ausencia de un buen diseño en cualquier aspecto de su empresa (y de cualquier empresa)

85. tener las agallas para liderar

86. tener las agallas para cambiar

87. tener las agallas de discontinuar el producto líder de hoy, cuando se tiene una idea mejor

88. premiar fracasos fabulosos

89. reclutar espíritus aventureros

90. observar atentamente cómo la gente (por ejemplo los potenciales clientes) encara las cosas que hace

91. vivir (literalmente) con los clientes

92. más que el aspecto de algo, la manera en que usted lo usa

93. la razón por la cual me enamoro de algo

94. la razón por la cual sigo enamorado de algo

95. la razón por la cual odio algo

96. la razón por la cual nunca soy indiferente a algo

97. el ruido que hace la puerta de un Mercedes al cerrarse (sí, ya sé, esto no es muy original),

98. un catálogo de J. Peterman
99. hermosa folletería
100. todo lo que hacen Richard Branson, Anita Roddick y Luciano Benetton
101. un asiento cómodo en un tractor
102. un panel de control genial
103. un cableado hecho con arte (eficiente, eficaz, ingenioso y prolijo) debajo del capot de un automóvil o en el interior de una multiprocesadora
104. algo que tiene que ver tanto con el vendedor de automóviles como con el automóvil mismo
105. algo que tiene que ver tanto con la playa de estacionamiento como con el restaurante
106. BAÑOS LIMPIOS Y AGRADABLES (ver también el punto **107**)
107. el envase en que un hotel devuelve al pasajero la ropa lavada (ya sea un hotel de una o de cinco estrellas)
108. coherencia (se ve familiar y muy bueno)
109. incoherencia (sorprende y rompe con el pasado)
110. una sensación cálida y gratificante
111. una grata sorpresa
112. eterno
113. algo que nunca se detiene
114. lo que uno más recuerda de lo que ha producido
115. poesía
116. mecánica
117. arte
118. perfeccionismo detallista
119. preguntarse cómo se pudo vivir antes de que aparecieran los filtros Melitta, los envases Saran Wrap, los cierres Velcro y los papelitos para notas Post-it
120. entender que, cuanto más mundano sea (aparentemente) un producto o servicio, tanto más probable será que el CUIDADO EN EL DISEÑO lo pueda revolucionar (los idiotas no lo entienden)

121. la inflexible exigencia, impuesta por una empresa australiana de sistemas de seguridad para el hogar, de que los instaladores siempre usen pantuflas en la casa de sus clientes

122. la capacidad de desechar todo lo aprendido sobre cómo funcionan las cosas (y cómo se usan)

123. la frecuente ausencia de automóviles en el salón de exposición de Sewell Village Cadillac en Dallas, Texas (pero los arreglos florales siempre son maravillosos)

124. la pequeña manzanita mordida en el logotipo de Apple Computer's

125. lo sencillo (los envases de The Body Shop) tanto como o más que lo rebuscado

126. la ausencia de un diseño excesivo (que es tan malo como la indiferencia por el diseño... o quizás constituya lo máximo de indiferencia por el diseño)

127. armonía (el hecho de que sienta a mi Minolta 9xi como parte de mí mismo)

128. esa docena de modestos cambios (por no más que 25 mil dólares), que modifican por completo el aspecto, la sensación y el confort de una casa de 530 mil dólares,

129. la excelente ingeniería utilizada para rotular eficazmente la fruta fresca

130. el placer que experimenta un ejecutivo al mostrar sus productos

131. la medida en que los productos de una empresa están desparramados en todos los lugares de trabajo,

132. la pasión con que el director financiero habla sobre los productos (o servicios) que ofrece su empresa

133. cuando el diseño se menciona directa o indirectamente en la filosofía empresarial

134. una parada de ómnibus en la que uno se siente como en casa

135. la comodidad y la eficiencia del equipamiento de la cabina de una pequeña lancha a motor

136. gracia
137. algo que se ODIA o se AMA, no algo que gusta o genera rechazo (los estudios sobre el tema demuestran que la fidelidad del consumidor está ligada a una reacción emocional frente a un producto o servicio. El que algo simplemente guste no es suficiente para cimentar una relación a largo plazo)
138. algo que tiene que ver con relacionarse (con un producto o servicio)
139. como la vida. Uno se casa por el sexo, pero continúa casado por los abrazos en medio de noches largas y solitarias. El diseño es como una orgía sexual y como un tierno amor que nos nutre a lo largo de toda la vida
140. algo que será enfatizado si el directivo máximo de la empresa toca un instrumento musical, es un buen *gourmet*, se dedica a la ebanistería, se pasa horas cuidando un invernadero, observa pájaros o tiene algun otro hobby que lo relacione con el mundo real
141. una nota garabateada a mano por el presidente (en lugar de una carta escrita a máquina y firmada)
142. una nota personal manuscrita de cualquiera, en esta era de teléfonos, faxes y correo electrónico

99

¿Qué piensa hacer —ya mismo— con la lista precedente?

100

P.: ¿Es posible conciliar su idea de que "estos tiempos locos requieren organizaciones locas" con el "modelo de franquicias" de McDonald's, que pone la clave en la sistematización?

R.: ¡Bueno, termínela con eso! ¿No me querrá decir que McDonad's todavía sigue siendo algo especial? Por supuesto que, de tanto en tanto, todavía paso por McOrdinario, especialmente por sus fantásticas papas fritas.

Pero la calidad, el servicio, la limpieza y precio, las premisas básicas con que Ray Kroc lanzó la empresa al mercado, decididamente no constituyen nada especial o diferente hoy en día.... al menos fuera de Moscú y Beijing.

En el mundo de hoy, el premio corresponde a la no-sistematización: es decir, a brindar a cada cliente algo especial, aun cuando tenga la suerte de contar con millones de clientes.

¿McDONALD'S O McORDINARIO?

No me malinterprete: la organización (sistematización) es imprescindible. Pero se puede exagerar. Y cuando el término "aburrido" se convierta en sinónimo de su empresa en este abarrotado mercado... ¡mucho cuidado!

101 No a los microscopios electrónicos: tome su software y...

Estallé. Perdí el control. Lo admito.

Estaba preparándome para hablar ante un grupo de prestadores de servicios profesionales en el campo de la arquitectura, ingeniería y construcción.

Junto con el material informativo relacionado con la conferencia, me encontré con un aviso publicitando un software para ayudar a responder los llamados a licitación.

Sin duda es un programa bien pensado. Sin duda es útil y flexible. Sin duda, responder los llamados a licitación, en especial de entes gubernamentales, es un trabajo tedioso (yo no quisiera hacerlo.) Pero...

¡Estoy tan harto de herramientas de trabajo que producen respuestas que parecen calcadas las unas de las otras! Estoy harto de cartas que son todas iguales, de planes de negocios que son todos iguales, de presentaciones que son todas iguales. Y es así que le dije a mi audiencia: "¡No me digan nada: si están aquí para quejarse de la 'estandarización de los servicios de ingeniería' (esa era la realidad, para eso habían venido) no me vengan a decir que la solución es producir propuestas que son iguales a las propuestas de todo el mundo! ¡Ya es bastante dramático que esto sea casi inevitable, para el jabón o la sopa... pero no me digan que también los servicios profesionales van a caer en esto! Me dan ganas de vomitar..."

Me salió así, espontáneamente. (Y fue una agradable sorpresa cuando me aplaudieron a rabiar. Quizás no estaba tan equivocado.) Pero, ¿cuál es mi respuesta?

No soy ningún experto, pero sugiero que las propuestas deben pasar la prueba del ANTI-MICROSCOPIO ELECTRÓNICO. Es decir, se echa una mirada a, digamos, 10 propuestas. ¿Hay alguna que se destaque de inmediato? ¿O es necesario analizarlas a través de un microscopio electrónico para diferenciar una de la otra?

(Recuerdo el aviso de un nuevo automóvil que, en realidad era el re-lanzamiento de un viejo favorito en el mercado. Tenía flechas por todos lados indicando las nuevas características. Bueno.... si hacen falta tantas flechas.... Usted me entiende, ¿verdad?)

No hace falta un microscopio electrónico para saber que se está en Disney World, que se está volando por Southwest o utilizando America Online. En tiempos pasados, no hacía falta un microscopio electrónico para saber que estaba comiendo en McDonald's (ver punto anterior) o conduciendo un Ford Taunus.

Y, por Dios, sus clientes no debieran necesitar un microscopio electrónico para darse cuenta de qué hay de especial en los servicios profesionales que usted les ofrece, ya se trate de pintura, jardinería, fotografía, contabilidad o arquitectura.

Bueno, ¿y por casa, cómo andamos? ¿Podría usted pasar mi prueba del ANTI-MICROSCOPIO ELECTRÓNICO? ¿Se destacan sus tarjetas de visita y su papelería comercial, o sus propuestas de trabajo si su negocio son los servicios profesionales? Si responde mal a estas preguntas, no se me venga a quejar de que su servicio (o producto) se está estandarizando.

¡Despierte!

102

P.: Usted dice que hay que escuchar al cliente. ¿Pero qué pasa si se reciben sugerencias y pedidos que no se pueden satisfacer?

R.: La premisa de la pregunta resulta ser una profecía que se autorrealiza. Si un cliente pide o sugiere algo traído de los pelos, ello significa, invariablemente, que usted no prestó atención a sus pedidos más modestos. Si usted está en la calle escuchando (y preguntando) todos y cada uno de los días del año, irá desarrollando un diálogo permanente que le permitirá resolver los temas antes que se transformen en problemas y desarrollar hasta su máximo potencial las oportunidades que van surgiendo.

Cuidado con el monstruo: la idea disparatada de su cliente, tomada con toda seriedad, puede convertirse en su próximo producto estrella... o en el de la competencia. Vea también el próximo punto (N°103).

103 Imagínese la calidad imperfecta

¿Quiere meter su mensaje sobre problemas de calidad o los conceptos sobre servicio al cliente, en las duras y recalcitrantes cabezas de la máxima conducción de la empresa? Olvide el memo de quince páginas y la exposición cuidadosamente preparada, ilustrada con cien transparencias. En lugar de ello, lleve con usted un videograbador Sony CCD FX 230 de 599 dólares y, durante algunos días, entreviste de cinco a quince clientes furiosos. (De acuerdo con mi experiencia, esos clientes casi siempre están dispuestos a tomarse unos minutos para atenderlo.) Luego compagine el video, reduciéndolo a treinta o cuarenta minutos (el

CCD FX 230 incluye la posibilidad de compaginar y editar); muéstrele ese video a sus colegas, a su jefe, al grupo de dirección divisional.

Según mi experiencia, estos imperfectos videos caseros (quizás, en parte, por su misma imperfección) nunca dejan de desencadenar una gran discusión, como nunca la lograrían todos sus cuadros, gráficos y datos estadísticos juntos.

Este método también funciona si usted está trabajando en una empresa familiar de quince personas. Pídale el video-grabador a un amigo (en caso de no poseer uno) y haga una docena de entrevistas de dos minutos de duración con los clientes a la salida del restaurante, casa de fotocopiado, corralón de materiales o lo que sea. Luego muestre ese video —esta vez sin compaginar ni editar— durante la próxima reunión de trabajo. Con o sin bolsita de pochoclo de regalo, le aseguro que captará la atención de su audiencia.

104

John Martin, máximo ejecutivo de Taco Bell, subsidiaria de PepsiCo que factura 4 mil millones de dólares por año, reveló a *Forbes ASAP* que le gusta "recorrer el espinel", y no sólo en sus propios locales. "Voy a cualquier lado donde haya gente comiendo y trato de averiguar cómo son esos potenciales clientes, qué hacen y qué quieren."

¿Cuál es la comitiva que acompaña a ese altísimo ejecutivo? A esa pregunta, Martin responde:

"Nadie. Voy solo. Me meto en mi coche y durante siete días voy de un lado a otro, sin que nadie sepa, siquiera, en dónde estoy."(12)

Me parece lindísimo leer esas palabras, especialmente en esta frenética y sobrevoltada década del 90, con ejecutivos que no mueven un dedo sin sus asistentes. ¡Damas y caballeros, desenchufen sus modems y pongan en marcha sus coches!

105 ¡Vamos todavía, John!

El comentarista literario del *New York Times*, Michiko Kakutani, califica de "horrible y repelente" la última novela de John Updike, *Brazil*. Si bien no he leído el libro, el comentario de Kakutani no hizo sino reforzar mi admiración por Updike. A la edad de 62 años, después de haber escrito dieciséis novelas y conquistado un renombre literario internacional, se sigue reinventando a sí mismo. Esto es algo que incluso Kakutani admite, reconociendo que la imaginación de Updike ha dado un gran salto y logró "ampliar los límites del territorio de su ficción".

Quizás Updike haya dado un traspié esta vez, pero un coraje como el suyo es excepcional, aun entre los súper-exitosos, ya se trate de individuos o de empresas. ¡Bravo!

106

P.: Usted acusa al departamento de recursos humanos por ser chato, burocrático y por preocuparse sólo por los detalles banales de la política de personal. ¿Cómo sería, para usted, el departamento de RH ideal?

R.: Paso a describirlo:

(1) No hay casi nadie en la oficina. Toda la gente de RH está afuera de ella, trabajando con sus clientes (p.ej. Divisiones, Centros Operativos) o llevando adelante proyectos que comprometen a la gente. Algunos no volverán a la oficina por meses (quizás años).

(2) Si yo (Tom Peters) me sentara a hablar con un director de recursos humanos, lo único que le pediría sería lo siguiente: "Dígame qué está haciendo de bueno u original". Si el jefe de RH es una estrella, me contestará citando, con mucho entusiasmo, media docena de proyectos orientados a dar apoyo a las líneas operativas. Y yo, de inmediato, voy a anotarme por lo menos dos o tres de esos proyectos para escribir sobre ellos en nuestro boletín (*En busca de la excelencia*) o en mi próximo libro.

Quiero aclarar que estos son los mismos criterios que aplicaría para analizar un departamento de compras, de contabilidad o de sistemas de información. En estas páginas he dicho de mil maneras que debiéramos tratar de obtener productos y servicios de verdad memorables. La prueba de "anti-microscopio electrónico" es aplicable tanto a las áreas de servicio como a las operaciones de línea.

¿Qué tal? ¿Tiene a mano esa lista de proyectos sensacionales para compartirla conmigo?

107 ¡Es el baño, imbécil!

En la estación de servicio de mi ciudad, el dueño, todas las mañanas, pone flores frescas en el baño de damas y en el de caballeros. Y, sin miedo a exagerar, les cuento que los pisos de los baños están tan limpios, que se podría comer de ellos.

En la librería Northshire Bookstore de Manchestser, Vermont, el impecable baño unisex está atractivamente empapelado, adornado con un ramo de flores frescas y pósters que llaman la atención, mientras uno cumple su misión allí. El vendedor de automóviles Carl Sewell gastó 250 dólares por rollo de papel para decorar el baño de su concesionaria Cadillac-Lexus; además, incluyó todo un capítulo sobre baños en su excelente libro *Customers for Life* (cuyo co-autor es Paul Brown).

Sewell tiene el concepto correcto. La pura verdad es que muy pocas cosas destacan tanto a una empresa o a un negocio, como un baño fuera de serie. Por supuesto, a primera vista, esto parece un tanto disparatado. Pero piénselo bien... ¿no le parece que tengo razón?

Dicho sea de paso, lo que vale para los clientes, también vale para los empleados. En las empresas, los baños para el personal varían tanto como los baños para la clientela. Algunos están limpios y bien decorados, otros son sucios y repelentes. Algunos tienen duchas y armarios. Otros no. Etc.

Sí, concretamente estoy sugiriendo que ponga a los baños para el personal en un lugar prioritario de su temario, durante la próxima reunión para definir estrategias comerciales. Revelan a las claras cuánto le importa —de verdad— ese "mayor capital" del que tanto se habla: sus clientes y sus colaboradores. Como podría haber dicho Walt Disney, que tenía la misma manía por los detalles de la vida cotidiana como por la animación cinematográfica: "¡Nunca nadie prestó demasiada atención a los baños!"

108

"Durante años, las empresas han tratado de vender nuevos productos con tal o cual nueva tecnología. Hoy en día, la gente considera que la tecnología es algo natural y normal, que ni siquiera se discute. Lo que busca son productos cálidos, amables, atractivos... algo que seduzca." (13)

Philippe Starck
diseñador de Thomson Consumer Electronics

109

Amo los negocios. Lo admito. Pero detesto la ropa formal "de negocios". Y a los tipos pretenciosos. Pero estos son irrelevantes. Los negocios para mí, están relacionados con al vida en flor, a toda marcha.

Gracias a Dios, no estoy solo con esta idea. Ludwig von Mises, el fundador de la escuela de economía de Austria, según afirma el *Financial Times*, veía a los negocios como "una actividad creativa, relacionada con pálpitos, inspiración y corazonadas".(14)

¡Sigamos nuestras CORAZONADAS!

Visitamos los baños en lugares comunes...

...y encontramos

Los buenos...

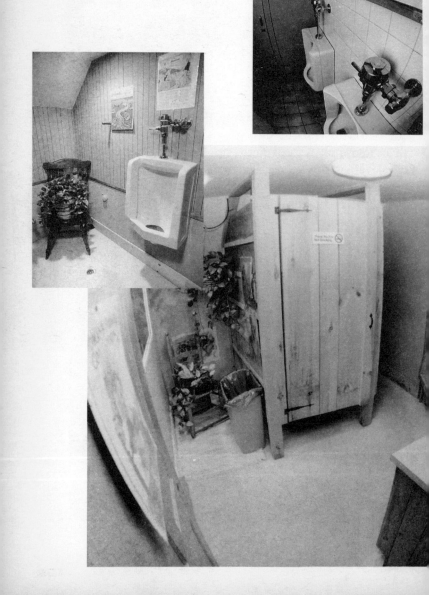

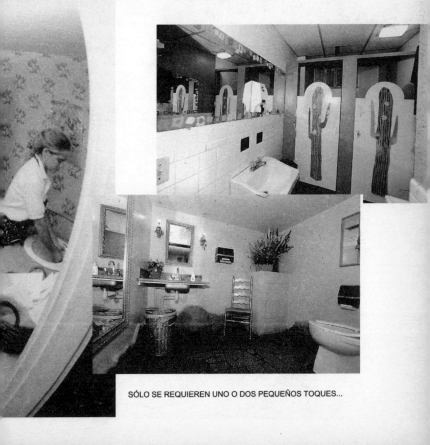

SÓLO SE REQUIEREN UNO O DOS PEQUEÑOS TOQUES...

Los grandiosos...

... O UN TOQUE GRANDE

Los horribles...

DÍGALE QUE "NO" A LOS *COMMODITIES*

(y "sí" a los espíritus libres)

110 El negocio de la obsesión

Hace poco me fue posible reunir ocho talentosos ejecutivos para hablar de... en fin, de cualquier cosa y de todo un poco. Mi intención era tirar la pelota, dejarla rebotar y ver a dónde iba a parar.

Para empezar, ¿por qué no nos presentamos?

Mi nombre es David Friend. Soy el presidente y fundador de Pilot Sofware. Hace alrededor de diez años inventamos algo denominado Sistema de Información Ejecutiva, que es una herramienta de acceso rápido a todo tipo de información, utilizado por la mayoría de las grandes empresas. Empleamos alrededor de cuatrocientas personas.

Yo soy Tania Zouikin, directora ejecutiva de Batterymarch Financial Management. Manejamos más de 6 mil millones de dólares en inversiones, en su mayoría para los fondos de pensión. Actualmente tenemos el setenta por ciento de nuestro capital invertido a nivel mundial, lo cual es mucho para un negocio como el nuestro.

– – –

N. del T.: Se denominan *commodities* aquellos productos que han dejado de ser originales e innovativos para el mercado, pero que se siguen fabricando y compiten con otros muy parecidos o iguales. Es decir, que al ser masificados e imitados han perdido ese "algo más" que originalmente los diferenciaba.

Soy Stephanie Sonnabend, vicepresidenta ejecutiva de Sonesta International Hotels. Sonesta es una pequeña cadena con quince hoteles en los Estados Unidos, el Caribe y Egipto.

Soy David Hirschberg, director ejecutivo de Germaine Lawrence, una agencia de asistencia social en Arlington, Massachusetts. Brindamos servicios residenciales a muchachitas adolescentes que han sido objeto de abusos de distinto tipo. Tenemos un presupuesto de 7 millones de dólares y alrededor de cien colaboradores. Funcionamos desde 1979.

Soy Peter Duncan, y trabajo en el Center for Simplified Strategic Planning. Somos una pequeña consultora, integrada por cinco profesionales y dos auxiliares administrativos. Nos especializamos en la planificación estratégica para pequeñas y medianas empresas.

Soy Sheila Schofield y soy directora de comunicaciones en Doubletree Hotel Corporation, que ha sido creada por la reciente fusión de Doubletree Hotels y Guest Quarters Suite Hotels. Hemos pasado de cuarenta hoteles a cien. En estos momentos estamos fusionando ambas culturas empresariales y mudándonos de Boston a Phoenix.

Mi nombre es Ira Jackson y soy vicepresidente senior del Bank of Boston, que tiene un patrimonio de 85 mil millones de dólares.

Yo soy Ben Cole, y soy empresario de raza y asesor bancario. Mi empresa, Cole Financial, Inc., tiene oficinas en Boston, Hong Kong y San Petersburgo, en Rusia.

Tom Peters: Bienvenidos. Estoy obsesionado.

STEPHANIE SONNABEND: Muy bien, eso siempre es una buena señal.

TP: Siento como que me estoy ahogando en productos aburridos. Las empresas se han sometido a procesos de reingeniería, han achatado la pirámide jerárquica, calidad y servicio han sido puestos como prioridad número uno, se están reduciendo los tiempos de desarrollo de nuevos productos... Me pregunto ¿por qué nadie hace algo más atractivo y excitante para el consumidor?

DAVID FRIEND: Buena pregunta.

PETER DUNCAN: Es la pregunta.

TP: Me llamaron de Steelcase. Hace diez años atrás, junto con Herman Miller y algunas empresas más, revolucionaron el diseño de oficinas. Después de revisar su análisis contable para determinar por qué tenían problemas con su margen de ventas, miré su catálogo. Muy buen material, calidad superior, gran inversión en innovación, pero nada que sea realmente interesante.

¿Es inevitable caer en la rutina de los commodities?

SHEILA SCHOFIELD: La industria hotelera, como todas las del sector de servicios, se ha convertido en un negocio de *commodities*. Somos como los automóviles, es cada vez más difícil ser diferente.

STEPHANIE SONNABEND: Pero la gente busca algo diferente y especial, todos están hartos de cosas cortadas por la misma tijera.

DAVID FRIEND: Cuando algo se convierte en *commodity*, su valor baja y la diferenciación consiste en quién puede entregarlo al precio más bajo.

PETER DUNCAN: Parte del problema es que los clientes tienen acceso a una enorme cantidad de información sobre la conformación de los precios. Y la utilizan.

STEPHANIE SONNABEND: Lo que yo veo en la industria hotelera es el concepto de "hagamos un trato". Nadie paga la tarifa real, todos buscan precios, negocian con su agente de viajes y con los servicios de reserva. Incluso los que se acercan al mostrador de recepción, vienen a negociar. Eso hace que sea muy difícil tener ganancias.

TP: Ese es el fascinante —y aterrador— mensaje que nos llega del sector de las líneas aéreas. Max Hooper, el gurú del sistema de información de American Airlines lo resumió así: "Cuando usted logre un sistema de información transparente, en cuanto a la conformación de los precios, y un mercado electrónico abierto, tal como lo tenemos en el negocio de las líneas aéreas, le podremos decir: bienvenido al mundo donde se pierden millones de dólares por año".

TANYA ZOUIKIN: Hay servicios de *on-line*, a través de los cuales se puede encontrar lo que uno quiera —información o producto— en cualquier lugar de los Estados Unidos, en fracciones de segundo.

TP: Barry Diller se pregunta por qué diablos tiene que ir la gente a negocios minoristas. Creo que pasarán 25 años antes de que este nirvana —o pesadilla— termine. Pero la vieja idea de la "información perfecta" de la que hablaban los economistas ha dejado de ser sólo una fantasía.

DAVID FRIEND: La excesiva oferta de información es parte de ese problema. El desafío es destacarse de alguna manera que vaya más allá del precio.

TANIA ZOUIKIN: Lo cual a muchas empresas les resulta muy difícil.

Abogando por la innovación

DAVID FRIEND: Todos los años doy un curso en la Sloan School del MIT (Massachusetts Institute of Technology). A todos les resulta muy difícil mentalizarse con respecto del tema de la innovación, porque es algo que no ofrece un rédito visible sobre las inversiones. Todo el mundo se siente mucho más cómodo con cosas que puede cuantificar.

Imagínese que aparece un loco en su oficina y le dice que tiene una idea fantástica, que le permitirá hacer un negocio millonario. No es una situación para la que un ejecutivo de formación tradicional esté preparado. No sabe cómo manejarla.

PETER DUNCAN: ¿Cómo se capacita a la gente para manejarse frente a la espontaneidad?

TP: Ésa es la pregunta del millón.

DAVID FRIEND: Tenemos que encontrar formas de evaluar y valorizar la innovación.

SHEILA SCHOFIELD: El apart-hotel es una idea que ha cambiado la industria hotelera. Año tras año fue presentada esa idea... y rechazada. Hasta que por fin alguien dijo: "Probemos, a ver qué pasa". Y resultó un exitazo.

DAVID FRIEND: Las empresas tienen que ensayar ideas locas. Probar diez de ellas, tirarlas contra la pared. Algunas funcionarán, otras no.

PETER DUNCAN: Basta con mirar la forma en que se eligen los colores para los automóviles. Siempre se busca el común denominador más bajo: "busquemos el color menos ofensivo". En lugar de buscar el color que realmente rompa con todas las tradiciones. Quizás no sea un éxito... pero quizás sí.

DAVID FRIEND: Bueno, cuando uno ve en la revista *Forbes* las fotos de los genios del color de GM y Ford, todos sentados ahí, con sus formales y monótonos trajes grises, se entiende por qué eligen colores tan aburridos.
Lo que hace que Boston y el Silicon Valley sean tan interesantes, es que allí se ven empresas que sí valoran las ideas novedosas. La clave es convertir la innovación en la piedra angular de la cultura empresarial.

STEPHANIE SONNABEND: Los únicos que hoy en día invierten dinero en hotelería son Japón y Hong Kong. El capital empresario estadounidense para nuevos emprendimientos pareciera haber desaparecido.

TP: El problema es que el capital empresario es manejado cada vez más por los administradores de empresas y no por la gente grandiosa de antes, como el General Doriot de la Harvard Business School, que solía invertir en gente que le resultaba diferente e interesante.

PETER DUNCAN: Una de las ironías de la innovación es que los soñadores locos a menudo carecen de capacidad organizativa, de modo que les resulta dificilísimo conseguir apoyo.

DAVID FRIEND: La firma Digital Equipment comenzó con un capital de alrededor de 50.000 dólares. Hoy en día, las firmas de capital empresarial se ríen ante la idea de cualquier inversión menor de medio millón de dólares.

TP: Todo lo interesante, sucede a un nivel por debajo del mercado de capitales formal. Cuando *Inc.* elaboró su lista de las quinientas empresas de crecimiento más rápido, averiguó con cuánto dinero la gente había iniciado sus empresas, y el 75 por ciento había gastado menos de 100.000 dólares. Un porcentaje disparatadamente elevado —alrededor del 35 por ciento— había invertido menos de 10.000.

Cómo atraer al revolucionario audaz y con chispa creativa

DAVID FRIEND: En especial me preocupan las grandes empresas. ¿Qué pueden hacer para alentar la chispa y el coraje? Uno de mis clientes está al frente de una compañía internacional de productos de oficina. Es aburrida y monótona, de ninguna manera es el lugar en el cual alguien vital y creativo quisiera trabajar.

PETER DUNCAN: Es una especie de círculo vicioso: ¿Cómo puede encender el motor de arranque de su empresa, si no logra atraer al tipo con la chispa necesaria para hacerlo?

DAVID FRIEND: Es un problema que veo en la empresa en la que trabajo. El presidente es un tipo que se rige por los postulados aprendidos en la universidad y paga a sus ingenieros con el nivel salarial que marca el mercado para ingenieros con experiencia similar. ¿Pero cómo se recompensa a alguien que se descuelga con una idea que le permite ganar diez millones de dólares? ¿Le dice: "Lo siento, pero sólo tiene seis años de experiencia, así que su sueldo no puede ser más que tanto"? Eso es ridículo. El tipo agarra sus cosas y se va.

TANIA ZOUIKIN: Es que los directivos tienen que empezar a comprender que la inspiración es un producto muy valioso.

DAVID FRIEND: Exacto. Hay que hacerles entender que el camino de la gerencia va por un lado y por el otro la contribución individual.
La mayoría de las empresas no recompensan adecuadamente a la innovación. Algunas, como Xerox y Hewlett-Packard han hecho grandes esfuerzos en ese sentido, pero la mayoría de las compañías hablan mucho pero no llevan a la práctica lo que dicen. Por lo general tienen sólo uno o dos genios que hacen lo que quieren y reciben un salario razonable.

TP: Habría que dejar que la gente haga lo que mejor sabe hacer. Si tiene a alguien a quien le fascina estar al frente de un hotel ¿por qué lo va a nombrar vicepresidente regional de la empresa?

STEPHANIE SONNABEND: ¡Pero páguele tanto como al vicepresidente regional.

TP: No, habría que pagarle más. Me pregunto si fue Moisés el que escribió, secretamente, un undécimo mandamiento que afirmaba que "los jefes siempre tienen que ganar más que la gente que tienen a su cargo".

PETER DUNCAN: Para un ejecutivo es muy difícil entender el concepto de que alguien por debajo de ellos gane más dinero.

TANIA ZOUIKIN: En parte se debe a nuestra cultura, a nuestra tradición. En los deportes, en cambio, tenemos una cultura que se basa en estrellas. El comercio, en los Estados Unidos, tiene una larga tradición de ser conservador, de adherir a una cultura basada en la conformidad. Decirle de pronto a un gerente: "Busque su estrella y páguele el doble de lo que gana usted" equivale casi a provocarle una úlcera gástrica aguda.

TP: Los negocios estadounidenses necesitan unas cuantas úlceras gástricas de ese tipo. No podemos seguir asfixiando a los audaces y creativos.

DAVID FRIEND: Me vuelve loco tener que trabajar con los ejecutivos de las grandes empresas. Todos tienen a sus genios locos encerrados en un laboratorio y hablan de ellos en tono condescendiente. Cada vez que veo algo así, sé que esa no es una empresa que producirá productos nuevos y revolucionarios.

TP: Fíjense en Banc One. Veinte años atrás, John McCoy tuvo la visión de invertir en John Fisher, que se convirtió en genio máximo de los sistemas de información bancarios. Apenas si lograron ganar un centavo con lo que Fisher les creó, Hasta que Banc One se transformó en una gran institución. Pero, entonces sí, hicieron una fortuna con la infraestructura tecnológica pionera que Fisher les había instalado.

El viejo McCoy era muy conservador en todo lo que a su política de préstamos se refería. Sin embargo, tuvo las agallas de invertir mucho dinero en algo que, potencialmente, podría transformar la institución. Y, de hecho, la transformó.

PETER DUNCAN: Pero él era el jefe, no tenía que responder ante nadie.

DAVID FRIEND: Ningún ejecutivo fue despedido por lograr un crecimiento del diez o del quince por ciento. Incluso se lo puede considerar un buen resultado, a pesar de que denota que, para alcanzarlo, no se han corrido grandes riesgos.

STEPHANIE SONNABEND: Si el jefe no quiere correr riesgos, al resto de la empresa le es mucho más difícil asumir ese desafío.

TP: Hay algunas compañías en las cuales, en cuanto se entra, se percibe la energía que las impulsa. Y, por otro lado, he visto empresas, incluso de software, que sin duda eligirían los mismos colores aburridos que los muchachos de General Motors.

TANIA ZOUIKIN: Es algo intangible, ¿no es cierto? Me refiero a ese espíritu que se percibe en ciertas compañías.

DAVID HIRSHBERG: Como la nuestra es una empresa sin fines de lucro, tenemos poco dinero para invertir en innovación... o en cualquier otra cosa. Nuestro "producto" son camas, y no podemos incrementar nuestros precios, porque la actual administración estatal está recortando el presupuesto para servicios sociales a la comunidad. De modo que trabajamos muy fuerte para desarrollar un espíritu de creatividad. Nuestro objetivo es mantener alta la moral y alentar el cambio activo e innovador. Y la cosa funciona. Y no es por el dinero que estemos gastando en eso.

TP: Muchas empresas gastan equis millones en innovación, pero todo lo que logran es producir la variedad número 64 de salsa de tomates.

No creo que la innovación se puede lograr gratuitamente. Pero gran parte de la misma tiene que ver con el espíritu de la empresa. Microsoft invierte mucho en innovación, pero creo que sus logros no se deben tanto a los dólares que ponen, como al fanatismo de su gente y a la vida en tecnicolor que llevan dentro de la empresa.

DAVID HIRSHBERG: Es algo que casi se huele, cuando una compañía realmente es vital y dinámica, hay como un chisporroteo en el aire.

¿Nos estamos divirtiendo?

DAVID FRIEND: Guy Kawasaki, uno de los primeros integrantes de la banda de Apple Macintosh, tenía como lema: "Nunca compres una computadora de una empresa cuyo presidente no pueda hacerte la demostración práctica del producto". Si se invierte dinero en innovación, sin que la conducción de la empresa esté comprometida, es tirar la plata.

STEPHANIE SONNABEND: Incluso, se puede decir: "En esta empresa nos queremos divertir, la queremos pasar bien", pero si el clima laboral y la cultura empresarial no van en esa dirección, no pasará nada.

SHEILA SCHOFIELD: Por supuesto que no. Por más que entre uno de los jefes, después de haber leído un libro sobre conducción empresarial la noche anterior, y diga: "Lo que necesitamos en esta oficina es un clima más vital, más divertido, así que, empecemos ahora mismo", no va a cambiar nada.

TP: ¡Pero casos como ese hay muchísimos!

DAVID FRIEND: Sí, y logran tanto éxito como las obligatorias "fiestas" de pizza y cerveza después del horario de trabajo.

SHEILA SCHOFIELD: Tal cual.

PETER DUNCAN: Si se pregunta a la gente de los niveles de conducción, sin duda dirán que se divierten y están muy motivados. Apuesto a que si hacemos una encuesta en este cuarto, el resultado nos dirá que a todo el mundo le encanta ir a trabajar. Pero... ¿hasta dónde llega ese mismo espíritu en la pirámide jerárquica?

Los ejecutivos tendrían que preguntarse a sí mismos: "¿Por qué me gusta mi trabajo?" y, a continuación: "A la gente que tengo yo a mi cargo ¿les gusta su trabajo?" Y hacer descender esa pregunta hasta el último nivel.

IRA JACKSON: Es muy difícil, o casi imposible, hacer una medición de ese tipo en una empresa como la nuestra, con 19.000 empleados en más de 20 países y 500 comunidades. No sé si la gente que trabaja hoy y aquí en la gestión de pagos se divierte, en comparación con los que se ocupan de los servicios comerciales en Asia. Sé que el director general se está divirtiendo porque está inaugurando una nueva oficina en Shanghai... y yo me estoy divirtiendo aquí porque no estoy en mi oficina.

PETER DUNCAN: En ese caso, el desafío es hacer bajar ese "pasarla bien" hasta que impregne toda la organización.

Diversión = Autonomía

IRA JACKSON: Hace cinco años atrás, cualquiera hubiese definido las sucursales bancarias de atención al público del Banco de Boston como de cuarta, con muy bajo prestigio, baja compensación y nada divertidas. El reducto donde ese nivel bajo era el más bajo de todos, era la filial del centro de Roxbury... Era llamada "la Siberia".

Pero un buen día nos despertamos y nos dimos cuenta de que teníamos que remozar nuestro negocio en el centro, no para lograr mayor diversión sino porque era vital para subsistir. Redescubrimos nuestras raíces: nuestra vieja sucursal en Roxbury. Decidimos que la única forma de hacer las cosas bien y de manera exitosa, era obviar la enorme y monolítica cultura de nuestra empresa y darle autonomía a alguien para que manejara nuestras sucursales en el centro de la ciudad como un negocio independiente.

Encontramos una talentosa afroamericana que se había criado en el barrio y fundó la First Community Bank dentro del Banco de Boston. De una categoría de cuarta, la "Siberia" pasó a ser el más exitoso de los negocios de este tipo que tenemos. Actualmente poseemos varios bancos comunitarios, que tienen una fama increíble. Cada año recibimos una cantidad impresionante de visitantes, en especial otros bancos, para ver cómo lo hacemos.

¿Es posible innovar? ¡Sí! Y, en este caso, no tuvo nada que ver con el departamento de investigación y desarrollo en el sentido tradicional de la palabra, sino con un objetivo claro. Y con el compromiso de los que estaban metidos en la cosa.

DAVID HIRSHBERG: Cuando se produce algo como eso, es como si se le diese permiso a un montón de gente para empezar a innovar.

TP: Tengo un amigo que es dueño de veintidós Burger Kings en Florida. Hace algunos años, cuando comenzaron su campaña con el eslogan: "A veces hay que quebrantar las normas", decidió colgar todos los letreros de sus Burger Kings cabeza abajo. Recibió muchas críti-

LA SUCURSAL GANADORA

cas de la casa matriz, pero logró motivar y contagiar su espíritu de innovación a los empleados de las 22 sucursales.

PETER DUNCAN: La historia que contó Ira sobre la filial de Roxbury, es un ejemplo perfecto de cómo se puede motivar a la gente: dándoles responsabilidad, haciéndolos sentirse dueños de la cosa, y diciéndoles: "Usted es único, usted importa. Ponga manos a la obra y diviértase". Pero, por lo general, se les dice: "Ponga manos a la obra y diviértase hasta toparse con una norma o con una limitación en el manual de procedimientos".

STEPHANIE SONNABEND: Pienso que los empleados tienen que estar facultados en serio para ayudar al cliente. Tener esa responsabilidad podrá atemorizarlos un poco, pero incluso ese miedo sirve para ponerles la sangre en movimiento.

El tibio término medio

TP: Esto es una ironía (aquí nos encontramos con una contradicción). El ochenta y cinco por ciento de los denominados "programas de *empowerment*" ofrecen a las líneas del frente más oportunidades de destacarse, pero cuando se observan a los vicepresidentes y a los niveles de mandos medios, se ve una gran similitud entre todos ellos.

Asistí a unas jornadas de las que participaban varios centenares de altos ejecutivos: su vestimenta informal y deportiva parecía haber sido comprada toda en el mismo negocio. ¡Y ese era el sector de la empresa que había sido sometido al *empowerment*!

IRA JACKSON: Nuestro problema con el *empowerment* se encuentra, decididamente, en los niveles medios. Ayuda mucho si los niveles superiores dan el ejemplo. Algunos años atrás, decidimos cancelar nuestro torneo de golf para los ejecutivos y, en lugar de ello, prestar servicios a la comunidad durante un día. Éramos ochenta personas, y nos abocamos a reconstruir un lugar para camping. Tuvimos que rehacer unas cuantas cosas que no nos salieron bien de entrada, pero nos demostramos a nosotros mismos y al resto de la empresa, que estábamos cambiando su cultura.

Reemplazamos la comodidad personal por la preocupación por los demás.

Los niveles máximos están buscando la innovación y el cambio, y los niveles más bajos se sienten motivados e incentivados. Lo que está anquilosado es el nivel de los mandos intermedios. Ven que el cambio se les viene encima desde ambas direcciones. Es una sensación muy incómoda porque, después de todo, ellos no son el enemigo sino parte de "nosotros". Pero parecieran tener un limitante psicológico: saben que son el nivel más más amenazado.

SHEILA SCHOFIELD: Es que el nivel medio es el más amenazado, cosa que ha sido demostrado, sin duda alguna, durante los últimos años. Está desapareciendo.

¿Cuántos rebeldes?

PETER DUNCAN: Si bien las estrellas son imprescindibles, hay individuos que no están hechos para brillar y deslumbrar. Pero también hay que respetarlos.

TP: Creo que la mayoría de la gente tiene, potencialmente, más fuerza de la que se cree.

DAVID FRIEND: Lo que pasa es que hay que enseñarles a los mandos medios el valor de la innovación. Lo primero que miro cuando voy a una empresa, es su balance comercial. Esas cifras son el resultado de algo que se hizo bien o mal en el pasado, en algún eslabón de la "cadena alimentaria". Entonces pregunto qué es lo que originó esos resultados. Eso es lo que hay que medir. Si las cifras son buenas y uno rastrea el origen de ese resultado, uno se termina topando con la magnífica idea de alguien. Eso demuestra la importancia de la innovación. La mayoría de la gente ni siquiera intenta realizar ese análisis.

IRA JACKSON: Tomemos, por ejemplo, el éxito del Banco de Boston. Modificamos nuestra imagen y resultó que los prósperos yuppies preferían colocar sus depósitos en un banco que tuviese conciencia social. De modo que el pequeño experimento en Roxbury tuvo un efecto de reacción en cadena. Las escuelas de negocios capacitan a sus alumnos para analizar las planillas de ganancias y pérdidas, balances y flujos de caja (cash-flow), pero no la satisfacción del cliente ni cuál fue la chispa que desencadenó la explosión que redituó cien millones de dólares.

TP: Volvamos al viejo concepto de que una gran parte de la humanidad espera encontrar en su lugar de trabajo un ambiente predecible. Yo no lo creo. Basta con mirar, por ejemplo, lo que pasa en Nordstrom con sus varios miles de empleados. Lo que tiene esa empresa de diferente es que en ella trabaja gran cantidad de gente común que hace cosas fuera de lo común.

DAVID FRIEND: Probablemente, la recompensa por ello también sea fuera de lo común.

TP: Sí, por un lado lo es en dólares (comisiones sobre ventas) pero, más que nada, consiste en darles una libertad fuera de lo común, de acuerdo con los patéticos niveles del mercado, para hacer todo lo que consideren necesario para excitar, fascinar, entusiasmar y ganar al cliente.

La misión es más que el dinero

IRA JACKSON: Creo que la cosa pasa más por la misión que por el dinero. Cuando trabajé de agente impositivo en Massachusetts, la oficina de asesoramiento al contribuyente del departamento de rentas, era lo que la sucursal de Roxbury del Banco de Boston: "Siberia". Decidimos darles a los ciento cincuenta empleados de esa oficina rienda suelta para innovar. ¡Y vaya si lo hicieron!

Todos los 15 de abril la oficina quedaba abierta hasta medianoche, y ellos mismos pagaban el café y las galletitas. Se comprometieron a sacar los reintegros de los contribuyentes en el término de diez días, contra los cuatro meses que el trámite requería anteriormente, y lo lograron. Todo eso lo hicieron, percibiendo salarios promedios de 20.000 dólares anuales, sin otra recompensa que tener un objetivo y ayudar a sus amigos y vecinos, es decir, servir a su comunidad. Se hicieron cargo de ese páramo y lo convirtieron en la organización más dinámica y operativa del gobierno de ese Estado.

DAVID FRIEND: Pero...¿cómo se logró eso?

IRA JACKSON: Lo importante fue que al fin se les había prestado atención. Y se los respetaba. Recibían más llamadas telefónicas que todo el resto de la administración del Estado. Los teléfonos no daban abasto, así que se los proveyó de nueva tecnología para servir mejor al cliente. Y se mejoró el entorno físico, de modo que ya no se sintieran oscuros y relegados empleados públicos: sillas de diseño ergonómico, escritorios y equipamientos funcionales, expendedores de agua fresca y heladeras.

Sé que en una empresa privada moderna, todo eso es lo habitual y esperado. Pero en una oficina pública no tenía precedentes. Además, instalaron mesas para asesoramiento al contribuyente en los centros comerciales y alquilaron un "impuesto-móvil" para visitar centros geriátricos y complejos habitacionales. Tenían una misión: ayudar al contribuyente honesto a cumplir con su carga fiscal. Y se sentían maravillosamente bien cumpliéndola.

DAVID HIRSHBERG: No hay nada más fuerte y poderoso para el individuo, que sentir que tiene una misión que cumplir.

La globalización

TP: ¿Podemos hablar del resto del mundo?

TANIA ZOUIKIN: A muchas empresas medianas les resulta difícil reinventarse y pasar a ser consorcios mundiales.

PETER DUNCAN: Yo diría que eso no se puede lograr del día a la noche. Se puede implementar el mecanismo, pero los resultados dependen del desarrollo de las relaciones con gente que tal vez tenga una forma muy diferente de encarar los negocios. No se lo puede acelerar, de lo contrario, el tiro podría salir por la culata.

TANIA ZOUIKIN: Y yo agregaría a eso: contraten gente del ambiente local. Alguien que conoce el entorno y el mercado desde adentro, no puede, ni de lejos, compararse con alguien que viene de afuera y tiene que aprenderlo todo.

BEN COLE: Creo que ambos son necesarios. La nuestra fue la primera firma estadounidense a la que se le permtió hacer un estudio de un banco estatal ruso. Aquí tengo mi tarjeta de visita: está escrita en ruso. Comprobamos que no se puede trabajar en Rusia sólo con rusos: también se necesita gente que les traduzca nuestra cultura empresarial. Supongo que eso es algo que vale para todos.

IRA JACKSON: El Banco de Boston utiliza la Argentina y Brasil como centros para implementar innovaciones. Pusimos en marcha el primer fondo de pensiones, propiedad de un banco, en América Latina y nuestros fondos comunes de inversión, que Brasil innovó sin problema alguno, son los de mejor rendimiento en Sudamérica. Cuando el gerente de Brasil concurre a nuestras reuniones, su principal medida de éxito es la satisfacción del cliente, algo que ni siquiera estaba en nuestra lista de parámetros claves de medición. Pero él comenzó con eso: no con los activos, no con la rentabilidad, sino con la satisfacción del cliente.

PETER DUNCAN: He visto muchísimas empresas pequeñas —en el abanico que va de los veinte a treinta millones de dólares— meterse en actividades globales. Y no estoy hablando simplemente de tener un representante de ventas en Francia, estoy hablando de instalar plantas de producción en Europa y en China y analizar las posibilidades en Sudamérica.

DAVID FRIEND: Mi empresa es relativamente pequeña, pero el 60 por ciento de nuestras ventas y el 55 por ciento de nuestros empleados están fuera de los Estados Unidos.

IRA JACKSON: Cada vez son más las empresas que ya nacen siendo de alcance internacional. Es en eso en lo que centran su atención a partir del primer día de su existencia.

PETER DUNCAN: Tradicionalmente suministrábamos las estadísticas económicas de los Estados Unidos a nuestros pequeños y medianos clientes. Ahora todos piden las estadísticas mundiales. Es allí donde están sus clientes y donde ellos tienen que mantenerse actualizados. No es cuestión de dimensión.

DAVID FRIEND: Si usted vende un sistema de computación para bancos que será utilizado a nivel mundial, sus clientes quieren saber qué hacer si tienen un problema técnico en El Cairo. Si la respuesta es: "Llame a la oficina de Boston", la cosa no va a funcionar.

TP: A McKinsey y compañía les fue bárbaro instalándose en el exterior. Al principio, enviaban a sus superestrellas de la casa central. Entraban en el mercado con lo mejor que tenían y así lograron afirmarse. Ahora, 40 años después, prácticamente todos sus directivos en el exterior son extranjeros. Y su nuevo director general ha nacido en la India.

BEN COLE: La emoción y la aventura está en el exterior. En todo el mundo. Pero las diferencias culturales constituyen un gran desafío.

SHEILA SCHOFIELD: Sin embargo, ese desafío es parte de la emoción y la aventura.

TP: La revista *Inc.* publicó, hace más o menos un año, un artículo sobre cómo globalizarse. La síntesis del mismo sería: "Hay que tener ganas". Si se tienen, de veras, las ganas suficientes, uno se las ingenia para lograrlo.

...y pasión ...y energía (¡otra vez lo mismo!)

BEN COLE: Más que ganas, yo diría, pasión. Porque se trata de algo del todo irracional. Los riesgos son mucho más grandes y las probabilidades de éxito casi nulas. Así que hay que tener una verdadera pasión por hacerlo. Es el impulso empresarial básico.

DAVID FRIEND: Veo algunos de mis colegas amigos que fueron a trabajar para Procter&Gamble y General Mills, y yo diría que el riesgo en ese camino resultó ser mucho mayor que el riesgo que corrieron mis amigos empresarios.

PETER DUNCAN: Esa es otra ironía: la gente que fue a trabajar para esas empresas, lo hizo porque, supuestamente, les ofrecían seguridad y estabilidad laboral.

TP: La seguridad y la estabilidad laboral son una utopía.

STEPHANIE SONNABEND: Pero para la gente, en general, es muy difícil desprenderse de ese concepto.

DAVID FRIEND: Hoy en día, todos tenemos que desprendernos de nuestras ideas preconcebidas.

SHEILA SCHOFIELD: Cosas que, supuestamente, no funcionaban, ahora funcionan. Y viceversa.

DAVID FRIEND: Esa es la lección que las grandes empresas tienen que aprender. Si se toma esa idea disparatada que nunca iba a funcionar, y se la pone en manos de la gente adecuada, puede llegar a ser todo un éxito. Con lo cual volvemos al punto de partida, Tom: todo depende de cómo una empresa se las arregla para ser diferente. Parte de ese ser diferente es reconocer que es la gente la que logra que lo imposible se haga posible.

TP: Pero hay que tener las agallas para confiar en ese tipo de gente, que, por ahí, no trae las mejores referencias pero está rebosante de iniciativa, brío y capacidad de compromiso.

DAVID FRIEND: Estoy convencido de que el brío y el coraje se pueden enseñar. Hay una serie de nuevos cursos en la Harvard Business School que tratan de descubrir cómo se hace para lograr el espíritu empresarial. Están empezando a buscar rebeldes con éxito.

TP: Estoy de acuerdo con que se puede enseñar. Entre las firmas importantes, creo que pocas lo hacen mejor que Hewlett-Packard. A los seis meses de haber ingresado, uno probablemente ya sea dueño de una pequeña parte de un proyecto de HP. La independencia y autonomía se las inculca desde el vamos.
Es fundamental que las grandes empresas empiecen a aprender

cómo retener a la gente que está un poco chiflada, a la gente que puede ser comprometida en proyectos fuera de lo común.

PETER DUNCAN: Pero hay un concepto muy arraigado, y es que en el mundo de los negocios no hay lugar para locos.

Pero la pasión requiere un cómplice

DAVID FRIEND: En mi empresa tengo fama de ser un inventor loco y audaz. Por supuesto que no voy a manejar mi empresa tomando sólo decisiones sobre la marcha, eso haría sentir incómodo a un montón de gente. Pero el hecho de que, por un lado, me descuelgo con ideas novedosas y revolucionarias, pero por el otro soy el profesional con experiencia que maneja las cosas, les gusta a todos. Creo que es una combinación que anda bien.

PETER DUNCAN: Nosotros invertimos mucho tiempo enseñándole a la gente cómo armar sus equipos. Si un grupo de trabajo está constituido por gente que piensa de modo similar, no habrá mucha chispa creativa que digamos. Tiene que haber un intercambio de ideas. Del diálogo entre el loco de la guerra y el conservador a ultranza pueden surgir cosas fantásticas. Esa tensión es la que se constituye en fuente de ideas revolucionarias y vibrantes.

DAVID HIRSHBERG: ¿Sabe lo que me sorprende de esta conversación? Que se está poniendo mucho énfasis en eso de reconocer al genio loco y poco en incentivar a la gente en general. Quizás me llame la atención porque nosotros tenemos unos cuantos jóvenes de alrededor de poco más de veinte años que, en general, no son genios, pero cuyo talento queremos desarrollar. La metáfora que usamos es la de los Boston Celtics. Lo que el director técnico Red Auerbach hizo, fue incorporar a un montón de marginados, descubrir cuáles eran sus puntos fuertes, desarrollar al máximo esos puntos fuertes y luego combinarlos para formar un equipo capaz de ganar campeonatos. Los jugadores se complementaban entre sí y el todo resultó ser más que la simple suma de partes.

TP: Y esto, entre otras cosas, nos lleva al proceso de selección de personal. Todo el mundo se fija en las credenciales y referencias. Pero si uno se zambulle en ese hueco en el currículum, quizás encuentre algo interesante. Pregúntele a su candidato sobre el puesto de venta de limonada que montó cuando tenía seis años. O el concurso de manchas que ganó en la escuela secundaria. ¿Tiene la sensación de que la habitación se ilumina cuando esa persona entra? ¿Sí? ¡Entonces, tómelo! Aun cuando su currículum tenga tantos agujeros como un queso gruyère.

Cuando Nordstorm se disponía a abrir su centro comercial en Stanford, publicó un aviso en el *Palo Alto Times Tribune* que era un poema. Decía: "Buscamos Gente Fantástica". Y el texto aclaraba: "Nuestro negocio es entretener a la gente y nuestro deseo es crear un ambiente divertido y dinámico. Si usted cree que es una persona divertida y dinámica, postúlese".

SCHEILA SCHOFIELD: ¡Buenísimo! Hay un pequeño hotel en San Francisco, el Campton Place, que, en una oportunidad en que buscaba personal, puso un aviso en el *Wall Street Journal* como para formar un equipo de sóftbol: pedían un catcher, un pitcher, un defensor, etc. Además de conformar el equipo de su hotel, estaban armando, también, un equipo de sóftbol para competir en la liga hotelera de San Francisco. Me pareció una metáfora genial y una campaña genial.

TP: ¡Sensacional!

BEN COLE: Acabo de pasar algunas semanas en un banco formidable. La cooperación que vi allí era extraordinaria. No había, prácticamente, jerarquía alguna. Había incentivos de desempeño para todo el mundo. ¡Para todo el mundo! Gente a la que antes todo le importaba un bledo, de pronto, tenía intereses concretos por saber cuánto beneficio estaba logrando el banco. Participé de una reunión, en la que el jefe de la división hipotecas y préstamos habló de un formulario que consideraba mejorable. Una de las presentes terció: "¿Quiere que tiremos las cuatro cajas de los formularios actuales a la basura, o prefiere que los usemos antes de imprimir nuevos, ahorrándonos treinta y seis dólares?" Ella tenía una participación en esos 36 dólares.

IRA JACKSON: Eso casi se parece a nuestra sucursal de Roxbury.

PETER DUNCAN: Un cambio dinámico contagia e impregna a toda la organización. Y hace que la misma sea definida como innovadora.

SHEILA SCHOFIELD: Así como el equipo de sóftbol del Campton Place, ayudó a poner de manifiesto la creatividad y el trabajo en equipo.

TP: En los últimos avisos de Ford, no aparecen los automóviles, sólo la gente que los construye. Es algo altamente motivador para quien trabaja en la empresa.

IRA JACKSON: Hace algunos años, aparecía un fulano en el primer aviso de la campaña: "La calidad es nuestra principal tarea". Diez o doce años más tarde, el mismo personaje reapareció, diciendo: "La cosa funcionó, ¿verdad? Y todavía seguimos comprometidos con la calidad". Es mucho tiempo para mantener semejante compromiso, no sólo con el eslogan y la publicidad, sino con toda la orientación hacia la calidad, sobre todo por parte de una empresa que se estaba muriendo por falta de calidad.

TP: Bien, hemos cerrado el círculo. Aquí estamos de nuevo frente a la gran ironía de haber alcanzado un nivel en el cual la excelencia, de acuerdo con los patrones de ayer, es la norma. Pero todos los productos son iguales.

SHEILA SCHOFIELD: ¿Usted tiene la solución?

TP: No.

SHEILA SCHOFIELD: ¿Alguna sugerencia, entonces?

TP: ¿Qué le parece destruir y reinventar su empresa en busca de una nueva pasión?

IRA JACKSON: ¿Sugiere sembrar la simiente de la propia destrucción?

TP: Exactamente. Antes de que la competencia lo haga.

STEPHANIE SONNABEND: Habría que pensarlo mucho.

TP: Mientras sigamos pensando, tendremos siempre un paso o dos de ventaja. Muchas gracias a todos por venir. Sigan obsesionándose.

111 Tres ¡hurras! MÁS para los dementes audaces del mundo de los negocios

"En una época se contaba la siguiente historia: los ingenieros de Mercedes Benz estaban insistiendo ante sus superiores para que se mejoraran y potenciaran los motores, sin que se les prestara atención. Un buen día, hicieron desaparecer un Mercedes Benz por algunos días. Reapareció con una cadena alrededor del capot y el motor en marcha. Algunos de los ejecutivos de la empresa lo probaron, haciéndolo correr en la autopista y trepar por los Alpes. Cuando volvieron, estaban ansiosos por saber cuál era la innovación. Cuando los ingenieros quitaron el candado de la cadena y levantaron el capot, apareció un motor BMW. Mercedes decidió renovar todos sus motores."

Car and Driver
Diciembre 1993

■ ¿Qué tal, jefes? ¿Sus ingenieros (o jefes de diseño, etc.) tendrían las agallas para hacer algo así? ¿Usted piensa que sí? ¿Está seguro?

■ ¿Qué tal, señores ingenieros? ¿Tendrían las agallas de hacer algo así? ¿No? ¿Por qué no? ¿Creen que pueden esconder la cabeza y aferrarse toda la vida a sus cómodas posiciones? Piénsenlo bien.

Cómo Romper El Molde

112 El fenómeno de 2760 Octavia Street

Estaba en San Francisco y como tenía una hora libre hasta mi próximo compromiso, estacioné mi coche en Green Street y me dirigí por Octavia hasta Union. Un negocio en el 2760 de Octavia Street me llamó la atención: el Café-Bar Khuri's. Entré.

Fue una excelente idea.

San Francisco —y el mundo— está lleno de bares. Pero, al igual que con las tintorerías, las agencias de viajes, los bancos, los fabricantes de computadoras y las empresas siderúrgicas, hay algunos que se destacan. Khuri's es uno de ellos. Todo en el pequeño local resplandecía. Y la comida era fabulosa. Pedí un simple *tabouleh*, pero el eufórico propietario prácticamente me obligó a probar varios de los otros platos: una increíble ensalada de papas, un maravilloso *babaghanouj*, un *hummus* que pasará a la historia, etc.

El hombre desbordaba de entusiasmo. Me contó la historia (en algunos casos retrocediendo varios siglos) de unos cuantos de los

platos, me explicó cómo los preparaba, cómo su madre se los había enseñado y las diferencias entre la cocina materna y la suya propia.

También me explicó su servicio de catering y de paso me dio una lección sobre los valores nutritivos de los alimentos. Anita Roddick de Body Shop no lo podría haber hecho mejor.

Le dije que era un vendedor maravilloso. Él me retrucó que no era para nada un vendedor, sino simplemente un promotor de esa comida fantástica que tanto amaba.

Resumiendo: la calidad era excelente, la atención brillante y me llevé la impresión de haber asistido a un espectáculo exclusivo. Si bien disfruté la comida, esa experiencia me hizo reflexionar sobre... la excelencia: cómo algunos comunes proveedores de productos o servicios se destacan, cómo la mayoría no se destaca y que al cliente le bastan sesenta segundos, ni uno más, para notar la diferencia entre unos y otros. Y eso vale tanto para la empresa siderúrgica como para el el café-bar.

Si alguna vez está en San Francisco, no deje de pasar por Khuri's para recibir su lección Nº 1 sobre cómo algo común y corriente puede llegar a ser excepcional. Y si quiere conducir un fabuloso seminario en su empresa constructora, en el zoológico municipal o en la casa de fotocopiado, pídale a cada empleado que identifique los dos o tres pequeños negocios de la ciudad a los que ama (no que simplemente le gusten). Los Khuri's de este mundo, podrán, puedan enseñarnos más sobre el desempeño de un negocio rentable, aquí y en el resto del mundo, que todos los General Electric, Mills y GM juntos.

(De paso, le cuento que aquella vez, en Khuri's, no me trataron así por casualidad o excepción. Algunas semanas después de haber escrito en borrador esta nota, mi esposa, Kate, intrigada, también pasó por Khuri's. Recibió el mismo tratamiento y con un adicional: fue atendida por la mamá.)

113

En los años 30, Alfred Sloan, el legendario presidente de General Motors, comentó: "Prácticamente en todas nuestras actividades pareciera que padecemos una inercia, resultante de nuestro sobredimensionamiento... Hay demasiada gente metida en cada proceso, por lo que implementar algo nuevo requiere un esfuerzo tan enorme, que puede llevarnos a considerar insignificante cualquier idea nueva comparada con el esfuerzo que requiere el ponerla en práctica. A veces casi llego a la conclusión de que General Motors es tan voluminosa y su inercia tan grande, que nos será imposible ser líderes en el mercado".(1)

¡Ni que hubiese sido adivino!

> **Una nueva idea puede ser considerada insignificante cuando se la compara con el esfuerzo que requiere ponerla en práctica.**

114 Una (o dos) empresas comunes y corrientes

El director ejecutivo de Toyota Australia admitió, charlando conmigo, que cuando anda por la ruta, a menudo le resulta imposible diferenciar los automóviles fabricados por su empresa de los demás. Lo mismo pasa con la antes tan distinta Sony. Un alto ejecutivo de esta firma, reconoce que la misma se ha convertido en una compañía común y corriente. La video-grabadora Handycam Comix 8mm de Sony es, según informa *Tokyo Business* en su edición de agosto de 1994, una "alevosa imitación de la LCD Viewcam de Sharp, y tiene el mismo aspecto que la video-grabadora vertical de Fuji Simple-Hi8". Hoy en día, Sony es una empresa que ha pasado de lanzar productos revolucionarios, a lanzar ofensivas de precios para productos iguales a todos los demás.(2)

En el momento menos indicado, muchas empresas perdieron su audacia y su espíritu de aventura. Cuando Sony estaba en la cumbre, fabricaba productos que eran de veras revolucionarios, afirma *Tokyo Business*. Ahora, en cambio, pareciera haberse convertido en una más de las tantas empresas sin agallas y sin alma. Lamentable.

115

Un amigo mío, muy sabio y muy exitoso (tanto económica como artísticamente) me dio, en 30 segundos, su diagnóstico sobre qué es lo que afecta a la mayoría de las empresas, en especial a las más grandes: "Cada tantas semanas me enganchan para almuerzos con ejecutivos de las más diversas empresas. Suelo volver a casa atontado... y no es por el Pinot Noir. Es que... bueno... ¡esa gente no ama a sus productos! Nunca se percibe pasión en sus expresiones. No lo entiendo. Hablan de forma tan fría, tan abstracta... No sé... ¿entiendes lo que quiero decir, Tom?"

Sí, entiendo.... Pero también existe Herb Kelleher.

116 Servicio con alma

"Hay cincuenta formas de abandonar a su amante, pero sólo seis para salir de este avión..."

Comienzo del aviso de seguridad de
Southwest Airlines

"Mejor calidad + menor precio = valor + actitud interior de nuestros empleados = imbatible."

Herb Kelleher
explicando la fórmula del éxito
de Southwest Airlines

Southwest Airlines le lleva tanta ventaja a su competencia, que ya no parece justo. Sus costos son mucho más bajos. Su joven flota de aviones realiza muchos más vuelos que otros transportes. Los sueldos son más altos, pero la productividad es aun más alta. Es por eso que esa línea aérea, que ahora toca 41 ciudades de los Estados Unidos, es tan rentable, en un sector de servicios que, en general, está en terapia intensiva. Southwest también encabeza todas las encuestas sobre servicio al cliente y, de acuerdo con un estudio muy prestigioso, fue calificada como la línea aérea más segura durante los últimos veinte años.

¿Cuál es el secreto? El esquema general es muy simple, incluso elegante. (Sólo viajes cortos, no hay trasbordo de equipaje, los asientos no son numerados, no se sirven comidas a bordo, la empresa tiene un sólo tipo de aviones, etc.). Pero hay algo más: Southwest tiene alma. O, como dice su fabuloso director ejecutivo, Herb Kelleher: "No sólo hemos definido nuestro lugar en el mercado, sino también nuestra personalidad. Tratamos de divertir, sorprender y entretener".

Kelleher es uno de los hombres de negocios más sagaces que he conocido. Pero lo excepcional en él es su humanidad. Con toda soltura, salpica sus comentarios con términos como "amor"(para identificar a las naves de la línea aérea, se eligieron las letras que conforman la palabra LUV, fonéticamente similar a "love"), "diversión", "espíritu" y "alma". Critica agriamente a los directores ejecutivos que pertenecen a numerosos directorios distintos y viven reuniéndose entre ellos. Kelleher insiste en que se nutre estando cerca de la gente de Southwest.

"Para mí son reconstituyentes y rejuvenecedores —me dijo en cierta oportunidad—. Ponce de León estaba buscando en el lugar equivocado, cuando pensaba encontrar la fuente de la juventud en Florida. La gente de Southwest es la fuente de juventud." (Y, cosa rara, cuando uno ha tratado a Kelleher por un tiempo, se convence de que lo dice en serio.)

Mientras Kelleher le da mucho a sus clientes y hace que la pasen bien, tiene bien en claro que la gente de Southwest está primero, aun cuando ello signifique dejar de lado a un cliente. ¿El cliente siempre tiene razón?

"No, no siempre —dice Kelleher, cortante—. Creo que afirmar eso es una de las formas más alevosas de traicionar a la propia gente. El cliente a menudo está equivocado. Pero nosotros no transportamos a esa clase de clientes. Les escribimos diciéndoles que vuelen por otra línea, pero que no maltraten a nuestra gente."

Ese tipo de convicciones —y acciones— hace que Southwest sea uno de los diez mejores lugares para trabajar en los Estados Unidos, según los autores de *The 100 Best companies to Work for in America*.

Pero para poder ingresar en Southwest Airlines, el postulante es sometido a un intenso proceso de selección, que incluye por lo menos media docena de entrevistas. Pero nadie le tomará un test psicológico.

"Lo que buscamos, en primer lugar, es sentido del humor —le dijo Kelleher a *Fortune*—. Después buscamos individuos que, de acuerdo con sus propios patrones, tienen que ser excelentes en todo lo que hacen y saber trabajar bien en equipo. No nos importa demasiado la formación y la experiencia, porque podemos enseñarles todo lo que sea necesario. Lo que contratamos son las actitudes."

Colleen Barrett es la vicepresidenta ejecutiva de atención al cliente. (El título es muy elocuente. Colleen comenzó a trabajar en Southwest como secretaria, en 1971.) Barret nos contó que la línea aérea exige que la gente que contrata, ya sean empleados contables, o azafatas o de la oficina de reservas, "escuche, preste atención, sonría, diga 'gracias' y tenga calidez".

Ese animoso y efervescente plantel de personal también es flexible. A pesar de que están fuertemente sindicalizados, todos ayudan a todos, sin distinción de niveles.

"Nuestra gente está orientada hacia los resultados y no hacia los procesos —dice Kelleher—. No les importan las formas, no centran su atención en jerarquía, posición o título."

¿Así que esta es una línea aérea rentable, que no brinda nada superfluo? ¡Mucho cuidado! No se le ocurra afirmar algo así en presencia de Barret, porque de inmediato le dirá:

"No, no es así. Algo supefluo, para nosotros, no es algo que está demás, sino algo extra-súper-especial. Y nosotros ofrecemos algo extra-súper-especial cada día."

"Barato significa 'Más por menos, no menos por menos'", nos explicó otro ejecutivo de Southwest.

La magia de Kelleher —su incomparable habilidad comercial y su corazón sobredimensionado— le ha permitido estar en "cifras negras" durante 21 años consecutivos en una industria que es un nido de víboras. En los inicios de Southwest, Braniff (que, con la ayuda de unos amigos, logró bloquear los esfuerzos de Kelleher por lanzar su línea aérea durante casi cinco años) boicoteó la oferta tarifaria de 26 dólares de Southwest. La respuesta de Kelleher a los boletos de 13 dólares de Braniff fue ofrecer a sus pasajeros una opción diferente: pasajes a 13 dólares, igual que Braniff, más una botella de whisky u otra bebida similar, de primerísima calidad (Southwest terminó regalando muchísima bebida.)

Dos décadas después, *Fortune* se preguntaba, en su nota de tapa, si Kelleher era el mejor director ejecutivo de los Estados Unidos. Bien podría serlo. Ha creado algo realmente espectacular en traslado aéreo. Además, uno llega a destino a horario, con sus valijas, con su billetera intacta... y sin la acidez que produce la típica comida de avión.

No está mal. Y, además, constituye un ejemplo que debiera ser imitado en lo que se refiere a diferenciación de servicio.(3)

117 Planificación estratégica Q.E.P.D.

Herb Kelleher de Southwest, que estudió abogacía, puede analizar una hoja de balance como el mejor de los contadores. Pero también entiende que para mantener la ventaja, es necesario no dejar de concentrar la atención en los intangibles. Henry Mintzberg, profesor de la univesidad McGill, también lo entiende así. Es por eso que ha tratado de alertar sobre la inutilidad de la planificación estratégica tradicional en su magistral libro *The Rise and Fall of Strategic Planning*.

Sin duda, nuestro insensato romance con la planificación, que floreció en la década del 60 y finalizó hace unos doce años (cuando el entonces neófito presidente de General Electric, Jack Welch, liquidó el sistema de planificación hiper-formalizado de su corporación y, con él, a la mayoría de los planificadores de la casa matriz). Sin embargo, ese texto, académico pero muy ágil, es... bueno... tan enciclopédico, tan condenador....y tan rotundo, que coloca el último clavo en el cajón de un sepelio largamente requerido y esperado. Tal como yo lo veo, el libro de Mintzberg cierra de manera definitiva un importante capítulo de la saga empresarial norteamericana. La planificación estratégica es un caballo muerto que nadie volverá a montar.

Mi lectura de *The Rise and Fall* consumió (esa es la palabra correcta) un viaje en avión a Londres, toda una noche en Nueva Delhi y dos noches más en Dubai. La catarsis fue profunda. De tanto en tanto, incluso, descubrí que estaba traspirando a pesar del

> **"Gran parte de la planificación empresarial es como una ritual danza de la lluvia."**
>
> **Brian Quinn**

aire acondicionado que me obligaba a usar frazadas.

"Hasta ahora, todo va mal" proclamó el renombrado estudioso de ciencias políticas Aaron Wildavsky, en 1973, refiriéndose al elaborado proceso de planificación introducido en el sector público por Robert (Bob-Cuenta-Cadáveres) McNamara cuando fue secretario de defensa de los Estados Unidos. Otros fueron aún más lejos. "Gran parte de la planificación empresarial... es como el ritual de la danza de la lluvia" escribió Brian Quinn de Dartmouth. "No influye para nada sobre el fenómeno meteorológico, pero quienes la practican, creen en ella... Es más, gran parte del esfuerzo invertido en la planificación empresarial va dirigida a mejorar la danza y no las condiciones climáticas." Len Sayles, de Columbia, agregó que "Aparentemente, nuestra sociedad, al igual que los griegos con el oráculo de Delfos, se consuelan con la convicción de que algunos videntes, alejados de nuestra turbulenta realidad, tienen la capacidad de predecir lo que va a suceder en el futuro".

Mintzberg no se limita a observaciones irónicas (pero mortalmente ciertas) como estas. Capítulo tras capítulo, elabora con cuidado su caso, citando no sólo las pruebas reunidas a lo largo de su propia y extensa investigación, sino también las presentadas por otros eruditos. Por ejemplo, un académico francés, después de un profundo análisis de la efectividad de la planificación, realizado en 1978, llega a la siguiente conclusión:

"Quienes afirman que elaboran planes y que estos funcionan, mienten. El término 'planificar' es imbécil. Todo puede cambiar mañana."

Pero Russel Ackoff no se dejó desalentar con tanta facilidad. Ese campeón de la planificación, tantas veces citado durante la década del 60, creador de algunos de los esquemas de planificación más elaborados —y vistos en retrospectiva, más absurdos— de todos los tiempos, parece destruir su propia posición cuando, en 1970, escribió lo siguiente: "Recientemente pregunté a tres ejecutivos de grandes corporaciones, cuáles de las decisiones tomadas durante el último año no habrían sido tomadas, si no hubieran estado en su plan empresarial. Todos tuvieron dificultad para nombrarme siquiera una. Dado que todos sus planes llevaban el rótulo de secreto o confidencial, les pregunté de qué manera se hubiese beneficiado su competencia de haber obtenido esos planes. Todos me contestaron, un tanto avergonzados, que sus competidores no se hubiesen beneficiado en nada". Sin desanimarse frente a esa realidad, Ackoff se inspiró en la crítica de esos ejecutivos para crear esquemas de planificación aún más elaborados.

Pero, según obsesrva Mintzberg, no se trata sólo de que la planificación no sirve para nada, sino de que, incluso, constituye un peligro. Hace cien años atrás, uno de los pioneros de la planificación, Henri Fayol, admitió exactamente eso, diciendo que los esquemas de planificación no sólo no estimulan la flexibilidad (la única respuesta sensata frente a los tiempos cambiantes), sino que la suprimen. Varias décadas después, Quinn de Dartmouth observó que el proceso de planificación anual raramente —nunca, según sus estudios— "impulsa a la empresa a internarse en áreas de productos o mercados radicalmente diferentes". Agregó que la naturaleza conservadora del procedimiento per se "excluye cualquier innovación radical".

Un fundamento infestado de termitas

El resultado de la minuciosa revisión de Mintzberg constituye un análisis, punto por punto, de los problemas de la planificación. Consideremos sólo tres de ellos:

■ **El proceso que mata.** El proceso era el rey de los reyes de la planificación estratégica. Un irónico observador comentó que los procesos demostraban una "apasionada afición a la falta de pasión", y otro agregó que "se hacía más hincapié en utilizar el proceso de toma de decisiones correcto, que en tomar las decisiones correctas". Mintzberg informa, divertido, que "los profesores Lorange y Vanci, del área de planificación de una gran empresa multidivisional y multinacional, cuentan que a mediados de junio, la conducción máxima de la empresa había elaborado una declaración detallada de las estrategias y de los objetivos de la empresa. Uno se puede imaginar a todos esos ejecutivos, sentados alrededor de una mesa a las once de la noche del 14 de junio, trabajando frenéticamente para completar su estrategia dentro del plazo estipulado."

Mintzberg guarda sus proyectiles más pesados para Mariann Jelinek quien, a fines de la década del 70, estaba eufórica y desbordante de entusiasmo por el sistema barroco de objetivos, tácticas y estrategias que había introducido en Texas Instruments, un esquema que uno de los ejecutivos de la firma describió, más tarde, como una "fábrica de papelería que imposibilita por completo reaccionar ante cualquier situación que requiere rapidez de respuesta". (TI, al igual que GE bajo las órdenes de Welch, tiró a la basura su sistema de planificación, después de una larga serie de errores cometidos en el mercado.) Mintzberg considera la convicción de Jelinek de que es posible "institucionalizar la innovación", como la última función de una obra que estuvo demasiado tiempo en cartel. "La revolución que Frederick Taylor (pionero en el estudio del tiempo y del movimiento) inició en la fábrica, estaba siendo repetida en la cúspide jerárquica sin que se diferenciara fundamentalmente." Reducir la elaboración de estrategias a un acto mecánico que se podía perfeccionar —como la búsqueda de Taylor de la forma perfecta de palear carbón— era un concepto equivocado y, al intentar aplicarlo, los planificadores plantaron las semillas de su propia destrucción. James Worthy afirmó que la "obsesión con el control", que se refleja en los esquemas de planificación, surge del fracaso de reconocer o apreciar el valor de la espontaneidad.

■ **Las cifras duras no son duras.** No sorprende que los fanáticos de los procesos de planificación, también lo sean de las cifras duras. Sin embargo, Mintzberg demuestra a las claras la parte vulnerable y bien "blanda" de lo que él denomina como los casi fatales "supuestos de cuantificación" de la planificación estratégica.

El énfasis que la planificación pone en las "cifras duras" y en los hechos, conduce a la falacia de "medir todo lo que es medible". Los resultados son, en el mejor de los casos, limitantes. Por ejemplo,

Mintzberg halla que los planificadores demuestran una pronunciada tendencia a dar prioridad a las "estrategias de liderazgo de costo" (que ponen énfasis en la eficiencia de la operación interna, generalmente medible) sobre las "estrategias de liderazgo de producto" (que ponen énfasis en diseño innovador o alta calidad, parámetros mucho menos medibles).

Mintzberg afirma que, en general, poner tanto énfasis en lo medible, descarta como irrelevantes ciertos "ruidos secundarios, chismes e impresiones" que son vitales para adaptarse en un entorno turbulento. Coincide con las

> " La información dura, muchas veces es de alcance limitado, carece de riqueza y, a menudo, no logra abarcar importantes factores no-económicos y no-cuantitativos. "

expresiones de Richard Neustadt, de Harvard, asesor de varios presidentes, cuando escribe: "No es la información general lo que ayuda a un presidente... ni las encuestas, ni la mezcla de ambas cosas, sino los datos misceláneos, los mil pequeños detalles tangibles que echan luz sobre el otro lado de las cosas".

Mintzberg llega a las siguientes conclusiones:

1. "La información dura, muchas veces es de alcance limitado, carece de riqueza y, a menudo, no logra abarcar importantes factores no-económicos y no-cuantitativos..."

2. "Mucha de la información dura está demasiado aglutinada como para ser utilizada eficazmente en la elaboración de estrategias..."

3. "Gran parte de la información dura llega demasiado tarde como para ser útil para la elaboración de estrategias..."

4. "Por último, una sorprendente cantidad de información dura no es confiable, lo cual da por tierra con nuestra tendencia a suponer que cualquier cosa expresada en cifras es, necesariamente, exacta."

Por sobre todo, Mintzberg opina: "Mientras que los datos duros podrán informar al intelecto, son básicamente los datos blandos los que generan sabiduría".

■ **Maldita sea la separación del pensamiento y de la acción.** A continuación, Mintzberg ataca las "pautas de separación", parientes cercanas de la cuantificación. "Si el sistema es el que piensa —aduce Mintzberg— el pensamiento debe ser separado de la acción, la estrategia de las operaciones y los pensadores de los actores."

¡Ah, aquellos gloriosos tiempos, cuando la planificación reinaba en forma indiscutida! Mintzberg, entre incrédulo e indignado, cita la sorprendente afirmación de un gerente de planificación británico: "A través del proceso de planificación, podemos evitar que los ejecutivos se enamoren de sus empresas". Ese era el descarado objetivo, como lo confirma, alarmado, otro ejecutivo inglés: "El director ejecutivo de una consultoría gerencial de fama mundial, trató de convencerme de que lo ideal es que la gerencia máxima de una compañía... sepa lo menos posible sobre los productos".

Por supuesto que Mintzberg no niega el valor de cierto distanciamiento, tanto como para poder ver el bosque y los árboles. Resumiendo sus ideas, escribe que los estrategas eficientes "no son individuos que se abstraen de los detalles cotidianos, sino todo lo contrario: son los que, metiéndose en ellos, son capaces de extraer los mensajes estratégicos que implican los mismos." Da su aprobación a los directivos de una exitosa empresa canadiense, que "se comprometieron en el asunto de la calidad de un envío de frutillas con la misma pasión y el mismo compromiso que para la apertura de una cadena de restaurantes." "Fue ese conocimiento íntimo del negocio —afirma—, lo que les permitió incorporar mayor información a su visión global del negocio."

El análisis no produce síntesis

Denunciar los problemas de los esquemas de planificación, sin embargo, sigue eludiendo el meollo de la cuestión, ya que implica que es posible arreglar las cosas. Wildavsky reflexiona al respecto: "Supongo que los fracasos de la planificación no son periféricos ni accidentales, sino inherentes a su naturaleza misma". Esta también es la posición de Mintzberg. Todo lo que he reproducido, hasta aquí, sobre su opinión al respecto, es sólo un preludio para su argumento más contundente y final:

La pauta fundamental en que se basa la planificación estratégica, dice su verdugo, es "que el análisis producirá síntesis, y que la descomposición del proceso de la elaboración de estrategias en una serie de pasos articulados... producirá estrategias integradas". Tonterías, retruca Mintzberg y, en un despliegue final de su pirotecnia intelectual, resume desde la investigación económica hasta la fisiológica (hemisferio cerebral derecho e izquierdo), cuando dice:

"La planificación, por su naturaleza misma, define y preserva las categorías. La creatividad, por su naturaleza misma, crea categorías o reordena las ya establecidas. Es por eso que una planificación formal no puede ni ofrecer creatividad ni manejarla cuando aparece a través de otros medios." Y agrega que "las estrategias que son novedosas y atractivas, parecieran ser el producto de mentes individuales y creativas... capaces de sintetizar una visión. La clave para ello es la integración, más que la descomposición, basada en imágenes holísticas más que en palabras lineales".

El gerente de los yuyos

Después de haber destrozado la planificación estratégica, Mintzberg le tira un salvavidas a los planificadores que, según admite, pueden variar desde ser "obsesivamente cartesianos hasta lúdicamente intuitivos". Las estrategias que rompen el molde, dice "crecen al principio como yuyos en un jardín, no se cultivan en un invernadero, como los tomates... pueden echar raíz en cualquier tipo de terreno". Por lo tanto, gerenciar efectivamente el proceso de la elaboración de estrategias es "no preconcebir estrategias sino reconocer las que van apareciendo e intervenir sólo cuando ello sea apropiado". De ahí surge, según Mintzberg, el rol principal del planificador moderno y eficiente: ser descubridor, más que diseñador, de estrategias. La mejor forma de servir a sus empresas es "detectar estrategias aún no descubiertas ni maduradas, en las áreas más insospechadas de la organización, a fin de que se pueda considerar su expansión".

Con cierta ironía, Mintzberg observa que nuestra pasión por la planificación ha florecido, en especial, durante tiempos de estabilidad (por ejemplo en la década del 60). Cuando se tienen que enfrentar con los movimientos y cambios que se han hecho rutina en nuestros días, resulta que los planificadores usan botas de plomo y miran hacia atrás. Lo que no sorprende, porque han sido programados de esa manera. La importancia de recibir los cambios actuales con estrategias audaces es hoy más significativa que nunca. Pero no espere que sus analistas de viseras verdes, que insisten en los datos duros y se aferran a los esquemas de planificación estratégica sistemática, se muevan con la rapidez y la flexibilidad que estos tiempos requieren.

Entonces... ¿está dispuesto ahora a reconsiderar la situación y a incorporar a Luciano Benetton cuando se le aparezca en traje de Adán en la puerta de su oficina?(4)

118

"En algún momento, a lo largo de los dos años de duración del curso, a cada estudiante del máster en administración de empresas se le debiera decir, muy claramente, que las cifras, las técnicas y los análisis son todos temas secundarios. Lo importante en los negocios es la alegría de crear."(5)

> Peter Robinson
> *The Red Herring*
> (Robinson escribió el aclamado libro
> *Snapshots from Hell: The Making of an MBA"*
> en el que narra lo vivido por el autor
> durante el primer año en la Stanford business school

119

Muchos árboles han sido talados para producir el papel para innumerables artículos y libros sobre el costo del capital. El tema es, sin duda, muy importante para los ministros de economía de todo el mundo. Pero, según mi modesta opinión —quizás minoritaria—, el costo del capital es irrelevante para el negocio individual.

Es decir, si la realización de un proyecto dependerá de que los fondos necesarios le cuesten el 9 o el 14 por ciento usted está yendo por el camino equivocado. Debiera buscar proyectos que prometan transformar un aspecto de su industria (o, por lo menos, un sector de su barrio, si es que está por abrir un restaurante de quince mesas). Es decir que el beneficio potencial (que, por cierto, no siempre se concretará) debiera estar tanto por encima del promedio, que incluso un préstamo a tasas usurarias no pueda detenerlo en su decisión de intentar escalar esa montaña.

120

"Una vez que designamos a nuestros ejecutivos, les permitimos reinventar la rueda... El mundo cambia a tal velocidad, que siempre se necesitan nuevas ruedas para los cambiantes terrenos."(6)

Paul van Vlissingen
presidente de SHV
(distribuidora holandesa que factura
U$S 10.000 millones anuales)

Van Vlissingen dice que la integridad en todas las transacciones comerciales es algo obligatorio. Más allá de eso, la idea de una cultura empresarial común es errónea. Afirma que hay que encontrar y desarrollar gente excepcional y luego dejarles hacer las cosas a su manera.

Estoy de acuerdo con eso.

...¿y después, qué?

Nuestras gigantescas empresas (y, para ser honestos, también las medianas) se inflaron de manera increíble. Luego vino la revolución tecnológica y la desaparición de las jerarquías tradicionales. De cualquier ángulo que se la analice, la reducción masiva de empleados administrativos jerárquicos y ejecutivos de las últimas décadas estuvo justificada. Y se intensificará muchísimo más en el futuro.

Pero cuando la reducción y la austeridad se convierten en el evangelio, se corre el riesgo de que se nos caiga la torre de la iglesia. El objetivo de un negocio no es reducir y ser austero, no es reorganizar o llevar a cabo la denominada reingeniería.

El objetivo de un negocio es inventar, crecer y contribuir, a través del tiempo, a un crecimiento del empleo. El problema es que resulta mucho más fácil cortar, quemar, despedir y crear nuevos diagramas de proceso que superar las altísimas vallas de un sólo salto y crear nuevas posibilidades.

Estudios realizados por los consultores Mercer entre los buenos de la película —empresas con ganancias por encima del promedio de su sector de negocios— echaron algo de luz sobre este asunto. Los que salieron primeros en ese estudio, fueron empresas que ubicaron sus ganancias por encima del promedio a través de costos por debajo del promedio (acompañados de ingresos promedio) o ingresos por encima del promedio (acompañados de costos promedio).

Resumiendo, Mercer detectó que crear es mejor que reducir: el posicionamiento en el mercado de valores creció dos veces más rápido para las empresas que lograron sus ganancias por encima del promedio a través de un incremento por encima del promedio de sus ingresos, que aquellas que debían el incremento de sus ganancias a costos excepcionalmente bajos.(7)

No es exactamente "L.Q.Q.D."(lo que queríamos demostrar) pero supongo que capta la idea, ¿verdad?

122

George Roberts, del banco inversor Kolberg Kravis Roberts & Co., dice que un director ejecutivo debería tener un interés sustancial en su empresa, invirtiendo por lo menos de 300.000 a 400.000 dólares, si su salario es de 2 a 3 millones de dólares, en acciones de su empresa. (8)

Me parece lógico.

123 La implacable persecusión de la incoherencia

Considero que el pedido que formulé a las 8 de la mañana era bastante simple. Iba a llegar al hotel en Washington, D.C., a las 13 horas y necesitaba una habitación hasta el día siguiente. Es decir, para una noche.

Simple, ¿verdad? Sin embargo, resultó ser una pesadilla. La persona a cargo de las reservas me dijo que al llegar tan temprano (la hora estándar para el *check-in* son las 16:00) significaba que me tenían que reservar una habitación diurna y luego otra para la noche.

—¿Supongo que será la misma habitación? —pregunté.

—Probablemente. Pero primero tiene que hablar con conserjería por la habitación diurna.

—¿No me puede hacer usted las dos reservas? —pregunté.

—No, primero tiene que arreglar lo de la habitación diurna y luego le volverán a pasar conmigo.

—¡Pero eso es extrañísimo! —objeté.

—No, en absoluto —me contestó con tono ofendido.— Son dos departamentos diferentes— (¡como si a mí me importara el organigrama del hotel!). —Pero —agregó, al notar que me estaba enojando— lo que puede hacer es pedir en recepción su habitación diurna y, una vez que esté en el hotel, extender la reserva a la noche.

Quiero que esa empleada del hotel deje de...........

—Pero, de esa forma ¿tengo reservada una habitación para la noche?

—No, pero es muy problable que le puedan hacer la extensión de la reserva.

Era época de turismo y además se estaba disputando el Mundial 1994 en Washington y yo dudaba mucho de que fuese "muy probable". De modo que, confundido y derrotado, pedí hablar con el gerente. Éste, por suerte, consiguió arreglar la situación y se disculpó por el asunto de los "dos departamentos distintos" (aunque no pareció tomar nota de mi sugerencia de que el procedimiento para reservas que tenía el hotel era realmente estúpido).

Todo esto me trajo a la memoria un intercambio de opiniones durante un seminario en Edinburgo, Escocia, la semana anterior a mi visita a Washington. Yo había estado defendiendo con énfasis la importancia de otorgar mayor autoridad a los empleados que están en la línea del frente para solucionar los problemas con los clientes. Uno de los participantes me replicó, en tono agresivo:

—¿Y cómo hace para asegurar la coherencia de esos empleados en organizaciones altamente descentralizadas?

—¡A eso, precisamente, apunto! —le repliqué, casi gritando. —No se asegura nada. Lo que queremos fomentar es la incoherencia y lograr la respuesta personalizada que se obtiene en un negocio familiar.

Escúcheme: yo también leí al ya desaparecido Dr. Deming. Comprendo el asunto de la variedad de procedimientos y la necesidad de que los pilotos de un avión y las gobernantas de un hotel se atengan cuidadosamente a un listado de control. Pero me temo que nuestros fanáticos del Total Quality Management (TQM) van demasiado lejos. Nuestro deseo más profundo debiera ser el logro, no la supresión de la variedad de procedimientos.

Para ser específico, quiero que la persona a cargo de las reservas en ese hotel de Washington, D.C. deje de actuar como "personal de la oficina de reservas". Quiero que se comporte como presidenta, fundadora y directora ejecutiva de atención al cliente, frente a cualquiera que llame (yo, por ejemplo).

Viajo con mucha frecuencia y tengo cierta experiencia en el

tema; sé que cuando uno llama a un hotel solicitando una habitación por esa noche, por lo común es transferido a recepción, donde se controlan las reservas para el día (y la noche) en curso. Pero esa modalidad ha sido adoptada para la comodidad del hotel y no para la mía. Cuando llamé a ese hotel en D.C. (en lugar de hacerlo al Four Seasons, donde me alojo habitualmente), el personal se vio frente a una oportunidad: podrían haber hecho una reserva por un día y medio (tarifa diurna más tarifa por una noche) y, además, ganado un amigo, dispuesto a cambiar del Four Seasons a ese hotel. Pero, para lograr eso, los empleados a cargo de las reservas deberían tener cierta flexibilidad para adecuarse, por ejemplo, a mis necesidades un tanto especiales (pero, de ninguna manera, disparatadas).

Pero quiero ser justo con mi interlocutor de Edinburgo. No sugiero que contratemos personal y lo soltemos sobre la gente, dejándolo librado a su suerte. A fuerza de capacitación, le inculcaría a esa empleada de reservas el espíritu y la actitud de un gerente de atención al cliente. Acto seguido, le explicaría los entretelones de la organización. Los empleados de la línea del frente debieran entender la economía del negocio. Utilizando la jerga de moda, que emplea la *Open-Book Corporation*, esa empleada de hotel debería tener tanta información a mano como el verdadero gerente. (¿Alguna vez se preguntó, Señor Empresario, por qué sus empleados no son capaces de realizar el mismo proceso de toma de decisiones que usted? Generalmente no es por falta de motivación sino de información.)

Y, finalmente, esa empleada-de-reservas-convertida-en-gerente participaría de manera regular en discusiones con sus pares y superiores, en las cuales se hablaría sobre el hotel, sus objetivos, problemas y oportunidades. La idea no es llenarle la cabeza de datos (cosa que se suele hacer en la capacitación tradicional) sino hacerla partícipe del trabajo en equipo que significa llevar adelante un hotel. Es lo que, como cosa habitual, hacen los socios de una pequeña empresa. Y eso es, precisamaente, lo que queremos lograr: convertir a la empleada de la oficina de reservas en una socia más del negocio.

El éxito comercial de De-Mar (¡los plomeros!), del Four Seasons y del productor de cátalogos J. Peterman, se debe a que logran que cada cliente, aunque sean millones, se sientan humanos, únicos y objeto de la total dedicación del empleado que los atiende (aunque sea sólo por un minuto o dos). Y, para meditar sobre lo obvio (tantas veces dejado de lado) esto sólo se logra si se convierte a cada empleado en una empresa unipersonal que, a su vez, forma parte de una corporación mayor.

Hablando de la fuerza de la incoherencia....

124

La libertad de expresión —el derecho de decir cualquier cosa que sentimos sobre el gobierno, sin importar cuán incendiaria sea nuestra opinión— es la piedra fundamental de la democracia moderna. Los Estados Unidos no se fundaron a partir de una cortés discusión alrededor de una mesa de conferencias, sino a raíz de una revolución. El alboroto, las continuas y ruidosas protestas, las demostraciones y las luchas políticas nos mantienen honestos como nación, flexibles, adaptables y cambiantes.

Por desgracia, muchas corporaciones no han aprendido la lección de nuestros Padres Fundadores todo lo bien que debieran... y, en consecuencia, han sufrido considerablemente por ahogar el disenso y alentar la ciega y débil sumisión.

El brillante juez de la Corte Suprema de los EEUU, Luis Brandeis, hizo la siguiente afirmación, que todo director ejecutivo debiera escuchar: "Quienes ganaron nuestra independencia... no exaltaron el orden a costa de la libertad". Si cambiamos esa expresión a "...no exaltaron el orden a costa de la innovación" definimos con claridad el problema que surge con los "número uno" de las grandes corporaciones, tan amantes del orden y temerosos de toda innovación.

Pero Brandeis no se quedó en el tema de orden vs. libertad, sino que continuó diciendo: "La mayor amenaza para la libertad es un pueblo inerte". También esta observación está íntimamente rela-

atención al cliente para **cualquiera** que llame.

cionada con un mal que aqueja a las corporaciones de hoy en día: empleados inertes, a los que no se les permite utilizar su cabeza (ni su corazón, ni su pasión, ni sus particularidades) al servicio de la empresa.(9)

La supresión de toda crítica ha matado a más de una de ellas. Mi experiencia con las reuniones de directorio es que constituyen una isla de paz en medio de la tormenta, lo cual es una alevosa negación del torbellino que los rodea.

La libertad de expresión es un don precioso y precario (basta con mirar el noticiero para comprobarlo), un don por el que vale luchar tanto en el mundo político como en el empresarial. He visto incluso a jóvenes empresas de Silicon Valley anquilosarse de la noche a la mañana, por ahogar entre sus miembros el derecho a replicar, a demostrar coraje y a lo que el Juez Learned Hand denominó "inmodesto e indecente vituperio", es decir, el grosero desacuerdo con el jefe.(10)

¡Cuidado con las críticas silenciosas y la ausencia del "indecente vituperio"! ¡Cuidado con la fuerza laboral inerte! Ese grupo de gente tan especial que puso en marcha a los Estados Unidos hace 200 años, tiene mucho que enseñar a los grandes empresarios de hoy: que abran sus oídos (y sus corazones y sus mentes) al ruidoso disenso y al desorden innovador.

125

Estando en Washington, y mientras hacía jogging alrededor del South Lawn, una mañana, a fines del verano, escuché la siguiente frase, propalada a través del sistema de altoparlantes, que daba instrucciones a los visitantes de la Casa Blanca: "...el presidente y la primera dama se complacen en compartir con usted..."

De pronto me di cuenta de que, a los 51 años de edad, por fin comprendí cuál es el problema con el gobierno.

> " Cuán difícil es aceptar que, detrás de la fachada de nuestro prolijo discurso, brama el descontrolado circo humano. "
>
> **Jack Hitt**

Los Clinton (aunque sospecho que la grabación del aviso es anterior a su presidencia), han captado las cosas al revés. Somos NOSOTROS, los ciudadanos de los Estados Unidos, quienes hemos otorgado a nuestros gobernantes poderes muy limitados en 1787. Somos NOSOTROS, los ciudadanos de los Estados Unidos, quienes nos complacemos en compartir la Casa Blanca con los Clinton durante algunos años.

Primero: esta es la verdad.

Segundo: algunas horas después, mi historia cosechó el aplauso cerrado de los dos mil participantes, ante quienes hablé con motivo de una conferencia sobre computadoras al servicio del cliente.

Tercero: Hay más detrás de eso que simple arrogancia. Es un hecho, que todos los empleados otorgan a sus jefes un cierto poder, temporario y limitado, en la esperanza de lograr más como grupo que en forma individual: esta es la esencia de lo que algunos llaman "Liderazgo de Servicio", un término maravilloso.

126

¿Lógica? ¿Racionalidad? ¿Causa y efecto? No podemos vivir sin eso. Y supongo que también me dirá que al bautizar con el nombre de América al nuevo continente, se honró adecuadamente a un gran explorador.

> **"Los movimientos en cámara lenta minimizan la violencia. En el mundo real, un golpe rápido es un golpe más duro; un golpe más lento es un golpe más suave."**
> **Patricia Greenfield & Paul Kibbey**

Jack Hitt, en una colaboración en el *Washington Monthly* ("Divagación original: de qué manera extravagantes fantasías sexuales nos dieron a América"), afirma que Américo Vespucio era un obsceno; su inmortalidad proviene de cartas "adornadas con aventuras espeluznantes, hechos extravagantes y lujuriosos encuentros" que, durante su viaje por América del Sur, escribió a su país natal. Una de esas misivas, que eran pasadas de mano en mano como lectura pornográfica, cayó en manos de Martin Waldseemueller, un cartógrafo que estaba actualizando "el más respetado texto de geografía de esos tiempos". Cuando llegó el momento de darle un nombre al área que hoy es nuestra patria, el cartógrafo acababa de leer los obscenos relatos de Vespucio. Y el resto es historia.

"Cuán difícil es aceptar que, detrás de la fachada de nuestro prolijo discurso, brama el descontrolado circo humano", concluye Hitt. Así sucede con todas las historias, desde los tiempos de Vespucio hasta el presente. Usted me dirá que, sin duda, nuestras maravillosas herramientas para procesar los conocimientos nos sacarán, finalmente, del embrollo de la incomprensión y de los malentendidos. Yo le contesto: siga soñando.(11)

Tomemos como ejemplo el video de Rodney King, producto de una ubicua videocámara de un aficionado. ¿La verdad encarnada? ¿El sueño de un fiscal hecho realidad? Difícil. (Después de todo, se necesitaron dos juicios y una posible violación de una norma constitucional para lograr una condena.) En una nota en el *New York Times*, Patricia Greenfield y Paul Kibbey plantean uno de los motivos para làs interpretaciones divergentes del video: "Los movimientos en cámara lenta minimizan la violencia. En el mundo real, un golpe rápido es un golpe más duro; un golpe más lento es un golpe más suave". De hecho, una de las personas que vio el video en cámara lenta, afirmó: "Parece un ballet".(12)

El moderno análisis de mercado está plagado de contradicciones similares. Ahora, que podemos obtener al instante toneladas de información sobre cualquier tópico, estamos más perdidos que nunca. Basta con yuxtaponer diversas bases de datos y la población de los Estados Unidos, de 250 millones de habitantes, estalla en 250 millones de mercados separados. ¿Y ahora qué?

El economista y premio Nobel F.A. Hayek comprendió los límites de la racionalidad. El progreso económico, explicó, es un juego de descubrimientos casuales, el subproducto de millones de pruebas de ensayo-error no planificadas. La mejor posibilidad de éxito se basa en tener numerosos proyectos cocinándose al mismo tiempo; eso incrementa la probabilidad de que uno de ellos hierva hasta desbordarse.(13)

Para la tesis de Hayek no hay mejores ejemplos que Hollywood y Silicon Valley, dos infiernos de fanáticos desequilibrados, que albergan convicciones irracionales sobre ideas nunca ensayadas. El caos es el mensaje.

En vista del continuo triunfo del absurdo, ¿existen estrategias que puedan ayudar al individuo o a las corporaciones?

■ **Listo... ¡fuego!... apunte.** ¿Quiere una estrategia? Tire suficientes fideos contra la pared y, quizás, alguno quede pegado.

■ **Suelte a los locos.** Para una empresa grande, la única respuesta es una descentralización que imite la estructura sólo apenas interconectada de Johnson & Johnson. **Pero cuidado:** las unidades liberadas deben estar al mando de líderes seguros de sí mismos, que disfruten haciéndoles "pito catalán" a sus jefes.

■ **A veces es bueno ser ingenuo.** El ya fallecido Richard Feynman reflexionaba sobre el extraordinario aporte de los jóvenes investigadores a la física energética. "No saben lo suficiente, porque cuando uno sabe lo suficiente, resulta obvio que cada idea que uno tiene no sirve para nada."(14)

■ **Lea a Chejov.** Chejov le escribía a un amigo: "¿Me preguntas qué es la vida? Es como preguntar qué es una zanahoria. Una zanahoria es una zanahoria, algo que todo el mundo conoce". El gran escritor comprendió lo que los gurúes del management no se atreven a admitir: no hay reglas. (Por si le interesa: tengo la cita de Chejov sobre mi escritorio.)

Una zanahoria es una zanahoria, una carta obscena le dio su nombre a América y el loco circo humano sigue rodando. Si pudiésemos aprender a apreciar y disfrutar de su esfervescencia, aflojar nuestras ataduras con la lógica y zafar de nuestra obsesión con el control, quizás podríamos fabricar estrategias medianamente útiles para los negocios y para la vida. Y si esas estrategias no llegaran a funcionar, al menos nos habremos divertido un rato.

127

"Con muchas de las empresas que montamos, ni siquiera hacemos los números por anticipado. Simplemente sentimos que hay un espacio en el mercado... Tratamos de que las cifras cierren después."(15)

Richard Branson
Virgin Group

Branson captó la idea. (Ver el punto anterior, N° 126.)

128

Maquinarias para el progreso: se me ocurre que, a primera vista, todas las economías son iguales. Todos los trabajadores hacen más o menos lo mismo, el americano, el japonés o el hindú: manejan taxis, escriben memos, arreglan cosas. La diferencia está en que el ingenioso mecánico hindú trabaja en la calle arreglando bicicletas de quince años de antigüedad, mientras que sus pares japoneses y estadounidenses reparan Infinits o Lincolns en talleres con aire acondicionado y utilizando herramientas de diagnóstico computarizadas.

Las diferencias, en general, son marginales: productos y servicios sofisticados que nos llevan a cuestas en nuestro camino hacia un éxito relativo. Los productos novedosos e impactantes, en cambio, dependen de una cantidad sorprendentemente reducida de gente. Es esencial proveer un clima que produzca grandes microbiólogos, ingenieros espaciales y arquitectos... y luego ofrecerles una infraestructura empresarial que convierta su trabajo en oro.

129

Jim Abegglen, uno de los más agudos observadores de la escena asiática, insiste en que el centro del mundo industrial no está cambiando hacia Asia...

¡Ya cambió hacia Asia!

"¿Se refleja eso en su estrategia empresarial?" les preguntó Abegglen a 125 altos ejecutivos, con una ligera sonrisa despectiva. OK, un poco más que ligera.

"¿Está usted reinventando? ¿Está haciendo cosas nuevas?

Cuando se encuentra en un nuevo entorno ¿se descuelga con un enfoque en todo diferente? Ese es el examen a que será sometido. Si no lo aprueba, se tiene que ir."(16)

Jack Welch
director ejecutivo de GE.

131 Los mutantes como salvadores

Los accidentes pasan. De hecho, toda la vida es un accidente. Diez mil factores impredecibles están presentes en firmas como Wal-Mart o Nike. No, no aplauda a los planificadores: su único mérito es que el esquema de la empresa coincidió con las imprevistas necesidades del mercado en ese momento.

De pronto, nuevas firmas se apresuran a copiar los modelos de Wal-Mart o Nike... hasta que se produce un nuevo y feliz accidente. Las estrellas de ayer, esclavas de los rituales que las han convertido en excelentes originales, tienen poca capacidad de cambio. Muchas son las que, o bien desaparecen o se vuelven irrelevantes.

Por supuesto que Charles Darwin explicó todo esto 135 años atrás. Su teoría de la seleccion natural es clara como el agua: hasta tanto no se produzca un accidente (una mutación causal) tampoco se producirá ningún progreso. La mayoría de los accidentes o mutaciones al azar son inútiles (de la misma manera que fracasa la mayoría de los emprendimientos). Pero una pequeña proporción tiene éxito y esa proporción es la responsable de todo el progreso.

La física es fuente de muchas metáforas muy apreciadas por los ejecutivos. El modelo atómico planetario de Newton, por ejemplo, les resulta atractivo y predecible. (La mayoría de los altos ejecutivos de cierta edad, no han estudiado mecánica cuántica, que asesta un golpe fatal al determinismo newtoniano.) Es una pena que los analistas del mundo de los negocios no tengan más presentes los modelos biológicos.

Para quienes no tienen formación en biología (yo, por ejemplo), el libro de Carl Sagan y Ann Druyan, *Shadows of forgotten Ancestors:*

a Search for Who We Are, es un excelente material de introducción al tema. De su capítulo sobre ADN, mutación y progreso, he tomado las siguientes afirmaciones:

"En tiempos plácidos, los mutantes activos tienden a morir. Son rechazados. En tiempos de acelerados cambios, son los mutantes reticentes y lentos los que son rechazados y mueren rápidamente."

Aplicación en el mundo de los negocios: en un mercado tranquilo y lento, las empresas ordenadas y metódicas prosperarán, mientras que los locos perecerán. Si puede contar con que la próxima generación de galletitas, pullóveres o software durará diez años en el mercado, cuide y fomente pacientemente esos productos. No ponga en peligro una marca, introduciendo una serie de variantes —y ni hablemos de nuevas marcas— que podrían amenazar a su producto estrella de hoy.

Por otro lado, en un mercado turbulento, los "mutantes reticentes" —los que temen desafiar a su actual "vaca lechera" con, digamos, un lanzamiento anticipado de algún nuevo y revolucionario producto— se verán en problemas.

Tal como yo lo veo, el problema Nº 1 en el mundo de los negocios es que demasiadas empresas todavía continúan con la estrategia del mutante reticente; por ejemplo, el esfuerzo insistente y, finalmente inútil de IBM, por conservar a sus grandes clientes en medio de la alocada vorágine que es hoy el mundo de la computación.

"Las mutaciones favorables se producen tan raras veces... que podría ser útil fomentar un incremento de la tasa de mutación."

La lección para el mundo de los negocios: ¡Fomente los accidentes! Lo que salvaría a IBM, Sears o GM, sería crear una Dell, una Gap o una Honda en su seno. (O mejor generar muchas potenciales Dells, etc., una de las cuales podrá llegar a lanzar a la empresa hacia una trayectoria en todo nueva.)

Anita Roddick, de Body Shop, dice que ella elige a los anarquistas, otro término para definir a los mutantes. Es más fácil decirlo que hacerlo. Es común que en las empresas, los renegados, al cabo de sus primeros afortunados éxitos, sean absorbidos por la corriente y ahogados por las prácticas de larga tradición en la compañía.

"Es como si por cada millón de organismos netamente conservadores, apareciera un sólo radical que se aboca a generar cambios... Y sólo uno entre un millón (de radicales), logra implementar ese cambio, brindando un plan de supervivencia significativamente mejor que el actual. Y, sin embargo, la evolución de la vida es determinada por esos revolucionarios."

Traducción empresarial: la vida es una mierda y al final (generalmente) nos morimos. Es decir que dependemos en un todo de los radicales para que nos saquen las castañas del fuego. Pero la mayoría de los radicales son unos despistados, que ni siquiera saben en dónde está el brasero. "Incentivar a los locos" (mi estribillo permanente) es arriesgarse a la discordia y muchas veces al fracaso. Pero no incentivar a los locos es, lisa y llanamente, asegurar el fracaso.

"Sabemos lo suficiente sobre biología... como para reconocer a un poderoso componente fortuito."

Traducción práctica: a pesar de que Einstein afirmaba lo contrario, Dios, probablemente, echó a rodar los dados para crear el universo. Más vale que usted haga lo mismo. Es decir, el azar determina el éxito y hay una sola forma de ganarle a las probabilidades: muchísimos intentos, independientes de las estadísticas y no limitados por la frasecita: "Aquí hacemos las cosas siempre de esta forma".

"La selección natural... produce una serie de respuestas moleculares complejas que, a primera vista parecerían... un doctor en biología molecular jugando con los genes; pero, en realidad, lo que se está produciendo es una mutación... la interacción con el entorno cambiante."

Mi consejo: apréndase de memoria esta última afirmación y, si usted es el jefe, péguelo en el escritorio de su planificador. Mirando hacia atrás, la evolución de 3M (un campeón en generar mutantes) parecer lógica: familias enteras de productos encajan bajo determinados rubros, por ejemplo, el reciente éxito multimillonario de 3M con productos para la medicina. La verdad es que el crecimiento de 3M fue marcado a fuego por fracasos pero demostró ser lo bastante inteligente como para capitalizar rápidamente sus accidentes exitosos... En lugar de desalentarlo, eso ha estimulado su apetito por los mutantes activos.

La historia de 3M no es prolija. Pero la vida tampoco lo es, a pesar del continuo esfuerzo de las grandes corporaciones —esfuerzo siempre inútil pero en estos tiempos turbulentos, directamente fatal— por lograr que lo sea.(17)

132 ¡Piense en términos de ruptura!

El profesor Richard D'Aveni, de la Amos Tuck School of Business, sabe qué es lo que Sagan y Druyan están tratando de decirnos a usted y a mí. Fue él quien acuñó el término "hipercompetencia", afirmando que el disparatado ritmo del cambio de hoy en día exige enfoques comerciales igualmente disparatados. "La caballería ha muerto", escribe D'Aveni en *Hypercompetition: Managing the Dynamics of Strategic Maneuvering*. "El nuevo código de conducta, es una estrategia activa para romper el statu quo, a fin de crear una serie insostenible de ventajas competitivas." (Sí, leyó bien, insostenible, es decir, buscar los filones competitivos y explotarlos con rapidez, para luego dejarlos de lado antes de que la competencia reaccione.)

"Estos no son tiempos de castillos fortificados y de armaduras —continúa D'Aveni— sino tiempos de astucia, rapidez y sorpresa. A muchos les puede resultar muy difícil colgar la cota de malla de la ventaja diferenciadora, después de tantas batallas. Pero la hipercompetencia, un estado en el cual las ventajas diferenciadoras ya no son posibles es, hoy en día, el único nivel de competencia que existe."

El término preferido de D'Aveni es la palabra ruptura. Ofrece una visión de ruptura, una competencia de ruptura y tácticas de ruptura.

Citando una cantidad de ejemplos fascinantes, desde las guerras de las salsas picantes hasta las luchas en el campo de la computación, el libro de D'Aveni deja muy en claro que no hay forma de eludir este nuevo orden mundial. De ahí su violento ataque a la modalidad estática de la mayor parte del pensamiento estratégico, por ejemplo el difundido esquema de las 7 "S" (*strategy*, estrategia, *structure*, estructura, *system*, sistema, etc.) de McKinsey & Co., del cual yo fui co-autor en 1978. McKinsey apuntaba a ayudar a sus clientes a reunir las piezas necesarias para crear, por ejemplo, un sistema y una estructura que apoyaran a la estrategia sin fricción alguna. En todo equivocado, dice D'Aveni: lo que se necesitan son inadaptados que tengan un objetivo. Incluso nos ofrece un nuevo esquema 7-S, que incluye ítems como sorpresa (*surprise*), reglas de competitividad cambiantes (*shifting rules of competition*) y predicción estratégica (*strategic soothsaying*) que sugiere buscar información de manera no convencional... ¿acaso consultando al astrólogo de Nancy Reagan?

D'Aveni, enérgico pero sólido desde el punto de vista académico, es una voz nueva que urge a los ejecutivos a construir empresas dedicadas a la revolución permanente. ¿Lo escuchamos? ¿Lo aclamamos (o hacemos muecas de disgusto) cuando nos presenta una idea que amenaza el producto o el servicio que hoy nos da de comer?(18)

133 Más rupturas con un fin determinado

Considere las siguientes palabras de Phil Twyman, director ejecutivo de AMP Australia, la mayor empresa de seguros de ese país: "En el pasado, cuando aparecía una nueva idea en el mundo de los negocios, que amenazaba con canibalizar alguna de las empresas existentes, la hubiésemos rechazado... Hoy, nuestro punto de vista es que si alguna organización tiene que canibalizar a AMP, debiera ser una hija de AMP. Tenemos negocios separados para los distintos sectores del mercado y dejamos que compitan entre sí."(19)

Twyman admite que incluso está dispuesto a aceptar la confusión que a veces genera esa competencia interna en el mercado. Y quizás también un poco en el cliente. (¿Quién es AMP? ¿Cuál AMP?) En lo que a mí respecta, Twyman está en lo cierto. Tiempos ordenados exigen esquemas estratégicos ordenados. Nuestros tiempos no son ordenados, así que nuestros esquemas estratégicos tampoco debieran serlo.

En síntesis: ¡Dígale que sí a la ruptura y rómpase!

134

"Digamos que es una prueba de la total falta de imaginación (por parte de los líderes de las dos empresas)."(20)

> Director ejecutivo de un contratista en el
> área de la Defensa, refiriéndose a la proyectada
> fusión de Lockheeed y Martin Marietta, que crearía
> la Lochkeed Martin de U$S 23 mil millones.

¿Usted cree en los Reyes Magos? En caso afirmativo, busque las "sinergias" en su estrategia empresarial. Suena fantástico. Pero la evidencia es muy clara: rara vez se hace realidad.

135 ¡No me vengan con cosas raras!

"Un esquema que se enfatiza en este estudio, es el grado en que poderosos competidores no sólo se resisten ante toda amenaza de innovación sino, incluso, se niegan a hacer cualquier esfuerzo por comprenderlas, prefiriendo atrincherar sus posiciones en sus productos tradicionales. Esto trae como consecuencia un resurgimiento de la productividad y de la performance, que puede promover la vieja tecnología a alturas insospechadas. Pero, en la mayoría de los casos, es señal de una muerte inminente."(21)

> Jim Utterback
> *Mastering the Dynamics of Innovation*

"Esquema" es una una forma muy suave de expresar los hallazgos del estudio de Utterback (y de otros). Una empresa atrincherada responde a la competencia innovadora en forma equivocada.

El mecanismo es el siguiente: una industria madura, grande y adormecida (por ejemplo, la iluminación a gas) es atacada por algún salvaje audaz (por ejemplo, la iluminación eléctrica). Los Rip Van Winkles adormecidos se despiertan, se encogen de hombros, se arremangan y se ponen a trabajar. Muy pronto la productividad de la iluminación a gas se incrementa (esto sucedió en la realidad) y el insignificante advenedizo emprende la retirada.

La batalla está ganada, pero la guerra ya está perdida. En unos pocos años, los advenedizos corregirán los defectos de su nueva tecnología y los resucitados héroes del ayer, que se aferraban con insistencia a su viejo caballito de batalla, serán aniquilados.

La situación es irremediable para la empresa antigua. Meterla en las incubadoras de la nueva tecnología —remozar sus plantas, crear alguna nueva división, gastar grandes sumas en investigación y desarrollo e, incluso, hacer alianzas con terceros más innovadores— rara vez vuelca la balanza a su favor. El motivo del fracaso es que no logran, hasta que ya sea demasiado tarde, modificar la mentalidad de su arraigada cultura de marketing, tecnología, finanzas, o lo que fuese.

Así que... ¿cuál es la respuesta? No la va a encontrar en el brillante libro de Utterback. Su capítulo final sobre renovación no ofrece recetas a prueba de fuego para salir del problema, y ni siquiera demasiada esperanza. (Es muy astuto como para creer en respuestas fáciles.)

Pero, al menos, libros como los de Utterback (por desgracia no hay muchos), debieran obligarnos a enfrentar el tema, cosa tan importante para el restaurante español de veinticinco mesas como para la empresa millonaria de alta tecnología. Tomar conciencia de la situación casi desesperanzada quizás lo predisponga un poco más a considerar soluciones radicales. Por ejemplo:

■ Subdivida a la empresa en sectores independientes con mayoría de capital independiente (buen consejo para empresas de 10.000 millones y de 10 millones de dólares)

■ Tome en serio la actualización del personal, por ejemplo, dedicando seis semanas al año para capacitarse y rejuvenecerse (Esto vale tanto para el profesional de 36 años de edad o el propietario de la empresa de 46. Ver punto Nº 187)

■ Si usted es el director fundador, retírese antes de lo previsto y asegúrese de que su reemplazante (y gran parte de su equipo) provenga de una cultura empresarial en todo distinta.

Ya sé que estas ideas suenan disparatadas. Pero no espere que frágiles escarbadientes lo rescaten de una poderosa trampa de acero.

☞ ¡PIÉNSELO!

136

Hoy en día se habla mucho del "marketing de relaciones", la incansable búsqueda de un lazo casi familiar entre clientes y productos. El Saturn de General Motors llevó esta filosofía casi a sus límites (hasta el momento) en junio de 1994, cuando organizó un festejo para celebrar el regreso al hogar de unos 30.000 miembros de la familia en la planta de Spring Hill, Tennessee, donde ese automóvil se fabrica.

Musica country, visitas guiadas por la planta, puestos de comidas y bebidas, baile y, quizás lo más importante de todo, la camaradería entre miles de propietarios de automóviles Saturn, fue lo que atrajo caravanas de devotos "saturnianos" de todo el país.

¿Cómo logró el Saturn generar una devoción que raya en el culto a ese automóvil fuerte, bien diseñado pero, de ninguna manera, espectacular? Considerando al cliente como un amigo —un amigo inteligente— desde el momento en que pisa el salón de exposición. Con vendedores bien pagos, que aplican una táctica de ventas de no-presión y tienen una extraordinaria habilidad para escuchar al cliente, con precios no regateables, atención mecánica gratuita para el automóvil y asados familiares, los concesionarios del Saturn consiguieron crear una atmósfera acogedora que se ha convertido en la envidia de toda la industria automotriz.

El lazo con el cliente se estrecha, además, mediante una campaña publicitaria que pone su énfasis en la gente que hace el automóvil y su conexión directa con la gente que lo compra.

Para una empresa dentro de ese ramo —o, pensándolo bien,

dentro de la industria en general — Saturn practica un "marketing de relaciones" sin precedentes. La gran idea radica, no sólo va dirigido hacia un puñado de clientes, sino a cientos de miles. ¿Y cómo suma todo esto en el *bottom line*? Bueno... La corta trayectoria del Saturn no se desarrolló sin problemas. El año pasado, por primera vez, su balance exhibió cifras negativas, y todavía no está vendiendo al tope de su capacidad. Pero GM se ha comprometido con ese proyecto a largo plazo, y el largo plazo se presenta color de rosa. GM ha demostrado hasta el momento que es capaz de modificar su actitud y que el automóvil ha logrado atraer a los compradores más jóvenes, de un buen nivel de educación y buen poder adquisitivo y (esto es lo más importante) de acuerdo con los

COMPRADORES Y FUTURO, COMPRADOR DE SATURNO

estudios realizados por la empresa, el 60 por ciento de esos compradores piensa comprar otro Saturn.

Mientras otras empresas automotrices luchan por poner su política de ventas al día (la mentalidad de "cliente que compró, cliente que voló", que solía aparecer en el momento en que el comprador se llevaba su unidad, murió definitivamente), Saturn se las ha arreglado para estar siempre un paso más adelante, reuniendo en Tennessee a miles de fervientes seguidores para bailar una polca.

¡Incluso los japoneses están observando ese fenómeno... y muy de cerca!

137

Me encanta ver a toda esa gente hambrienta de Asia del Sur, Asia del Este, Asia del Sudeste, América Latina y del Caribe,

233

acercarse en oleadas hacia nuestras fronteras. Quiero aclarar que no tengo problemas con los inmigrantes irlandeses, italianos y alemanes (mi abuelo paterno llegó a los Estados Unidos desde Alemania). Pero me alegra mucho leer en una estadística reciente sobre nuestro modelo de inmigración, que las cifras de inmigrantes europeos está disminuyendo con rapidez, mientras que las cifras correspondientes a Asia y América Latina crecen de manera asombrosa.(23)

Los inmigrantes son uno de los secretos mejor guardados de los Estados Unidos. Su intensa pasión por tener éxito y su voluntad de trabajar incansablemente para alcanzarlo, es una inspiración para todos los que hemos estado en este país por algunas generaciones y nos hemos acostumbrado un tanto demasiado a los buenos tiempos, que pareciéramos considerar un derecho congénito. La energía emprendedora de los inmigrantes es incomparable, y ha sido un elemento significativo en el éxito de Silicon Valley (los ingenieros inmigrantes, muchos de ellos directores ejecutivos de empresas fundadas por ellos mismos, suman allí cientos de miles). También California del Sur, Florida del Sur y gran parte de Texas deben mucha de su vitalidad a los inmigrantes.

Muchas veces dije en broma que quisiera que pudiésemos trasladar a los Estados Unidos a toda esa gente de alto voltaje de Hong Kong, cuando, en 1997, los ingleses se retiren de la isla. En ese caso, podríamos poner la economía de nuestro país en sus manos, y los demás podríamos acceder a una jubilación temprana y descansar de panza al sol. Lo gracioso del asunto es que, en realidad, ya no lo digo tan en broma.

138

Piense en Indonesia, dice el experto en asuntos asiáticos, Jim Abegglen. Indonesia está hoy, donde la China estará en diez años, agrega Abegglen, siempre y cuando todo vaya bien en China... algo que no es tan seguro.

Dicho sea de paso (y no tan de paso), Indonesia es el cuarto país del mundo en lo que hace a número de habitantes. (24)

¿Ya planificó su próximo viaje a Indonesia? ¿No? ¿Por qué no?

El movimiento por la búsqueda de la calidad ha sido asaltado por burócratas. Esto es particularmente claro en Europa, donde los patrones de calidad ISO 9000 se han convertido en las Sagradas Escrituras. Tradúzcalo como estupidez burocrática.

¿Cuál es el problema? Richard Buetow, director de calidad empresarial en Motorola, lo dice con toda claridad: "Aún con las normas ISO 9000 es posible generar productos y procesos espantosos. Es posible aprobarle el producto a un fabricante que hace chalecos salvavidas de cemento armado, siempre y cuando esos salvavidas hayan sido fabricados de acuerdo con los procedimientos documentados y que la empresa suministre a los herederos del usuario instrucciones precisas sobre cómo reclamar por los defectos. Eso es absurdo."(25)

Totalmente.

140

Terry Neill, jefe del área de cambio de prácticas gerenciales, a nivel mundial, de Andersen Consulting, sintetizó en una investigación interna, que la "muerte a causa de las mil iniciativas" es la razón principal por la cúal fracasan los esfuerzos empresariales que intentan renovar las compañías. Los martes, *empowerment*; los miércoles, TQM; los jueves, reingeniería y una organización de aprendizaje el viernes: todas son ideas importantes, pero cuando se las dispara a los empleados como un servicio de ping-pong, sobrecogen, confunden y diluyen sin remedio el enfoque organizacional.(26)

¿Hay alguna idea mejor? Dar un panorama general, flexible y más o menos suelto de la meta de la empresa. Luego, ubique todas esas nociones importantes (TQM, etc.) dentro de ese marco.

141 La estética del sistema

West Churchman, uno de los padres de la investigación de las operaciones, afirma que un buen sistema debe contener algo más que los fríos criterios de eficiencia. El sistema robusto y renovador también contiene ética y estética.(27)

Eso me gusta. Mucho. A veces despotrico contra los sistemas, porque veo a tanta gente (empleados, clientes) seducidos y atrapados por esquemas estúpidos, inflexibles, humillantes y burocráticos. Esto, incluso, es aplicable a esquemas nuevos, reestructurados, que por lo común son eficientes pero carecen de alma.

Y después uno se encuentra con un De-Mar Plumbing (ver punto N°76) o con un Southwest Airlines (punto N° 116). ¿Sistemas? ¡Por supuesto que tienen sistemas! Pero los componentes de esos sistemas, como principios operativos, compensación, prácticas de selección de personal, mediciones, se concentran con prístina claridad —¡elegancia, integridad estética!— en eso de "es importante aquí". En De-Mar la clave es: "no haga una venta, conquiste un cliente", es decir, concéntrese en satisfacer y seducir a su cliente ("¡Que tenga un día de maravillas!"), en retenerlo y lograr que él lo recomiende a todos sus amigos. En Southwest, es amor, espíritu... y un sistema operativo que sorprende por su simplicidad (viajes cortos, un sólo tipo de aeronave, etc.).

Muchas veces aconsejo a los empresarios (y a las empresas) a describir, en unas 25 palabras, qué es lo que los hace distintos, qué es lo que los destaca del homogéneo rebaño. Si no son capaces de hacerlo, más les valdría retirarse. Debiéramos someter al mismo test a nuestros procesos empresariales clave: explicar su estética en 25 palabras, o menos. Lo cual significa que quizás usted debiera tener a un artista o a un músico al frente de su equipo de reingeniería de procesos comerciales, en lugar de un contador o un ingeniero industrial.

¿Qué le parece?

142 Salte primero, mire después

"¿Cómo puedo saber lo que pienso, antes de ver lo que digo?"(28) He oído atribuir esta observación a diversas personas, incluso a W. H. Auden y E. M. Forster.

Es una de las frases más importantes que he leído.

La vida es una serie de aproximaciones. (Según el gran filósofo científico Karl Popper, "la ciencia es una continuidad de conjeturas y refutaciones".) Este libro es una aproximación. Es lo que quiero decir hoy. ¿Mi última palabra? ¡No sea ingenuo!

La innovación es el tema empresarial más importante en un mercado atiborrado y turbulento. Y la clave número uno hacia la innovación es, a mi juicio: "Cómo puedo saber lo que pienso..." o sea, SALTE PRIMERO, MIRE DESPUÉS.

> "**La realización eficiente de prototipos, puede ser la 'capacidad' más valiosa que debe lograr una organización innovadora.**"
>
> **Michael Schrage**

El gurú de la innovación Michael Schrage, lo formuló de manera un poco más prosaica pero muy profunda e inequívoca, al afirmar: "La realización eficiente de prototipos puede ser la 'capacidad' más valiosa que debe lograr una organización innovadora". Es algo que no se puede malinterpretar.

Hay dos clases de empresas, sigue diciendo Schrage (y mis observaciones personales lo confirman): las que analizan y deliberan, planifican y vuelven a planificar, y terminan produciendo especificaciones detalladas antes de decidirse a construir o fabricar cualquier cosa (Schrage las llama "organizaciones impulsadas por especificaciones"); y además están aquellas que vislumbran una idea, arman una estructura de inmediato y luego, con rapidez, encaran el proceso de modificación ("organizaciones impulsadas por un prototipo", según Schrage).

El tema va mucho más allá de la superficie. Schrage afirma que hay una "cultura del prototipo" que invade a las patotas "primero salta, luego mira" en lugares como Hewlett-Packard y 3M. David Kelley, jefe de la súper-estrella del diseño de productos IDEO, dice que "los prototipos (y) la cultura iterativa... constituyen una forma de vida" en algunas compañías... y en otras no.

La empresa de Kelley es una prueba de su concepción. Si se camina por el hall de su "parque de diversiones" para adultos curiosos, situado en Palo Alto, uno ve (o más bien tropieza con ellos) modelos de lámparas, y sillas, y dispositivos para efectos especiales en cinematografía, y analizadores de sangre. Algunos están hechos de cartón y palitos de helados. Otros son dispositivos mecánicos complejos.

IDEO, como tantos otros de los innovadores de primera línea, tanto en servicios como en producción, PIENSA A TRAVÉS DE PROTOTIPOS. En ese tipo de organizaciones, el prototipo se convierte en "el medio principal para la transmisión de información, la interacción, la integración y la colaboración" afirma Schrage.

Pero quizás la sensación de parque de diversiones o aula de jardín de infantes que se observa en la firma IDEO de Kelley sea parte del problema. No es lo bastante serio para los sobrios habitantes de las empresas tipo (léase no-innovadoras). "La idea de que uno puede jugar en su camino hacia un nuevo producto —dice Dan Droz de Carnegie-Mellon—, es un anatema para los ejecutivos educados en la creencia de que la predictibilidad y el control son esenciales para desarrollar un nuevo producto."

De paso sea dicho, la percepción de la importancia que tienen los prototipos, que Kelley, Schrage, Droz y yo (entre otros) compartimos, fue apoyado por meticulosas investigaciones conducidas por Behnam Tabrizi y Kathleen Eisenhardt, del Departamento de Ingeniería Industrial y de la Dirección de Ingeniería de la Universidad de Stanford. Analizando 72 proyectos para el desarrollo de productos en 36 empresas de Asia, Europa y América del Norte, los investigadores descubrieron que los más eficaces creativos repiten sus ensayos una y otra vez; los menos eficaces fueron los planificadores hiperorganizados.(30)

"Las culturas empresariales cuyo fuerte es el prototipo, producen productos fuertes", concluye Michael Schrage. O, como podría decir Phil Knight de Nike: "Hágalo".(29)

¿Entonces?

143

"La mayoría de la gente muere por una especie de rastrero sentido común y recién cuando ya es demasiado tarde, descubren que lo único de lo que uno nunca se arrepiente es de los errores cometidos."(31)

Oscar Wilde

ESTE MUNDO ABSURDO o BÁSICAMENTE ¿QUÉ SABE USTED SOBRE ASIA?

144 Piense: A-S-I-A

Nosotros, los americanos, podemos ser bastante provincianos. En general, todavía pensamos subconscientemente, que el mundo comienza y termina en nuestras fronteras. Mientras una gran cantidad de productos hechos en el exterior captan nuestra atención y nuestros dólares, la única cultura que nos interesa, durante la mayor parte del tiempo, es la nuestra propia.

Bien, si nuestra intención es mantenernos en el tope de la economía mundial, esta actitud de que nada-es-importante-a-no-ser-que-suceda-aquí, tendrá que cambiar.

Rápidamente.

Hay un gigante que se está empezando a mover... y, tal como está estructurado el mundo de hoy, no queda muy lejos.

Ese gigante que se está despertando o está siendo despertado, tiene un poder increíble y riquezas increíbles, y terminará controlando el futuro econó-

mico del mundo... hecho que estamos ignorando a nuestro propio riesgo.

Ese gigante es Asia.

Inmenso, fecundo, rebosante y palpitanate de energía empresarial en bruto. Es en Asia donde las cosas están sucediendo. Así de simple.

Una o dos visitas a sus usinas emergentes, Tailandia y Malasia, y luego a su actual —aunque ya algo canoso— adalid, Japón, debiera servir para alertarnos.

Pero, ante todo, una anécdota elocuente. Yo tenía hecha mi reserva en Northwest para volar a Bangkok. Cuando me estaba instalando en mi asiento, el piloto anunció: "Bueno, gente, aquí estamos listos para despegar, pero hay un pequeño problema en una de las turbinas". ¡Increíble! El vuelo fue cancelado, haciéndome perder todo un día y causándome una serie de trastornos. Y, para colmo de males, el empleado de Northwest se enojó cuando, no muy calmo, le cuestioné su forma de explicar la situación. Supongo que la aparición de un problema de consideración en un vuelo bastante vacío —un minuto después del horario de partida— para él era algo normal. Sea como fuere, me quedó la duda sobre la justificación de la actitud de la empresa. (Pasajero muy frecuente=pasajero muy desconfiado=realidad de la vida.)

Al día siguiente: Japan Airlines a Tokio y luego Royal Thai a Bangkok. El servicio es tan bueno y atento que parece de otro planeta. Además del hecho de que ambos vuelos salieron y llegaron a horario, todo daba la impresión de que los encargados del despacho del equipaje, el personal en las puertas de embarque y las azafatas, hacían su trabajo con verdadera dedicación y cariño.

Una vez en Bangkok, el trato siguió siendo de la misma calidad. Un chofer de uniforme blanco, enviado por el Oriental Hotel, nos ubicó a Kate y a mí a la salida de la aduana. Cuando nos sentamos en el coche, se volvió hacia nosotros y nos tendió toallas heladas para refrescarnos... y aclaro que no era un trato reservado para el nivel de la Suite Presidencial, sino que lo hace con todos los pasajeros.

Sugerencia: Tómese vacaciones en Bangkok pero pase los gastos —con la conciencia bien tranquila— como viaje de negocios.

Esto se justifica totalmente si se hospeda en el Oriental. Sólo observar el desempeño del personal, ya es un curso avanzado sobre calidad de servicio. Por ejemplo, el tipo del mostrador de la conserjería del piso 14 que oprime el botón del ascensor en el momento en que usted sale de su habitación, para que el ascensor y usted lleguen a la puerta al mismo tiempo.

El calor en Bangkok es terrible. La mayor parte del tiempo es asfixiante. El tránsito hace que el caos de Los Ángeles, en comparación, parezca un juego de niños. ¡Pero cuánta energía! Una multitud de enormes grúas de construcción dan sombra permanente mientras rascacielos tras rascacielos van surgiendo a un ritmo inusitado. Los rostros de los transeúntes traslucen

> ## PROBLEMAS DE PRIVILEGIO
>
> **Japón está viviendo una crisis en sus playas de estacionamiento, porque los vehículos "todo terreno" están de ultimísima moda y todo el mundo los tiene, mientras que la mayoría de las playas de estacionamiento fueron construidas para los pequeños coches sedán.**

objetivos claros y determinación. Todo el mundo está apurado.

Una mañana, estuve parado en un bamboleante muelle esperando el tiznado bote trasbordador expreso. A mi lado estaba un hombre de negocios tailandés, con su impecable camisa almidonada. (Cómo hacen para estar todos tan atildados con semejante calor, sigue siendo un misterio para mí.) Mientras hábilmente balanceaba su peso sobre el movedizo muelle para poder mantener el equilibrio, realizó una serie de impetuosas (a juzgar por sus gestos) llamadas telefónicas por su teléfono celular. En todos los lugares a los que fui, encontré ese mismo tipo de actividad concentrada, esa clase de gente emprendedora, ese fervor tan especial.

Allí es posible sentir el pulsante crecimiento de los seis tigres asiáticos, uniendo Hong Kong, Singapur, Taiwan, Corea y Malasia, además de Tailandia.

Por momentos, me parecía que me encontraba en una colonia

japonesa. Prácticamente todos los automóviles que circulaban por las sobrepobladas calles eran japoneses. (En ocho días, vi sólo dos coches americanos.) Y mi hotel estaba repleto de hombres de negocios japoneses. Es cierto que están más cerca de allí que nosotros. Pero, con franqueza, sentí como si los estadounidenses se hubiesen retirado del esfuerzo por competir.

Seguí viaje hacia Malasia. El centro de la capital, Kuala Lumpur, también es un conglomerado de grúas de construcción. El incesante ruido de los trabajos de remachado, traspasaba hasta las ventanas de doble vidrio del hotel, por lo que era casi imposible dormir. Una vez más, me euforizó esa sensación contagiosa de entusiasmo y determinación. Al norte de la capital, en Penang, innumerables empresas electrónicas japonesas y americanas, están compitiendo desaforadamente entre sí. Y lo que producen son elementos de diseño sofisticado y no las rutinarias y mecánicas tareas de armado que se solían hacer en este rincón del mundo.

Y después, Japón. Japón... por ahora, la gran matrona de Asia. Una usina que transmite una penetrante y confiada opulencia, que conjura la idea de ser una gigantesca Suiza. El distrito Ginza de Tokio, está cerrado al tránsito automotor durante los domingos, y se convierte en un inmenso y masivo centro comercial. Esta explosión económica se refleja hasta en los lugares más apartados del país: en la pequeña localidad de Wajima, en la punta de la Península Noto, la mayoría de los garages albergan dos automóviles. De hecho, el Japón está viviendo una crisis en sus playas de estacionamiento porque los vehículos "todo terreno" están de ultimísima moda y todo el mundo los tiene, mientras que la mayoría de ellas fueron construidas para los pequeños coches sedan. ¡Después hablamos de los problemas del privilegio!

Caminar por esas calles asiáticas elevó mi espíritu y aceleró mi pulso. Estaba viendo el espíritu de empresa del ser humano en su esencia más pura, creciendo y floreciendo a mi alrededor. No hay nada comparable al entusiasmo, a la absoluta vitalidad de una economía inmersa en una carrera desenfrenada para poder competir consigo misma.

¿Cómo se pudo producir este fenómeno?

Hagamos un poco de historia: después de la Segunda Guerra Mundial, los japoneses no tenían una estructura militar que mantener, y sí tenían un orgullo nacional profundamente herido al que curar. Volcaron su considerable energía y talento a la producción, y se convirtieron en líderes mundiales. Su economía despegó. A medida que los salarios y el yen comenzaron a tomar altura, empezaron a exportar sus productos de bajo valor agregado a Corea, Taiwan y Singapur. A continuación, Corea y compañía remontaron la cadena del valor agregado y comenzaron a enviar sus productos de menor valor a Malasia y Tailandia que, a su vez, ahora se están disparando hacia arriba... y, a su vez, comienzan a exportar sus productos menos remunerados a Indonesia. Y las provincias del litoral Chino que se han convertido en los nuevos ricos de Asia, están trasladando sus actividades a las provincias menos progresistas del interior.

Da vértigo.

Veamos algunas cifras concretas: la economía china, hace poco calificada como la tercera en magnitud a nivel mundial, creció un 14 por ciento en 1993. Las cifras de crecimiento en la gigantesca y progresista provincia de Guandgdon alcanzaron el 19 por ciento. Las inversiones de activos fijos se incrementaron en un 70 por ciento en las adormecidas empresas estatales y el 93 por ciento en las corporaciones privadas nacionales. Y, ¡oh, sí! los ciudadanos se amotinaron para conseguir acciones en la floreciente bolsa de valores de Shanghai: 50.000 accionistas chinos por semana se enrolaron en el bando del capitalismo durante 1992.

¡PIÉNSELO!

Sorprendente.

La pujante Asia es algo intimidante para los Estados Unidos, física, intelectual y, en particular, emocionalmente. Pero, si queremos mantenernos en la cima de esa movediza colina que es la economía de nuestro nuevo mundo, tendremos que entender que el lujo de que el mundo "venga a nosotros" se terminó para siempre. La cruda realidad es esta: *¡Los necesitamos más de lo que ellos nos necesitan a nosotros!*

Si yo tuviese 25 años de edad y estuviese comenzando mi carrera, o 35 años (aun estando en una posición con grandes perspectivas de progreso) pensaría muy seriamente en mandar todo al diablo por unos años y cruzar el Pacífico. No necesariamente para embarcarme en negocios, sino para estar allí y compenetrarme de ese clima tan especial. Estoy seguro de que regresaría siendo una persona diferente y —para decirlo con toda crudeza— más valiosa. Si toma esta propuesta en serio, recuerde que lo único que en verdad sirve para producir un cambio, es la inmersión total.

Asia es la cruda y voluptuosa frontera económica del siglo XXI. Punto. De cómo responderemos a ese desafío, a esa oportunidad, dependerá nuestro futuro. Punto.

Pero hay más aún...

145 ... Y, ahora, la India

Cuando el 24 de febrero de 1994 me desperté en Nueva Delhi y abrí uno de los diarios locales, los titulares eran: "Kleenex-Huggies dispuesta a entrar en la India", "India desempeñará rol clave en el crecimiento de GE", "Delegación española de comercio visita la India". El mundo entero estaba sólo a 30 segundos de distancia de mi habitación en el Maurya Sheraton Hotel & Towers... a través del Definity Voice-Data System 75 de AT&T. En la planta baja del hotel, un grupo de cien participantes de un seminario para altos ejecutivos, estaba por dar comienzo a su sesión de la mañana. Mi experiencia en Bombay, dos días atrás, me hacía suponer que la misma sería mucho más vivaz y animada que la de los 600 ejecutivos estadounidenses, en la que yo había participado la semana anterior, en Orlando.

Pero... ¿y los cierres de ruta en el camino desde el aeropuerto de

Bombay hasta la ciudad, como respuesta a un atentado terrorista, algunos meses atrás? ¿Y mi paseo de la noche anterior? Había salido del Sheraton y, una cuadra más adelante, la calle era de tierra. Había niños semidesnudos, agachados, defecando. Una hilera de hombres, parados contra la pared, orinando. ¿El olor? Utilice su imaginación.

A pesar de estos crudos contrastes, no sorprende que la India sea prioridad para la GE de Kimberly-Clark y para los españoles. Los casi 250 millones de hindúes de clase media y alta (de los cuales unos 40 millones ganan más de 40.000 dólares al año) conforman una población de muy buen poder adquisitivo, igual a la población total de los Estados Unidos. Además, de acuerdo con el jefe de la agencia publicitaria Lintas de Asia del Sur, constituyen un mercado que "exige calidad y está dispuesto a pagarla".

¡Cómo se han revertido las cosas! En el verano de 1991, la India casi deja de cumplir el compromiso de pago de su deuda externa. Para gran sorpresa del mundo entero, el anodino Primer Ministro P.V. Narasimha Rao reaccionó con una fuerza inesperada y comenzó a tirar abajo las puertas de una economía cerrada.

Muchos llamaban a la economía hindú la "licencia Raj", vestigio del colonialismo británico. Nueva Delhi comenzó a decir a las empresas qué, cuándo y cómo producir, dónde localizar su producción, qué tecnologías usar y con quiénes se debían asociar. Los gobiernos de los distintos Estados de la India fueron aún más lejos. "Ejércitos de inspectores" como dijo un comentarista, recorrieron los cuatro puntos cardinales del país para asegurarse de que las empresas cumplían estrictamente con la monumental carga de papelería, renovación de licencias, etc., requerida por otro ejército de burócratas subempleados, generadores de formularios.

¿Es que todo esto ha desaparecido? No mucho. Los gobiernos estatales siguen interfiriendo; los aranceles e impuestos siguen siendo muy altos; la proyectada venta de las endebles empresas estatales progresa muy lentamente; y cuando yo estuve allí, ABB (Asea Brown Boveri), que ha invertido muy fuerte en la India, estaba esperando la aprobación necesaria para fabricar una nueva locomotora de alta tecnología ¡desde 1987! Sin embargo, la mayoría de los permisos a nivel federal han sido abolidos, la reforma bancaria está avanzando, las tasas promedio están bajando de un

90 por ciento a un 25 por ciento, el acceso a la tecnología se incrementa y las multinacionales extranjeras pueden, ahora, instalar centros de investigación y desarrollo en el país.

La prueba, por supuesto, radica en los hechos, de los cuales hay muchos. El crecimiento de PBI ha subido del 1 por ciento en 1991 al 5 por ciento, la inflación se ha reducido marcadamente y las reservas en divisas extranjeras han subido de monedita a 11 mil millones de dólares.

Pero, lo más importante es que las inversiones extranjeras, que apenas alcanzaban los 200 millones en 1991, ahora están entrando en el país a un ritmo de dos mil millones de dólares por año. Las autorizaciones a empresas hindúes para colaborar con grandes empresas extranjeras han saltado de una en 1990 y cinco en 1991 a 49 durante los primeros seis meses de 1993.

El comercio con la China se ha duplicado en 1993, y las exportaciones de los Estados Unidos a la India crecieron en un 37 por ciento. (Las exportaciones de India a los Estados Unidos dieron un salto del 22 por ciento.) Hace poco, el gobierno ha emitido permisos de radicación para Coca-Cola y McDonald's, e IBM, desterrada de la India por Indira Ghandi en la década del 70, ha regresado, junto con Walt Disney, Raytheon, AT&T, Morgan Stanley y Sara Lee.

En Bangalore, el corazón de la zona comercial e industrial del sur de la India, el Primer Ministro de Singapur, Goh Chok Tong, durante su visita en enero de 1994, cortó la cinta inaugural del Parque de Tecnología Informática, un País de las Maravillas tecnológico que pronto dará empleo a 16.000 ingenieros en electrónica y computación. Cerca de allí, una élite de ingenieros, empleados por Motorola, diseñan componentes para el sistema telefónico satelital inalámbrico denominado Iridium; el director de esta empresa para Asia Central y del Sur, califica las oportunidades en la India como "inigualables".

La letanía estadística es sobrecogedora. Y yo me sentí apabullado por el entusiasmo y la energía de toda la gente

¿Cuál es la verdadera India

¿La que se ubicó en el puesto 123 entre 160 naciones del Tercer Mundo en el índice de desarrollo humano de las Naciones Unidas?

que conocí allí, sin mencionar el espectáculo de cientos de personas haciendo jogging, calzados con zapatillas Nike y vistiendo sacos al estilo Nehru, que pasé (o me pasaron) en el paseo frente a mi hotel en Bombay, a las seis y cuarto de la mañana.

Sin embargo, todavía el treinta por ciento de los pobres del mundo vive en la India y, por momentos, me parecía que los dedos de cada uno de ellos estaba golpeando los vidrios del taxi en que yo viajaba, pidiéndome una limosna. Cien millones de hindúes están desocupados y esa misma cifra, varias veces multiplicada, es la de los subempleados, mientras que el incremento anual de la población equivale a casi toda la población del Canadá, es decir, más de veinte millones de personas.

Así que... ¿cuál es la India? ¿La que se ubicó, en el índice de desarrollo humano de las Naciones Unidas, en el puesto 123 entre 160 naciones del Tercer Mundo ? ¿O la India de la cual GE, Motorola y ABB aseguran que se convertirá en una potencia económica?(2)

Siento entusiasmo, rechazo y confusión, todo en igual medida. Y creo que, al final de cuentas, estas son las sensaciones adecuadas frente a ese país verdaderamente extraordinario.(1)

146 ¡Quiere tu puesto!

"Realmente los asustaste. En su mayoría se trataba de empresas manufactureras familiares, cuyos directivos son muy conservadores." Ese fue el comentario que recibí después de una charla que di en la primavera de 1994.

> ¿O la India sobre la cual GE, Motorola y ABB aseguran que se convertirá en una potencia económica?

Es raro. No pensé que estaba diciendo alto tan dramático. Acababa de volver de la India (ver punto anterior) y, en mi presentación, comenté la fuerza que en ese país estaban logrando industrias como la de la producción de software. Y agregué que cada una de las naciones que había visitado durante 1994 —

Filipinas, Ecuador, Argentina — está apuntando a crear "una economía de valor agregado, basada en el conocimiento y orientada hacia la exportación".

"Miren —les dije a los venerables ancianos allí reunidos— hay que darse cuenta de que el resto del mundo no nos debe la vida. Tendremos que luchar como endemoniados para mantener, medianamente, nuestro actual estándard de vida."

A pesar de todos los libros de textos cargados con anotaciones matemáticas, la economía internacional no es tan fácil de sondear. *The Economist* lo resumió brillantemente en un editorial, con toda propiedad titulado "Quiere tu puesto":

> Desde que existen países ricos y países pobres, los pobres han tratado de alcanzar a los ricos, y los ricos han tratado de mantener su ventaja... Los países pobres pueden copiar los métodos y las tecnologías desarrolladas en los países ricos, a un costo relativamente bajo; para seguir creciendo, los países ricos tienen que inventar y desarrollar nuevos métodos y tecnologías. De esa forma, al lograr equipararse en otros aspectos, se podría suponer que los países pobres podrían, finalmente, alcanzar a los países ricos. Para los países más desarrollados esto equivale a una "declinación económica relativa". Pero a medida que la brecha se cierra, los países seguidores pierden su ventaja... porque, al crecer su bienestar también crecen las demandas de vacaciones más largas, mejores sistemas de retiro y de cuidado de la salud, calles y fábricas más limpias.(3)

Estas palabras contienen buenas y malas noticias. Las buenas: la declinación relativa para "gente como nosotros" es normal, sano y quizás ni siquiera se produzca demasiado rápido, como señala el economista Donald McCloskey en *Second Thoughts: Myths and Morals of U.S. Economic History*:

> La tragedia del siglo pasado no fue provocada por las relativamente escasas escaramuzas entre... los países industrializados líderes, sino por la inmensa distancia entre

los líderes y el resto... Los economistas parecieran haber mezclado la cuestión de por qué el ingreso per cápita de Gran Bretaña es ahora seis veces el de las Filipinas y 13 veces el de la India, con la mucho menos importante cuestión de por qué el ingreso de Gran Bretaña en 1987 fue tres por ciento menor que el francés, o cinco por ciento mayor que el de Bélgica.(4)

Las malas noticias: tendremos que sudar sangre. Si bien tenemos que concentrarnos mucho más en la alarmante brecha entre "nosotros" y "ellos", deberemos también manejarnos dentro de una economía global, en la cual habrá empleo, cada vez más rápido, para las fuerzas laborales más talentosas y capacitadas. Dentro de los Estados Unidos, la distancia entre los que tienen y los que no tienen nada ya es abismal. Mientras fomentamos una escuela para futuros millonarios en Microsoft, la mayoría de los obreros estadounidenses se sienten, hoy en día, como pez fuera del agua.

Además, la nación que se percibe a sí misma en decadencia, se vuelve hacia adentro. Fíjese en el incremento de la disparatada charla proteccionista y de la tan desagradable, peligrosa y, en última instancia, autodestructiva legislación anti-inmigratoria de los Estados Unidos. La forma más segura de entrar en decadencia, es abandonar los campos de juego más fértiles (por ejemplo, ese continente asiático al rojo vivo) y dejarlos al arbitrio de países como Japón o Corea. De hecho, la reciente reversión —casi sin precedentes— de la relativa decadencia de los Estados Unidos, fue el resultado directo de estar dispuestos a permitir la entrada, en nuestro campo, a los advenedizos. Esto no sólo nos ha empujado hacia aquello para lo que estamos mejor equipados (la creación de más servicios de alto valor), sino que también volvimos a ser fuertes en la industria automotriz y en la de los semiconductores, todo esto gracias a nuestro contacto doméstico con firmas como Honda, Toyota, Toshiba, y a la presión externa provocada por las mismas.

Todo el mundo puede.....

En un artículo del *Industry Week*, Henry Duignan, directivo de Ross Operating Valve Co., rechaza a la reingeniería y al TQM y los describe como "algo similar a instalar una dirección hidráulica en un Ford A". En lugar de eso, dice, necesitamos "nuevas formas de generación de bienes." La respuesta de Ross Valve a quienes, como China, nos desafían con gran volumen de producción, buena calidad y bajos costos, es el revolucionario enfoque de orientar la imaginación de la fuerza laboral hacia los problemas del cliente... creando tanta mejora en la productividad para esos clientes y a tanta velocidad, que incluso una diferencia de 18 dólares en el costo de la hora de trabajo pierde importancia.(5)

La firma Ross Operating Valve constituye una ilustración perfecta del mensaje de *The Economist*: todo el mundo puede ganar. Los clientes menos exigentes, que establecen requisitos más bajos, se conformarán con la calidad de los productos *commodity* (por ejemplo, válvulas) y comprarán los de industria china. Los clientes más exigentes comprarán las válvulas "de antes" (que no tienen por qué ser antiguas... y ahí está la cuestión) de una renovada y revitalizada Ross Operating Valve. Con esto, la marea americana sigue subiendo (los empleados de Ross y los empleados de sus clientes se están haciendo más ricos), aunque todavía no en forma tan rápida como la marea china, donde el centavo adicional por hora en la paga de un obrero, debido a la venta de productos *commodities* de calidad, representa un gran salto hacia adelante.

Más allá de la magia de los mercados abiertos, comprobada a través del tiempo, los participantes de mi seminario tenían buenos motivos para temblar. Para empresas o individuos que no están dispuestos (o no son capaces) de comprometerse en una revolución permanente dentro de un mundo cada vez más interconectado, la decadencia absoluta, ya no sólo relativa, es una muy cercana posibilidad. Mas aún, digamos una cercana certeza.

Y certeza es una gran palabra.

..........ganar!

147 La gente es diferente

Un médico holandés que dirige una clínica, tiene una discusión abierta y franca con un subordinado chino, al que le señala que tiene algunas carencias que son fáciles de corregir. El médico chino, que ve a su superior como una figura paterna, toma la crítica de éste como una salvaje acusación... y se suicida. El problema, según el experimentado consultor empresarial holandés Fons Trompenaars es que: "Los ejecutivos americanos y holandeses... no comprenden el principio de pérdida de prestigio, como lo concibe el oriental".

El libro de Trompenaar, *Riding the Waves of Culture,* es una obra maestra. (RECOMIENDO APRENDERLO DE MEMORIA. YO ESTOY TRATANDO DE HACERLO.) Basado en una investigación cuantitativa meticulosa, como así también en unos 900 seminarios presentados en 18 países, la obra proclama audazmente que la mayor parte de la teorización estadounidense sobre management, al estilo de Peter Drucker... y Tom Peters, es prácticamente inservible. Haciéndose eco de los puntos de vista de Deborah Tannen sobre hombres vs. mujeres (*You Just Don't Understand*), Trompenaars comienza diciendo: "Estoy convencido de que uno nunca puede llegar a comprender a otras culturas... Este es el contexto dentro del cual comencé a preguntarme si alguna de las técnicas de conducción y la filosofía empresarial norteamericana, que me fue inculcada durante ocho años de costosa formación en ese país, sería aplicable en los Países Bajos, de donde soy oriundo o, para el caso, en el resto del mundo".

Si bien no se puede esperar comprender por completo a otra cultura, al menos uno puede captar y ser sensible a las diferencias. Y eso, dice Trompenaars, sería un fabuloso paso hacia adelante en el ambiente mundial de los negocios, donde "comprender una cultura sigue pareciendo un artículo de lujo para la mayoría de los ejecutivos".

Mentir o no mentir

El núcleo de *Riding the Waves of Culture* está constituido por siete capítulos de muy fácil lectura, llenos de anécdotas y estadísticas, que tratan de las hipótesis fundamentales que definen a una cultura. Trompenaars comienza con la división universalista vs. particularista. El universalista (en uno de los extremos, como los estadounidenses, canadienses, australianos y suizos) cree en "una única forma mejor", una serie de reglas constantes que se aplican en cualquier entorno. El particularista (coreanos del sur, chinos y malayos, en el otro extremo) enfoca su atención en la naturaleza particular de cada situación.

> **" Estoy convencido de que uno nunca puede llegar a comprender a otras culturas. "**
>
> **Fons Trompenaars**

Supongamos que usted está viajando en automóvil con su íntimo amigo al volante y se produce un accidente en el que un tercero resulta herido. Usted es el único testigo y su amigo le pide que haga una declaración falsa, referente a la velocidad de circulación del automóvil. El universalista, en general, no accedería a mentir por su amigo. El particularista sí lo hará. La diferencia se hace aún más marcada si las heridas son graves. Eso inducirá al universalista a tomar aun más en serio su adhesión a las normas. Pero una mayor gravedad de las heridas incrementará el sentido de solidaridad del particularista para con su amigo y, por lo tanto, su disposición a hacer una declaración falsa ante las autoridades.

(Trompenaars reconoce que dentro de un mismo país, la intensidad de adhesión a cualquiera de esos dos rasgos culturales varía grandemente. Sin embargo, las diferencias cuantitativas entre países son profundas: en el caso del accidente, por ejemplo, el 74 por ciento de los coreanos del sur defendería a su amigo y mentiría, en comparación con sólo un 5 por ciento de estadounidenses que haría lo mismo.)

Al final de cada capítulo, Trompenaars presenta efervescentes resúmenes (que por sí solos valen lo que todo el libro). La primera parte son sugerencias para hacer negocios: los universalistas (por ejemplo, los estadounidenses, ¿recuerda?), al hacer negocios con particularistas debieran, entre otras cosas, "estar preparados para 'divagaciones' o 'irrelevancias' que parecieran no conducir a nada"; mientras que, bajo ninguna circunstancia, debieran "considerar la 'charla para romper el hielo' como algo irrelevante", ya que, para el particularista, es la parte central de la conversación. Los particularistas que entablan negocios con universalistas debieran "estar preparados para escuchar argumentos y presentaciones 'racionales' y 'profesionales'" hasta el hartazgo y no "considerar expresiones como 'vayamos a lo concreto', como rudas o descorteses."

La segunda mitad de cada resumen, se ocupa del tema relacionado con dirigir y ser dirigidos. Los universalistas (nosotros) al tener como subordinados a los particularistas (ellos), debieran, por ejemplo, acrecentar las redes de comunicación informales y la comprensión dentro del ámbito privado" y "también mover las palancas en privado. Mientras que los particularistas que tienen a su cargo a universalistas, debieran "procurar demostrar coherencia y procedimientos uniformes" y "avisar los cambios públicamente".

La siguiente hipótesis es la de los colectivistas (orientación grupal) vs. individualistas. Los Estados Unidos y Canadá están, como en el caso anterior, en uno de los extremos... por supuesto el de los individualistas. El otro extremo está ocupado por los kuwaitíes, los egipcios y los franceses. Abreviando y yendo al grano (¡actitud típicamente norteamericana la mía!) los colectivistas que tratan con individualistas, por ejemplo en la negociación de un contrato, debieran estar preparados "para decisiones rápidas ante ofrecimientos repentinos, no consultados previamente con la Casa Matriz", y para tratar con un interlocutor que asume compromisos que luego "difícilmente anulará". Por otra parte, los individualistas que trabajan con colectivistas, debieran, a su vez, "demostrar paciencia por el tiempo que insume consensuar y consultar", y estar preparados para encontrarse con un negociador

¿DE QUE TIPO ES USTED?

**¿Es usted un...
Universalista,
Particularista,
Colectivista,
Específico,
Difuso?
¿O es usted
un... Emotivo?**

que "sólo puede dar una confirmación tentativa y puede retirar una oferta después de consultar con sus superiores". ¡Vaya si hay diferencias!

A continuación, el autor explica la diferencia entre quienes demuestran sus sentimientos (los italianos, en uno de los extremos) y aquellos que los ocultan (no es ninguna sorpresa: los japoneses). El consejo de Trompenaar para los emotivamente introvertidos es: "No permita que las escenas y el histrionismo (del emotivo) lo saquen de quicio o lo presionen; tómese su tiempo para reflexionar serenamente". ¿Qué otra cosa puede hacer? Además, es una actitud sensata.

La próxima diferencia importante es el abismo entre los específicos (fanáticos de la tarea que diferencian claramente entre, digamos, el individuo en su trabajo y su personalidad global) y los difusos (que consideran cada aspecto de una persona encuadrado en las circunstancias particulares). Cuando el difuso trata con específicos, tiene que aprender a "ser rápido, concreto y eficiente"; mientras que el específico que trata con difusos tiene que aprender a "tomarse su tiempo y recordar que son muchos los caminos que conducen a Roma".

Trompenaars relata el caso de una firma estadounidense (de orientación específica) que competía con los suecos (de igual orientación) en el mercado latinoamericano (de orientación difusa). Los americanos tenían un producto superior a mejor precio, lo cual demostraron en forma efectiva (a su estrecho entender) en una presentación magistral, breve y directa. Los suecos, en cambio, se tomaron una semana para conocer a su cliente latino, discutiendo de "todo menos del producto" (el cual recién presentaron a último momento). ¿Adivine quién obtuvo el pedido? **Una ayudita:** No fueron los yanquis...

"Pero cuando mi tatara-abuelo estaba al frente de la empresa..."

La diferencia entre el *status* obtenido a través de los logros (los Estados Unidos y Dinamarca en uno de los extremos) y el heredado (por lazos familiares, antigüedad, etc.... aquí los tailandeses e indonesios están en este extremo) es otro aspecto analizado por Trompenaars. Enviar a un jovenzuelo genial para que negocie con alguien diez o veinte años mayor o más antiguo que él, es un imposible en una cultura heredada. Traducción para el hombre de negocios: "¿Es que esa gente se cree que han logrado nuestro nivel de experiencia en la mitad del tiempo? ¿Acaso suponen que ese americano de apenas treinta años es un interlocutor válido para negociar con un griego o un italiano de cincuenta?"

No sorprende que la consideración con respecto a la edad y a la antigüedad varíe profundamente entre las distintas culturas. Además, está la diferencia entre una orientación hacia el futuro (nosotros, los estadounidenses) y una cultura que enfatiza la historia (por ejemplo los mexicanos); si con estos últimos uno ignora el contexto histórico, sin duda se verá en dificultades.

Bajo ese título, el autor también analiza una orientación hacia la realización de negocios en forma secuencial (cada cosa a su tiempo), comparada con la sincrónica (muchas cosas a la vez). Un surcoreano regresó de un viaje de negocios y entró en la oficina de su jefe holandés. El jefe, que estaba hablando por teléfono, asintió con la cabeza, indicándole que entrara, y siguió hablando por teléfono... y, cuando colgó, lo saludó efusivamente. El jefe holandés, como nosotros, hace una cosa por vez. El empleado coreano se sintió ofendido e interpretó el subsiguiente saludo cordial como falso: si su jefe hubiese tenido setimientos positivos para con él, habría interrumpido su conversación telefónica. (En una cultura sincrónica, hacer docenas de cosas a la vez es algo normal. ¿Estuvo usted alguna vez en la oficina de un ejecutivo brasileño?)

Hacia la mentalidad de un principiante

Al final de ese denso tratado de 176 páginas, la reacción natural del lector es dejar caer los brazos, desalentado. La solución de

Trompenaars: "necesitamos una cierta cuota de humildad y mucho sentido del humor, para descubrir culturas distintas a las nuestras; tenemos que estar dispuestos a entrar en un cuarto oscuro y tropezar con muebles desconocidos, hasta que el dolor en nuestras tibias nos recuerde dónde está ubicado cada objeto".

Creo que un cierto sentido lúdico es lo adecuado. Mi propia experiencia, a pesar de que Trompenaars me identifica en letra de molde como el enemigo universalista, me enseña que es aceptable cometer errores, incluso errores gordos, cuando nos movemos en culturas diferentes. Lo que no es aceptable es la arrogancia cultural. Si usted se acerca al otro, al distinto, con empatía, sensibilidad y oídos abiertos —lo que los maestros del Zen denominan "mentalidad de principiante"— usted ya tiene recorrida la mitad del camino. Por lo demás, creo que Trompenaars está en lo cierto cuando dice que nunca internalizaremos por completo otras culturas ni las manejaremos como propias (en 51 años, ni siquiera logré internalizar ni manejar las enormes diferencias regionales que hay en los Estados Unidos). Lo cual significa que mantener permanentemente esa mentalidad de principiante es obligatorio, para realizar con éxito, y con mucho menos estrés, nuestras negociaciones a lo largo y a lo ancho de ese emergente mundo global. (Y en particular, con Asia.) (6)

148 La verdad es más aburrida que la ficción

¡Oh, esos malvados norteamericanos! ¿Sentido histórico? Según nuestro guía, Fons Trompenaars (ver punto anterior), tenemos tanto sentido histórico como un mosquito. ¿Nuestros hombres de negocios? Están impulsados sólo por las ganancias del próximo trimestre.

Pero, ¡ah! están también los japoneses. Siempre pensando en el largo plazo. Un plan a quinientos años para una empresa (creo que lo leí en algún lado).

Y de pronto aparece David Montgomery, un fanático de la cuantificación y profesor de marketing de Stanford. Sí, sus más recientes investigaciones indican que los japonenes piensan más en términos de futuro que nosotros. Para ser exactos: 8,6 años para ellos y 7,2 años para nosotros. (Por si le interesa, los europeos tienen un horizonte de planificación de 10 años.) (7)

A pesar de que hay una diferencia, no es tampoco el día y la noche. (Y me pregunto: en un mundo tan rápidamente cambiante, ¿quién se atreve a decir que la perspectiva más a largo plazo es también la más valedera?)

149 La mente domina a la materia

"La mayor la barrera que usted deberá enfrentar (como pequeña empresa que está pensando en globalizarse) es interna y no externa: tiene que decidir si realmente quiere vender en los mercados de ultramar. Una vez que haya tomado esa decisión, todas las demás piezas del rompecabezas se irán ubicando. Pongo énfasis en esa barrera psicológica, porque es muy real. Es necesario superar una considerable cuota de escepticismo, tanto en el contexto de la empresa como también en su propia mente."(8)

Jeffrey J. Ake
Vicepresidente de Ventas y Marketing
Electronic Liquid Fillers

150 Sugerencias para el viajero

Bueno, ahora vayamos al quid de la cuestión. Yo viajo a Europa, América Latina y Asia media docena de veces por año, y lo he estado haciendo durante alrededor de dos décadas. A continuación le cuento algunas cosas que he aprendido... casi siempre a fuerza de cometer errores.

■ **Lea.** Algunas semanas antes de viajar, empiezo a leer diarios y revistas de la región y a revisar material informativo que sobre el país en particular he ido acumulando. El material incluye *The Nikkei Weekly* y *Asiaweek* (para viajes a Asia) *The Economist* y *Financial Times* (para viajes a Europa)

■ **Pula sus conocimientos de idiomas.** Incluso en Inglaterra, el idioma es muy diferente. A través de los años, he aprendido a hablar m-á-s-l-e-n-t-o y a traducirme conscientemente durante los seminarios y reuniones de negocios. En especial, me cuido mucho de simplificar mi formulación... y nunca jamás utilizo metáforas que tengan que ver con béisbol, fútbol americano u otros aspectos típicos de la vida cotidiana estadounidense. La cuestión no pasa sólo por que la gente no me entienda (a veces me entienden perfectamente) sino también que, al utilizar una terminología que no tiene que nada que ver con la realidad de mi auditorio y de mis interlocutores, demostraría una tremenda insensibilidad cultural.

■ **Cuidado con su humor.** Cuando estoy en mi país, utilizo el humor porque considero que no hay mejor forma de establecer contacto y agilizar una discusión (además, me surge espontáneamente). Pero cuando estoy en el exterior, rara vez hago chistes (aun después de veinte años de visitar los mismos lugares). No hay nada más localista que el humor. La frase que hace reír a carcajadas a sus amigos en su país, puede dejar perpleja a su audiencia en Australia o Irlanda... y ni hablemos de Japón o Dubai.

■ **Desacelere y reduzca.** Cuando uno se encuentra en una cultura distinta manejarse adecuadamente con el lenguaje corporal y el lenguaje hablado, lleva más tiempo. En nuestro propio entorno, captamos instantáneamente miles de claves sutiles, desde pequeños gestos hasta la entonación de una frase. Pero en el extranjero, entender lo que está pasando, requiere una intensa concentración.

■ **Cuide su agenda.** Esto vale tanto para quien tiene veinticinco años como para quien tiene sesenta. ¡No asuma demasiados compromisos! Hacer negocios y establecer conexiones personales cuando uno está fuera de su entorno habitual, insume mucha más energía emocional. (Cuando estoy en otro país, suelo terminar enfermo de agotamiento, al cabo de un día rutinario de reuniones.) También le recomiendo tomar las cosas con calma, muy especialmente a su llegada al país. A los veinticinco años de edad, uno piensa que está en perfectas condiciones después de un vuelo desde San Francisco a Tokio. Créame (yo también tuve esos años y esa convicción) que no importa como usted cree que se siente, la realidad indica que, en general, está en condiciones desastrosas... y se nota. Planifique como corresponde. (Y a los cincuenta, tómese ese día adicional que toda guía de turismo sugiere, antes de empezar a cumplir con su agenda profesional.)

■ **Aproveche mejor el intercambio social.** La mejor forma de conocer otras culturas —y a sus potenciales socios en los negocios— es participar en actividades sociales. Los prolongados almuerzos, los cócteles y las cenas de cinco horas de duración, pueden llegar a ser mucho más importantes que cualquier presentación formal que usted haga.

■ **Haga amistades.** Pocas cosas son tan importantes para hacer negocios en un país extranjero, como el hecho de tener dos o tres amigos nativos en cuyas opiniones y comentarios se pueda confiar. Mucho mejor si no son relaciones de negocios. Porque en ese caso, entre otras cosas, se sentirán libres de reírse de usted cuando haga algún papelón (como inevitablemente lo hará en un ambiente que le es desconocido.)

■ **Aproveche sus fines de semana.** No para asistir a reuniones o para trabajar con sus papeles (¡no se comporte como un maldito norteamericano trabajo-adicto!), sino para salir, visitar museos y boliches... y reunirse con nuevos colegas o conocidos, en alguna actividad recreativa.

■ **Contribuya.** Si va a abrir un negocio unipersonal en otro país, trabaje desde el principio para convertirse en un miembro de esa comunidad. Deje en claro que usted está allí para quedarse y corróborelo asociándose a las entidades adecuadas, colaborando con ellas y apoyando actividades comunitarias.

■ **Aprenda el idioma.** Saber, por lo menos, saludar, decir por favor y gracias y alguna que otra frase en el idioma de sus interlocutores en el exterior, indica que usted se preocupa y que le presta atención, al menos pasajera, a la cultura local. (Excepto en Francia, los errores de pronunciación son aceptados. Lo que cuenta es el esfuerzo que se percibe. E incluso los franceses no son tan terribles como dicen... al menos no siempre.)

> **¡No asuma demasiados compromisos! Hacer negocios y establecer conexiones personales cuando uno está fuera de su entorno habitual insume mucha más energía emocional.**

■ **Camine por las calles.** Nada le ayudará tanto para impregnarse de la cultura local, como una caminata de dos horas por las calles de Frankfurt, Milán o Kuala Lumpur. Mire vidrieras, observando los juguetes, los artefactos, las comidas, los pósters en las agencias de turismo, estudie las casas y la gente. Compre algunos diarios y revistas y hojéelos, y quedará sorprendido de cuanto puede "pescar", aunque sólo entienda algunas palabras. Pero, sobre todo, sintonice sus sentidos con el entorno. Lo más probable es que pueda usar algo de lo visto durante su caminata, en el curso de la conversación que tendrá que mantener al día siguiente.

■ **Continúe haciendo jogging, aerobics o lo que fuese.** Un viaje al exterior, aun para los veteranos en esa práctica, nos descompagina. Mantenga algunas de sus costumbres habituales. Para mí, el ejercicio al aire libre encabeza la lista; me hace sentir más dueño de la situación y un poco menos perdido.

■ **Mañana es otro día.** Sea paciente con los demás... y con usted mismo.

151

El *"International" Herald Tribune* ofrece informes meteorológicos diarios para cuarenta ciudades de Europa y diez de Asia. Es extraño. Pensé que Asia, con siete veces la población de Europa, también tenía grandes ciudades.(9) Esto demuestra, una vez más, la poca importancia que todavía, en occidente, le damos a Oriente.

152

¡Oh, por favor, sea adulto! W. Edwards Deming no es el padre de la conciencia sobre la calidad asumida por los japoneses. En Japón, la pulcritud, la calidad y la presentación son el condimento del milenio y no del mes. De hecho, la religión oficial japonesa, el Shinto, deifica el orden, la simplicidad y la belleza.

Tomemos como ejemplo la práctica de los arreglos florales, llamada ikebana: en ellos el respeto por la belleza pura salta a la vista. Además, el *packaging* de todo es fundamental en Japón. El sobre de una simple postal en un pequeño kiosco, es una producción maravillosa.

Cruzar la calle imprudentemente, contraviniendo las reglas de tránsito, aun en los suburbios, es una ofensa capital en Japón. Y la familia de quien se arroja delante de un tren subterráneo en Tokio, tiene que pagar una multa por la interrupción del servicio, cuyo monto varía de acuerdo con la cantidad de pasajeros demorados por el suicidio.

Los japoneses desde siempre han sido maniáticos del orden. No es de extrañar que imitar semejante obsesión les resulte tan difícil a los occidentales.

153

Asia se ha puesto en marcha. Trate de meterse bien en la cabeza este hecho. Ante el extraordinario crecimiento económico, el tránsito de Bangkok ha alcanzado un punto de complejidad tal que incluso ha originado la aparición de un nuevo y exitoso producto de consumo masivo. El Comfort 100 es, según informa *The Economist*, "un frasco de plástico rojo que se vende como urinal portátil. El dispositivo, que se suministra opcionalmente con un

embudo cónico para ser utilizado por conductores del sexo femenino, se puede obtener en todas las estaciones de servicio de la
ciudad."(10)

¡Ah, la prosperidad!

154

La luz

de la

luna

se

mueve

hacia occidente,

las sombras

de las

flores

se deslizan

hacia oriente

Buson (11)

LA VENTAJA DE LA DIVERSIDAD

155

"Deborah Kent será la primera mujer afro-americana que ocupará una alta posición en una fábrica de automotores, como gerenta de la planta de armado de Ford en Avon Lake, Ohio."

USA Today
16-18 de septiembre de 1994
página 1

Un breve paseo por las calles de cualquiera de las grandes ciudades de los Estados Unidos, es todo lo que se necesita para percatarse de que este país nunca más será el país netamente blanco de *Papá lo sabe todo*, de los tradicionales cercos de tablas terminadas en punta y de las respuestas fáciles (por más que Pat Buchanan y otros aislacionistas de mentalidad estrecha y corazón duro, hagan fuerza y resoplen para lograrlo). Por mi parte, me parece que el políglota desfile de razas y nacionalidades es estimulante, fascinante y emocionante. Eso es lo que se llama diversidad. Es una realidad de la vida. No sólo en nuestras calles, sino también en nuestras empresas. Sean estas grandes o pequeñas, de alta o de baja tecnología, el rostro de la fuerza laboral de los Estados Unidos es más variado hoy que nunca antes en nuestra historia. Este choque de culturas puede causar conflictos. Pero también puede lanzar a una empresa hacia nuevas perspectivas. El secreto está en crear una ética corporativa que permita que todo el potencial de ese grupo humano tan diverso, salga a la superficie y se desarrolle.

A fin de explorar ese tema tan crítico, hace poco fui a Memphis para hablar ante un grupo de gente de Federal Express, una empresa que es líder en la búsqueda de la ventaja competitiva a través de la diversidad.

TP: Ante todo, gracias a todos por venir. Me gustaría que cada uno de ustedes se presentara y nos contara cuál es su trabajo.

Mi nombre es Neal Johnson y soy gerente de los Servicios de Publicaciones.

Yo soy Linda Edwards, de nuestro Instituto de Liderazgo.

Mi nombre es Rangi Ranganathan y soy director ejecutivo en el área de finanzas.

Thonda Barnes, especialista en el Instituto de Liderazgo.

Soy Sonja Whitemon y soy especialista senior en el área de relaciones con los medios.

Mi nombre es Lillie McGhee, soy gerente de operaciones centrales aquí en Memphis.

Mi nombre es Steve Nielsen y soy el director ejecutivo del Instituto de Liderazgo.

Soy Edith Kelly, vicepresidente de compras y suministros.

Soy Fred Daniels, gerente senior de operaciones de Miami.

Yo soy Patricia Steele y soy agente de servicio senior. Estoy muy emocionada y contenta de estar aquí.

Mi nombre es Pamela Buford. Trabajo en la casa central en el control y distribución de los vuelos a Chicago. Una semana por mes conduzco las visitas guiadas a la casa matriz.

Soy David Bickers. Soy especialistas en materiales de alto riesgo y también me ocupo de conducir las visitas guiadas por la casa central.

Mi nombre es Todd Ondra. Soy gerente senior de seguridad industrial.

Soy Diana Stokely, vicepresidenta de operaciones en tierra.

Soy Regina Taylor, especialista senior en relaciones con la comunidad.

Mi nombre es Glen Sessoms, vicepresidente de marketing y operaciones minoristas.

TP: Bienvenidos. Desde hace tiempo que estoy convencido de que la diversidad es una enorme oportunidad, en lugar de un problema. Pero, al mismo tiempo, el tema me resulta total y completamente confuso.

Soy un hombre blanco de 51 años de edad, que nació en las afueras de Annapolis, Maryland. Mi madre insiste en que tenemos sangre azul en nuestras venas, incluso un poco de la de George Washington. El padre de mi padre llegó a los Estados Unidos, desde Alemania, alrededor de 1870. Trabajó en el ramo de la construcción y alcanzó una muy buena posición, hasta que perdió casi todo durante la gran depresión. Mi padre suele atribuir esto último, al menos en parte, al hecho de que su segunda esposa era católica.

Recuerdo los baños para gente de color y para blancos en los ferries que cruzaban la Bahía de Chesapeake cuando yo era chico. Cuando fui a estudiar a la Universidad de Cornell, mis padres quedaron consternados al enterarse de que me habían asignado un compañero de cuarto judío. Me obligaron a consultar a nuestro pastor, para que me aconsejara cómo sobrevivir ante semejante catástrofe. Más adelante, estando en Cornell, me dediqué a jugar al *lacrosse* (*) y tuve por compañero de cuarto a un muchacho, cuyo padre era un eminente médico en el John Hopkins Hospital... y daba la casualidad que era negro. Mi padre no estaba demasiado

---

(*) Juego de pelota de los indígenas norteamericanos, que se juega con una especie de raqueta larga. (N.d.T.)

contento con esto. Es decir, que llevé la vida común y corriente de un norteamericano WASP (*) nacido en 1942.

Entre tanto, las cosas han cambiado. Al menos, así espero. ¡Al diablo con todas esas diferencias raciales, sexuales, de color o de credo! ¿Qué significa diversidad? ¿Por qué nos cuesta tanto manejarla? ¿Por qué Federal Express dicta, en forma regular, un curso bastante largo sobre el tema?

"Ojos que no ven...corazón que sí siente"

FRED DANIELS: El curso se necesita, porque necesitamos comunicación. Pensé que estaba bastante bien informado sobre el problema racial, pero pronto me di cuenta de que tenía todavía mucho que aprender.

Siendo un hombre negro, comprendía la rabia y el odio de los negros... pero recibí un verdadero shock cuando escuché la rabia y el odio de los blancos a los negros, expresado abiertamente, sin ninguna inhibición.

LINDA EDWARDS: Una de las cosas que hacemos en estas sesiones, que duran toda la semana, es permitir que la gente discuta abiertamente sus sentimientos, en un entorno en el cual se puedan sentir cómodos. Lleva un buen tiempo lograrlo y superar eso de asumir una posición "políticamente correcta". Algunos no lo logran nunca. Pero si consiguen hacerlo, suceden cosas realmente interesantes. La gente se mete en la mentalidad del otro y puede desarrollar una comprensión visceral de las ideas del otro... y de las suyas propias.

FRED DANIELS: Trabajo en el sur del estado de Florida, donde el 75 por ciento de nuestra fuerza laboral es de origen hispánico. Después de participar del curso sobre diversidad, mi primer objetivo fue aprender castellano lo más rápido posible. Me compré programas de computación y me conseguí libros y videos no sólo referentes al idioma sino también a la cultura. Si voy a trabajar con

---

(*) WASP: "White Anglo-Saxon Person", persona blanca anglosajona.(N.d.T.)

hispanos, tengo que entenderlos y comprenderlos, y ellos me tienen que entender a mí... y todos tenemos que sentirnos cómodos.

Otra cosa que me chocó, por supuesto, fue la forma ingenua y retrógrada con que encaran el tema de la mujer. El hombre tiene que tratar a la mujer como su igual, y punto. Discutí estos temas tanto con mi equipo de supervisión como con la gente del llano.

El curso sobre diversidad me ayudó a comprometerme más en la lucha contra el racismo, no sólo desde el punto de vista empresarial, sino también desde mi perspectiva personal.

NEAL JOHNSON: Yo también asistí a ese curso. Soy un hombre blanco de ojos azules que se crió en un ambiente, en el cual, a menudo, yo era el único chico blanco en la cancha de basquet del barrio. Toda mi vida estuve rodeado de y en contacto con hombres de color y, sin embargo, por primera vez en mi vida me di cuenta de que, en realidad, éramos extraños.

Cuando empecé el curso, pensé: "¡Pero por favor, cuál es el problema! Yo me relaciono muy bien con todo el mundo". Pero al pasar los días observé que, directa o indirectamente, a menudo tenía actitudes muy hirientes con mis pares y mis subordinados, sin darme cuenta de ello. Hasta que no se mira a través de los ojos del otro, uno no lo comprende.

Otra de las cosas que realmente se me hizo muy consciente, fue cómo me comunico con la mujer. Tengo la maldita costumbre de interrumpirlas cuando me están hablando. Es una cosa muy machista. Tengo que ser más sensible y aprender a escuchar. La mujer se comunica de forma distinta que el hombre.

DIANNE STOKELY: Cuando salí del curso, me miré en el espejo. Aquí estoy, me dije, una vicepresidenta ejecutiva que, aun siendo mujer, no tiene ninguna mujer en su equipo de dirección. ¿Es que tengo un problema con el tema de trabajar con mujeres? ¿O acaso sufro del síndrome de la abeja reina, que quiere ser la única de su sexo que ocupe el trono?

LILLIE McGHEE: Crecí en el ghetto del norte de Memphis. Mi madre trabajaba como sirvienta para una familia judía maravillosa. De tanto en tanto me llevaba con ella a su trabajo. Esa familia fue buenísima conmigo y me alentó en gran manera. No les importaba en absoluto el color de mi piel. Esa gente me enseñó muchísimo sobre cómo sacar lo mejor de uno mismo y, al mismo tiempo, detectar lo mejor en los demás. Eso es lo que realmente significa la diversidad.

Creo que es importante comprender nuestros respectivos entornos y de qué manera estos inciden en nosotros y nos forman. Dado que el mío me ponía en una posición de desventaja, tal vez era más vulnerable y también más ansiosa por complacer a los demás. Creo que si la gente con prejuicios se pone a analizar la forma en que fue criada, a menudo se encontrará con padres prejuiciosos. Tomar conciencia de esto ayuda a elaborar las animosidades. El curso sobre diversidad y discriminación brinda un foro adecuado para este tipo de autoanálisis.

Fui la primera persona negra que trabajó en el área de compras de Federal Express. Al contratarme, la empresa dejó sentada su política: queremos gente buena y capaz, sea del color que sea. En ese momento, algunos dijeron que yo era sólo un símbolo para cubrir las apariencias de integración racial de la empresa. El tiempo demostró que, quienes pensaban así, estaban totalmente equivocados.

Aquí he vivido cosas positivas y negativas. Es necesario ser una persona muy fuerte —ya sea negra, blanca o lo que fuese— para enfrentar y manejar la hostilidad. Siendo negra y mujer, a cada rato se me recuerda que soy diferente. Pero si comprendo la reacción que genero y la amenaza que represento para ciertas personas, puedo manejar la cosa.

PAMELA BUFORD: Comencé aquí hace un año atrás, descargando los bultos que no se podían colocar en el sistema transportador, lo que debe ser uno de los trabajos más duros en la casa central. Cuando me emplearon, había otras dos mujeres en este puesto. Teníamos que mover todos esos motores, que pesaban más que nosotras. A veces teníamos que descargarlos entre dos o tres. Pero lo hacíamos. Es posible que físicamente sea débil, pero mentalmente soy muy fuerte. Me repetía a cada rato: "No voy a hacer esto toda la vida".

He trabajado en lugares, donde yo era la única mujer o la única persona de tez negra. Soy diferente. Usted es diferente. Todos podemos unirnos para hacer algo bueno de este mundo.

A veces, cuando vengo en mi coche al trabajo, me pregunto si FedEx continuará creciendo. Los tiempos han cambiado desde que la empresa inició sus operaciones, el 17 de abril de 1973. Tenemos que movernos hacia el futuro. Tenemos que seguir dejando de lado lo viejo y probar lo nuevo, así como nuestra piel genera, día a día, nuevas células epidérmicas. Es así como debe ser una empresa. Es así como debe ser cada individuo dentro de la empresa. Al inspirar y espirar, en este cuarto, todos compartimos el mismo aire. Estamos todos en el mismo bote.

(**TP:** Supongo que esta joven tiene alrededor de 25 años de edad. Confidencialmente, le predigo que, algún día, llegará a ser presidente, o bien de FedEx... ¡o de los Estados Unidos!)

FRED DANIELS: Yo fui el primer gerente senior negro en Florida del Sur. Cuando comencé a trabajar allí, al principio la gente me hablaba utilizando el "slang" de los negros. Quedé estupefacto.

Les expliqué que no tenían por qué hablarme de esa manera. Podíamos ser amigos o no, pero no les iba a permitir que me trataran con ese tono condescendiente. Sólo les pedía que me trataran como a cualquier otro gerente senior.

En el curso sobre diversidad, muchos de los asistentes finalmente lograron comprenderlo. Un señor, que estaba sentado a mi lado durante el último día del curso, dijo que "el solo hecho de estar sentado al lado de Fred fue toda una experiencia para mí, porque yo no tengo amigos negros. Ahora comprendo que este hombre no es distinto de mí, y espero que nos mantengamos en contacto". Para él, eso fue un verdadero progreso.

SONJA WHITEMON: Mi primer aproximación a la idea de la diversidad se produjo cuando me pidieron que escribiera un artículo para una publicación de los empleados. Participé del curso sobre diversidad. Me impresionó profundamente. Al iniciarse el mismo, todos los participantes estaban acostumbrados a generalizar, los negros sobre los blancos y los blancos sobre los negros. No pensé que nadie cambiaría esa posición. Pero al final del curso, cuando todos tenían que exponer sobre lo que el curso les había dado, me di cuenta de que todos estaban hablando sobre personas, en lugar de decir "ustedes, los negros". Sentí que la gente estaba tratando de comprender. Por lo menos fue un buen comienzo. No es posible borrar, en sólo una semana, los prejuicios acumulados durante toda una vida.

FRED DANIELS: Creo que es muy importante que el curso dure una semana. Gran parte de la evolución del individuo se produce cuando uno, al final de cada jornada del curso, se va a su casa y reflexiona sobre todo lo escuchado durante el día.

Cuando yo participé del curso sobre diversidad, el último día del mismo, una mujer se levantó y nos dijo que era lesbiana. Cuando empezó el curso, no tenía pensado hacer semejante revelación, pero después de escuchar todos los testimonios y reflexionar mucho sobre el tema por las noches, el viernes, juntó coraje suficiente como para decirnos eso. Se sintió lo suficientemente cómoda como para hacerlo. Creo que algo así no se hubiese producido en un curso de dos o tres días.

TP: Así que el último día del curso todo el mundo da las respuestas correctas y todo es maravilloso, y después cada uno vuelve a su trabajo. La pregunta del millón es: ¿Se traduce ese cambio de mentalidad en la realidad, es decir, en la interacción cotidiana?

El punto de vista (adulterado) desde arriba

SONJA WHITEMON: Creo que sí. Después de terminar el curso, trabajé en publicaciones destinadas a transmitir ese mensaje. La mayoría de la gente con la que hablé, había pasado por el curso y estaba introduciendo cambios en su forma de trabajar. En verdad, me impresionó. Pero es un proceso lento. El cambio cultural tardará años y años en concretarse.

Lo que yo quiero enfatizar es que la diversidad es cuestión de negocios. No es algo personal. No se limita sólo a la relación entre individuos, ni a un simple "yo te quiero, tu me quieres". La diversidad es buena para los negocios.

TP: Pero ¿qué pasa con la gente que no capta la idea?

SONJA WHITEMON: Creo que, automáticamente, quedarán en el camino. Su trabajo se verá afectado y no se sentirán cómodos ni felices. Los que captan la idea y la hacen suya, serán los que progresen, mientras los otros se quedarán estancados.

EDITH KELLY: La desgracia es que, cuanto más lejos uno está de las líneas operativas, tanto más uno piensa que todo está bien. Sentí que un montón de gente de mi nivel no entendía nada. El último día del curso, un hombre dijo: "No lo comprendo: cuando mi mujer va de compras, vestida de jean y remera, no la tratan tan bien como cuando va vestida con ropa más formal". Pienso que lo único que tiene que hacer su mujer, es cambiar de ropa para que la atiendan bien en un negocio. Yo, en cambio, no puedo operarme para cambiar de sexo ni blanquearme la cara.

> **Cuanto más lejos uno está de las líneas operativas, tanto más uno piensa que todo está bien.**

THONDA BARNES: Cuando la gente escucha el término "gerenciación de la diversidad" piensa que se trata de un tema propio de grupos con intereses especiales. En realidad, la gerenciación de la diversidad tiene que ver con el liderazgo de manera directa. Como líder, quiero saber qué pasa con mi gente, cuáles son sus capacidades potenciales y de qué manera podemos integrarnos, como grupo, y crear un ambiente en el cual todos puedan desarrollarse y evolucionar. Si sólo puedo conducir gente de mi propio sexo y color, me pierdo todo el resto del potencial humano a mi cargo. Para mí, como mujer de color, la gerenciación de la diversidad significa comprender al individuo blanco de sexo masculino.

EDITH KELLY: Y también a los gays y a los discapacitados. Una de las cosas que descubrí en ese curso, es que tengo mis propios prejuicios. Quedé espantada cuando vi que había homosexuales participando del mismo.

NEAL JOHNSON: Pero cuando uno sí capta el mensaje del curso y comienza a difundirlo, tiene que enfrentar las reacciones, que pueden llegar a ser un tanto violentas. Por ejemplo, me pongo frente a una audiencia y hablo sobre el tema de los homosexuales o de la discriminación sexual y racial. Al final de mi exposición, me puede pasar que se me acerque gente que yo consideraba mis amigos para preguntarme: "¿De veras que crees en todas estas estupideces?" Sacan a relucir algún pasaje de la Biblia, o me cuentan de su primo que fue asaltado. En esos casos hay que señalarles que están generalizando y mantenerse firme en la propia posición.

O bien usted está decidido a hacer suya esa convicción y la divulga y defiende, o no. Si está en el no, más vale que se haga a un lado, porque vamos a seguir adelante con esto, hasta ganar la partida.

En los servicios de prensa, produjimos un documento sobre la diversidad. El director se lo pasó a cada uno de los gerentes y les dijo:

"Aquí tienen un boceto acerca de cómo queremos empezar. Ah, de paso les comunico que espero recibir informes trimestrales sobre el tema, los cuales serán parte de la evaluación del desempeño de cada uno de ustedes." ¡De pronto se había despertado el interés de todos los gerentes por el tema! Hay que empezar por imponer un cierto grado de compenetración. Si eso sirve, es aceptable. Pero no es, ni de lejos, tan satisfactorio como ver que alguien siente una pasión profunda por mejorar las cosas.

Hay un precio que pagar cuando uno se fanatiza con esto. Eso hay que admitirlo. Y es cierto, independientemente del color que uno tenga, pero creo que el precio más alto se paga si uno es blanco de ojos celestes.

STEVE NIELSEN: No estoy de acuerdo con Sonja, cuando dice que el tema no es algo personal. Creo que tiene que llegar a ser algo personal. En el curso se habla de convicciones, de lo que le pasa a la gente interiormente y del origen de sus creencias y convicciones. Tiene que ver con nuestra infancia, con nuestros padres, con la forma en que fuimos criados. La mayoría de nosotros ni siquiera se pregunta de dónde vienen nuestros prejuicios y nuestras convicciones. Es necesario abrir la herida y limpiarla, para que pueda comenzar a sanar.

Soy el director del Instituto de Liderazgo, donde se creó el curso sobre diversidad. Yo estaba convencido de que estaba muy actualizado y manejaba de maravillas todos estos temas. Un día participé de uno de los cursos, con la intención de sentarme en el fondo y tomar notas. De pronto me pregunté cómo me sentiría si mi hijo trajera a casa una novia de origen asiático. O una mujer negra. En ese momento supe que, a pesar de mi posición frente al tema, a raíz de mi origen y de cómo fui criado, me sentiría incómodo.

Siempre tendré prejuicios. Pero si soy consciente de esos prejuicios y procuro hacer todo lo posible para que no tengan efectos negativos en mi trato con los demás, y continúo trabajando sobre ellos, podré ser un líder eficaz. Y esta empresa se beneficiará con ello, porque utilizaremos mejor a nuestro elemento humano. Sí, tiene que ver con el negocio, pero, antes que nada, tengo que elaborarlo en forma personal.

¿Qué pasa con las cifras?

SONJA WHITEMON: A veces pienso que se pone demasiado énfasis en cumplir con las cifras para las estadísticas, cuando se trata de lograr que haya más mujeres y gente de color en los niveles gerenciales. Si esas cifras se cumplen, es como que ya se hizo lo suficiente por la no-discriminación.

Si bien yo no tengo ningún interés en llegar a los niveles gerenciales, eso no quiere decir que no haya otros temas referidos a discriminación e integración que me toquen de cerca en mi trabajo en la empresa... y que no se reflejan en las cifras.

LILLIE McGHEE: El individuo blanco, de sexo masculino, tiene una preocupación clave: ¡cumplir con las cifras! No me malinterprete: la acción afirmativa es muy importante. Pero las cifras no cuentan toda la verdad.

THONDA BARNES: Federal Express es una empresa de números. No se puede manejar (ni mejorar) lo que no se puede medir: ¿A cuántas mujeres, a cuántos individuos de color he promovido o asignado algún proyecto especial? En realidad, el objetivo final en la gerenciación de la diversidad, también es una cifra: 100 por ciento de satisfacción del cliente.

NEAL JOHNSON: Tradicionalmente, los números son mediciones externas, ya sea que se refieran a acciones afirmativas o a las escalas por hora del servicio de courier. La capacitación para el manejo de la diversidad se tiene que producir en el interior de cada uno de nosotros. No se puede asignar una cifra a la sensibilidad de alguien frente a otros seres humanos. Es más sutil que esto. El tema de la discriminación no se soluciona con cumplir cifras, tiene que contener acciones más trascendentes.

DAVID BICKERS: La diversidad no tiene nada que ver con una cifra determinada que, una vez alcanzada, nos permite respirar aliviados y decir: "Bien, ya cumplí con esto". La diversidad es un concepto y un compromiso. Es algo dinámico y emocionante, algo que fluye constantemente.

RANGI RANGANATHAN: Lo interesante de toda esta discusión, es ver quién ha sido elegido para participar de ella. No veo un sólo hombre blanco que realmente esté en desacuerdo con lo que se está diciendo. En todo tipo de muestra representativa, debiera haber una persona que disienta con el concepto general. ¿Por qué aquí no hay ninguna?

El individuo blanco de sexo masculino es una especie en peligro de extinción. Nadie lo quiere. Tanto en ingeniería como en finanzas, todo el mundo quiere contratar mujeres y representantes de minorías. Pero, cuando se los busca, no resulta fácil encontrarlos. Uno de mis gerentes ha tratado, durante los últimos dieciocho meses, de encontar postulantes mujeres, calificadas. Sin embargo, de la búsqueda se excluye al hombre de color blanco, por más calificado que sea.

Ahora hay algunos afroamericanos altamente calificados, provenientes de los cursos de administración de empresas (MBA). Todas las grandes empresas se pelean por contratarlos. Lo mismo vale para las mujeres. ¿Dónde deja esto ubicado al hombre blanco?

El curso al que yo asistí, no dedicó mucho tiempo al intento de comprender el punto de vista del individuo blanco de sexo masculino. Sólo se les pide que renuncien a algo. Si no entendemos esto, y no los tratamos con cierta sensibilidad, todo el proceso de integración llevará más tiempo aún.

TP: Si quiere saber por qué yo tuve éxito en la vida, comencemos por tener en cuenta que nací en 1942, blanco, de sexo masculino, protestante, en los Estados Unidos, hijo de padres bastante inteligentes. Tendría que haber hecho un verdadero esfuerzo para fracasar. Cada vez que escucho decir a un blanco de sexo masculino, "Estoy aquí gracias a mis grandes esfuerzos", pienso: "¡Váyase al carajo!"

RANGI RANGANATHAN: Algunos de los participantes que hicieron el curso de diversidad conmigo, decían: "Lo siento, soy un blanco de sexo masculino... ¿qué puedo hacer para remediarlo?". Se sentían frustrados. Los Estados Unidos están donde están hoy en día, por lo que el blanco de sexo masculino ha hecho y creado. Muchos hombres de raza blanca están convencidos de que, personalmente, nunca discriminaron a nadie. Sienten que están pagando un precio para que otros puedan ponerse a su altura. Y en el curso de esa nivelación, son ellos los que aparecen como los malos de la película. Y a nadie le gusta ser el malo de la película.

Mirando las cosas un poco más de cerca

TP: Una de las cosas que más me molesta de los Estados Unidos, es que es un país loco por los títulos y los currículos. Lo que ha hecho de este país lo que es, no sólo es lo que ha salido de la Harvard Business School. Me pregunto si en verdad buscamos talentos en los lugares más insólitos, que es donde probablemente los encontremos. Son los títulos de las Business Schools que han creado los dinosaurios de los Estados Unidos corporativos.

RANGI RANGANATHAN: ¿Quiere saber cómo se hace para aprovechar todo el potencial que está ahí afuera, en alguna parte? Nosotros alentamos a nuestra gente a no limitar el reclutamiento de candidatos a los grandes colegios y universidades. Vamos a las escuelas de barrio. Asistimos a "ferias de trabajo" y a universidades para minorías. Tenemos dos vicepresidentes ejecutivos que sólo han terminado el colegio secundario.

EDITH KELLY: Pero los dos son blancos. Estoy segura de que no contrataríamos a un negro que no tenga algún título. Creo que las exigencias son más elevadas para los integrantes de las minorías.

DIANNE STOKELY: Es muy fácil tomar a alguien que físicamente se parezca a uno. Pero se necesita esfuerzo y verdadero compromiso para ir más allá de eso. Hay individuos más agresivos que otros. Esto no significa que tengan verdadero talento. Hay que mirar más allá de la superficie. Hay que formular las preguntas adecuadas. Hay que estar atento y consciente.

Casi con seguridad, un hombre de raza blanca, dará una respuesta muy distinta de la que daría una mujer de raza negra. Es muy posible que el hombre blanco tenga tendencia a atenerse más a las reglas y normas. Esto no quiere decir que la mujer negra esté equivocada. De hecho, es posible que aporte una nueva perspectiva que ayude a mejorar los resultados finales.

TODD ONDRA: La mezcla nos fortalece. Cuando sólo se contrata blancos de sexo masculino, uno se pierde toda la creatividad y los fantásticos aportes que se obtienen gracias a un nuevo enfoque y a ver las cosas desde un punto de vista cultural distinto. Esa es la nueva ola, y si no logramos subirnos a ella, otras empresas sí lo harán y nos dejarán atrás.

Además, tener una mezcla de elementos humanos hace que el lugar de trabajo sea más vivaz y divertido. Y esto, a su vez, conduce a una mejor productividad.

El curso sobre diversidad influyó en el cambio de mi perspectiva sobre el proceso de reclutamiento y selección. Estuvimos contratando personal para diferentes puestos gerenciales, y estoy segura de que antes de ese curso no podría haber actuado con una mentalidad tan abierta. Probablemente me hubiese recluido en el entorno del individuo masculino de color blanco, sin percatarme de la inmensa fuente de talento no aprovechado que había allí afuera.

DIANNE STOKELY: Lo que no se debe hacer es obligar a alguien a salir a la calle y contratar representantes de minorías, sólo para cumplir con una cuota establecida. Yo soy de las personas que apoyan decididamente eso de las cuotas, porque pienso que, si no empezamos por algún lado, nunca lograremos nada. Si no fuese por las cuotas, algunos de nosotros no estaría ahora aquí, en esta habitación. Pero se debe tener mucho cuidado, porque hay quienes van por ahí reclutando sin ton ni son, sólo por cumplir con su cuota, y después son los que nos dicen que la razón por la cual no pueden alcanzar los objetivos de productividad prefijados, es que hicieron lo que uno les dijo que hicieran.

EDITH KELLY: Incluso después de ser contratado, las cosas son más duras para las minorías. Cuando egresé de la universidad, mi primer trabajo fue en un estudio contable. Yo era la primera persona de color que contrataban. Todos los hombres blancos que integraban el staff del estudio, habían sido miembros del club estudiantil. Sabían qué tareas se les asignaría. Habían sido presentados a los socios. Y ahí estaba yo. Me llevó mucho más tiempo escalar posiciones, porque no tenía ningún mentor que me interiorizara de los secretos.

Suelo decir a otros negros, y a las mujeres, que vengan y hablen conmigo después de las cinco de la tarde. Trato de darles información sobre algún futuro proyecto, o les aconsejo hacer un curso de computación, hacer figurar su nombre, incrementar su visibilidad.

TP: Ese es el hueso más duro de roer. Porque la cruda realidad es que la vida empresarial gira alrededor de la red informal, de conseguir el consejo adecuado de la persona ubicada en el lugar adecuado.

PATRICIA STEELE: Comencé a trabajar a los 17 años de edad. Fui la primera negra en la oficina. Empecé como empleada de archivo.

Cada vez que había una reunión, era a mí a quien se le pedía hacer el café, servir el café o lo que fuese. Había un vendedor blanco que siempre se tiraba lances conmigo. Nunca se lo dije a nadie, porque temía perder el puesto. Lo aguanté durante cinco años, hasta que decidí ponerle un límite. La vez siguiente que lo intentó, lo paré en seco. Nunca más tuve problemas con él. A veces, lo único que hace falta es ponerse firme.

Logré ascender de empleada de archivo a gerente de la oficina. Me enviaban a otras ciudades en viajes de negocios. Recuerdo que en Arkansas me dijeron que los restaurantes de categoría no aceptaban negros. Hubo clientes blancos que, al entrar a mi oficina, me dijeron "no quiero tratar con gente de color", a lo que simplemente respondí que estaba bien, que llamaría a otra persona para que los atendiese. Nunca dejé que esas cosas me amargaran: era un lujo que no me podía permitir, tenía una carrera por la que preocuparme.

> **No me importa si gana 900.000 dólares por año. Usted no es mejor que yo**

Me encanta trabajar en Federal Express. Me encanta trabajar con clientes, me encanta trabajar con gente. Hoy, cuando siento que alguien me trata de manera injusta, protesto. Ya no me importa quién sea, ni el color de su piel, ni si gana 900.000 dólares por año. No es mejor que yo.

Haciendo correr la bolilla

FRED DANIELS: Me ha sucedido que la gente pasara a mi lado como si yo fuese el hombre invisible.

PATRICIA STEELE: A veces a uno le dan ganas de agarrarlos por el brazo, sacudirlos y gritarles: "¡¿Cuál es tu problema?!" En esos momentos, inspiro hondo, cuento hasta diez y me digo: "Ese hombre necesita que alguien rece por él".

LINDA EDWARDS: No todos nuestros 3.500 gerentes han pasado por el curso de diversidad. Algunos nos dicen que piensan que no lo necesitan. Es entonces cuando empezamos a observar su conducta y nos damos cuenta de que sí lo necesitan. Algunos de ellos consideran la diversidad como una causa más de estrés, en un trabajo de por sí estresante.

NEAL JOHNSON: No me quiero quedar de brazos cruzados, esperando que algún director ejecutivo venga y me anime a actuar. Yo mismo me quiero hacer cargo de la situación. No creo que sea necesario preocuparse de cuántos de los 3.500 gerentes hicieron o no el curso. Creo que tenemos que preocuparnos por lo que pasa en nuestro propio terreno y hacer que las cosas funcionen ahí, liderando con el ejemplo.

STEVE NIELSEN: Cada gerente que pone esa filosofía en acción y logra que funcione y fructifique, es como un ladrillo. No se construye una casa en un día. Pero se empieza poniendo ladrillo sobre ladrillo.

Creo que también es importante que comprendamos que este curso no es la solución a todos los problemas. Es una herramienta para la toma de conciencia. Y una herramienta que evoluciona constantemente. El curso habla al corazón y al cerebro, hace que la gente piense y sienta. Su objetivo es convertir a Federal Express en una empresa mejor.

Tiene un efecto en cadena. Una persona asiste al curso, experimenta un cambio, habla con otra persona... y se va corriendo la bolilla. Estamos muy orgullosos de este curso, pero con 3.500 gerentes y recursos limitados, sabemos que no vamos a llegar a todo el mundo. Así que queremos que la gente que asiste al curso y capta su mensaje, lo propague hacia abajo, o hacia arriba, o hacia los costados. Esos ladrillos, eventualmente, llegarán a constituir el apoyo de nuestros 105.000 empleados.

LILLIE McGHEE: En mi área tratamos de llegar directamente al mensajero, al operario, al que trabaja por hora. Queremos que todo el mundo se capacite. Los jefes reciben un entrenamiento más amplio, pero tratamos de que todo el mundo reciba algo. Soy una convencida de que cada vida influye, de alguna manera, sobre otra.

Suelo tratar de ver a mis empleados temporarios como a individuos que, algún día, podrían llegar a ser mis jefes. Volvemos a encerrarnos en nuestros prejuicios, cuando asumimos que sólo porque el salario de alguien es más bajo, no tiene la inteligencia suficiente para conducir o liderar. Estoy tratando de deshacerme del modelo paternalista, que es el estilo gerencial que yo solía aplicar.

STEVE NIELSEN: Esto no es nuevo en Federal Express. Si volvemos al día de su fundación y leemos en el manual para supervisores implementado en aquel momento cómo se debe tratar a la gente, veremos que ahí está todo escrito.

LILLIE McGHEE: En realidad, todo se resume a entender lo que está bien y lo que está mal.

PATRICIA STEELE: Tenemos supervisores de línea que no tratan bien a su gente. Un mensajero ve eso y piensa que, cuando él sea supervisor, podrá hacer lo mismo. Y eso está mal.

LILLIE McGHEE: Hace falta una cierta cuota de coraje para salir al frente y decir: "Vi a fulano de tal haciendo lo que considero que está mal". Yo suelo hablar y protestar ante situaciones injustas. Lo tengo que hacer para poder estar bien conmigo misma. Y si por esto tengo que soportar alguna represalia o la censura de mis pares, que así sea.

Niñas y varones

LINDA EDWARDS: Creo que en este campo tenemos todavía mucho por hacer, en todo aspecto. También estamos todavía muy lejos de la igualdad de los sexos.

TP: Quizás el mejor estilo gerencial sería mitad masculino, mitad femenino. Francamente, creo que hay menor comprensión entre hombres y mujeres que entre las distintas razas.

Leí un artículo en *USA Today* sobre un entrenador de fútbol que dirige el equipo femenino de fútbol de la Universidad de Carolina del Norte, y ha ganado doce campeonatos de la NCAA con ellas. Ese entrenador contaba que, cuando el equipo masculino que solía dirigir antes, empezaba a aflojar en el primer tiempo, les gritaba y los insultaba porque, según su experiencia, al hombre, ese tipo de zamarreo lo estimula y motiva. Ahora cambió de táctica: abraza a sus jugadoras y les insiste en que se apoyen mutuamente, porque a las mujeres no las alienta ni motiva en absoluto que un tipo bruto y grosero les diga de todo.

LINDA EDWARDS: En el curso sobre diversidad, el tema de la discriminación sexual a veces es trivializado. Muchos hombres se creen expertos en el mismo. Uno me dijo: "Tengo una esposa, una hija y una perra. Le aseguro que entiendo a las mujeres". Pero como la mayoría de nosotros no convive con gente de raza distinta, el tema de la discriminación racial se nos aparece como más misterioso y complejo... y lo tomamos más en serio que la discri-minación sexual.

En mis tiempos, se le enseñaba a la mujer a no hacer mucha alharaca sobre el tema de la discriminación. Una se la aguantaba para evitar conflictos. Y creo que, en este aspecto, la mujer todavía no ha encontrado su verdadera voz para expresarse.

TP: Recuerdo que en uno de mis seminarios conocí a un gerente de ventas de AT&T. Vendía equipos muy sofisticados y tenía un historial de ventas sorprendente. Nos dijo que su secreto era contratar únicamente mujeres para la venta. Contó que, cuando tenía hombres como vendedores, estos solían entrar en la empresa del cliente como si fuesen John Wayne, diciendo que querían hablar sólo con el ejecutivo máximo de la firma. Las mujeres, en cambio, invertían muchísimo tiempo tratando de penetrar en la organización del cliente. No les importaba un bledo si estaban hablando con un empleado común, con un gerente de nivel medio o con el director gerente; lo que les importaba era establecer cualquier cantidad de relaciones.

Esto me lleva a reiterar a mi teoría sobre el enorme potencial comercial que existe en buscar la diversidad en el mundo de los negocios. Después de haber participado, durante toda mi vida, en aburridísimas reuniones de negocios, cuyos asisentes eran sólo hombres blancos, no puedo dejar de pensar que la cosa se haría mucho más amena y divertida con la participación de un asiático, un afroamericano y algunas mujeres. Estoy convencido de que la diversidad se convertirá en el elemento básico para obtener resultados finales positivos en el mercado.

PAMELA BUFORD: Las mujeres ven las cosas de manera distinta que los hombres. A medida que ganamos poder en el mundo, a las empresas les convendría escucharnos más. Una mujer —negra, blanca o asiática— puede tirar una idea que quizás no sea lo que usted esperaba, pero que, si la analiza un poco, quizás pueda funcionar... y, que, al final de cuentas, puede hacerle ganar un montón de dinero.

DIANNE STOKELY: Mi esposo solía ser un machista declarado. Ahora, cada vez que recibimos la memoria y balance de alguna empresa, me muestra las fotos y me comenta: "Mira esto... ¡todos hombres y todos blancos!". Por más malos que seamos en esto en FedEx —y ciertamente podríamos mejorar muchísimo— estamos a años luz de la mayoría de las demás empresas.

DAVID BICKERS: Tenemos que incentivar esto muchísimo más. Es necesario incorporar y reubicar al personal hoy, para que dentro de cinco o diez años la gente altamente calificada, dentro de la empresa, sea un verdadero exponente de diversidad. Cuando FedEx celebre sus bodas de oro (en el año 2023), en lugar de tener dos o tres representantes de minorías, mujeres o discapacitados, debiéramos tener cerca de 275.

¿Quién dijo "discapacitado"?

TP: Por lo que yo conozco, empresas como McDonald's, que tuvieron la inteligencia suficiente como para incorporar discapacitados, han obtenido resultados increíbles, como, por ejemplo, tener colaboradores que durante años no han llegado tarde ni un solo día. El mundo está lleno de personas discapacitadas de gran talento que, en el mejor de los casos, están aprovechados parcialmente.

GLEN SESSOMS: Creo que el desafío será hacer realidad el concepto de adecuar el puesto a la persona. Y ampliar nuestra definición sobre qué es capaz de hacer un discapacitado.

La central de Indianápolis contrató una cantidad de individuos sordos. Se están haciendo cursos especiales para concientizar a sus supervisores y colegas y familiarizarlos con la realidad del discapacitado auditivo. Pero... ¿qué haremos cuando esa gente quiera escalar niveles dentro de la empresa, para ser gerentes o manejar aviones? ¿Qué cambios tendremos que implementar para permitirles realizar esas tareas? Por supuesto que alguien en silla de ruedas no podrá conducir un vehículo que tiene que hacer 28 paradas en una hora. Existen límites precisos. Lo importante es no empezar a pensar en limitaciones desde el vamos.

TP: Conocí una planta industrial cuyo plantel de personal estaba integrado principalmente por discapacitados. Con buena voluntad y una pequeña inversión —no una millonada de dólares por persona— readecuaron la línea de producción. La productividad de esa planta es altísima. La cosa funciona... y la empresa gana muchísimo dinero.

GLEN SESSOMS: Es importante entrar en contacto con otras realidades. Uno de nuestros gerentes de Indianápolis (discapacitado auditivo) fue a una disco para sordos. Suben el volumen de la música de tal forma, que se pueden sentir las vibraciones, y la gente baila. De eso se trata cuando hablamos de diversidad: de nuevas posibilidades.

REGINA TAYLOR: Estamos organizando un picnic para familias en las que conviven integrantes con problemas de sordera, porque muchos padres de niños sordos no creen que estos pequeños puedan llegar a ser miembros plenos de la sociedad. Yo misma, estoy aprendiendo muchísimo sobre el tema. Siempre me pregunté si un sordo podría conducir un automóvil. Puede. ¿Y qué me dicen de nuestra nueva Miss América, que es sorda? ¿No es una chica maravillosa?

287

Tenemos un grupo de trabajo, dentro de la empresa, integrado por discapacitados auditivos, que interactúan con la comunidad. Uno de sus proyectos es "adoptar" estudiantes con problemas de sordera. El objetivo es hacerles comprender a esos jóvenes que pueden llegar a tener éxito en la vida.

Más allá de nuestras puertas

LILLIE McGHEE: Es muy importante para mí retribuir lo que recibo. Mi proyecto más reciente es trabajar con grupos de jóvenes violentos, dentro de los colegios, actividad que permite trazar una serie de paralelos con el manejo de una fuerza laboral de gran diversidad. El quid de la cuestión es el poder. Estos grupos se sienten superiores y ejercen el poder. A esa actitud se contrapone la filosofía del trabajo de equipo, que implica que todos se respetan y trabajan juntos. Sé que esto suena como muy trillado, pero es real. Lo he visto funcionar aquí, en FedEx. Como individuos, como empresa o como país, nunca alcanzaremos nuestro pleno potencial mientras no sepamos trabajar en equipo y convivir.

GLEN SESSOMS: Tenemos la responsabilidad de acercarnos a la comunidad y mostrarles a los niños qué es lo que pueden hacer de sus vidas. Hoy en día carecemos de modelos. O se imita a un Michael Jordan, o nada. El gran vacío.

Esos chicos necesitan modelos reales, de clase media. Escuchan y le prestan atención a un gerente de FedEx negro y empiezan a ver que hay oportunidades. Lamentablemente, el mensaje que les da la calle no es un mensaje de esperanza.

Durante una de las visitas guiadas para niños que organizamos en la empresa, una niña preguntó:

—¿Quién trabaja en esta oficina?

—Mi jefe —contestó uno de los supervisores a cargo de la visita.

—¿Y dónde está él ahora? —quiso saber la pequeña.

—Ella está de viaje en este momento —contestó el supervisor.

Me gustaría que todo el mundo pudiese haber visto la expresión en el rostro de la niña. Era como que se le iluminaba con una luz de esperanza.

Las Extrañas Empresas del Futuro

156 ¡Se organizan a sí mismas!

Steve Truett, de Texas Instruments y Tom Barrett de EDS, afirman que "grupos fluidos e interdependientes integrados por solucionadores de problemas" reemplazarán a las todavía muy pesadas burocracias actuales.

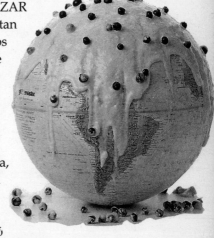

"¿Pero cómo puedo ORGANIZAR esas redes alocadas, dispersas y tan extendidas?" preguntó casi a gritos un preocupado participante de uno de mis seminarios, cuando proyecté el comentario de Truett y Barrett sobre la pantalla gigante.

La respuesta es: ¡Se organizan a sí mismas!

EDS es una firma monstruosa, de más de setenta mil empleados. Además, hasta el día de hoy es conocida por la cultura militarizada que Ross Perot le inculcó desde sus inicios, en 1962. Pero a pesar de ser una empresa muy disciplinada, la enorme EDS se auto-organiza.

Más aún, la auto-organización es uno de sus secretos vitales. La empresa se ha esforzado mucho por desarrollar esquemas de asignación de recursos humanos ordenados que, invariablemente, han fracasado. La gente ocupada es más sagaz —y más rápida— que el más inteligente de los sistemas, afirma el gerente de marketing de EDS, Barry Sullivan.

> **La conducción eficaz de proyectos incluye una refinada habilidad para el desarrollo y aprovechamiento óptimo del archivo de direcciones**

Según Sullivan, la cosa funciona así: Nancy R., una respetada gerente de cuentas, lo llama a usted, Joe Bloggs, y le dice que Dave G. le habló de su desempeño sensacional en un proyecto de ABC Corp. Dentro de poco un trabajo similar, con una serie de complejos vericuetos, para su cliente XYZ Corp. ¿Le interesaría ser el jefe del proyecto? En caso afirmativo ¿cuándo podría estar libre?

Supongamos que usted acepta (el proyecto que tiene entre manos estará terminado en un mes) y se compromete a comenzar el trabajo dentro de seis semanas, a partir de la fecha. En cuanto cuelga el teléfono, usted va a su archivo de direcciones (de papel o electrónico), anota siete nombres (de gente que está trabajando en siete proyectos distintos, en cuatro países, en tres continentes), levanta el teléfono y comienza a discar. O a enviar el siguiente mensaje por correo electrónico: "Mary, acabo de hablar con Nancy R., que me convenció para trabajar en un proyecto para su cuenta XYZ. Parece ser algo muy interesante que, además, te permitiría aprender mucho. Voy a tratar de enganchar también a Yoshi O. y a Miguel L. Empezamos dentro de seis semanas, aunque pienso que ese plazo se puede estirar un poco. ¿Te interesa? Espero tu respuesta. Un abrazo, Joe Bloggs".

En las próximas 72 horas, usted logra reclutar el núcleo central del equipo de doce personas que necesitará para encarar el proyecto. (También se pone en contacto con un conocido profesor, especializado en el tema, de la London School of Economics, y le pide seis días de asesoramiento durante los próximos cuatro meses.)

Sullivan me dijo que existen dos tipos de jefes de proyecto: los que esperan que les asignen la gente que trabajará con ellos en el proyecto, y aquellos que reclutan su propio equipo. ¿Adivine cuál de los dos alcanzará fama y fortuna?

Sonreí ante el comentario de Sullivan. A pesar de que EDS es bastante más grande que mi ex-empleador, McKinsey & Co., la historia que inventó para ilustrar su argumentación reflejaba mi propia experiencia. A medida que recibía los pedidos, la multimillonaria consultora se auto-reorganizaba tal como lo había esbozado Sullivan.

Una de las moralejas de esta historia: no hay nada nuevo bajo el sol.

Hollywood siempre actuó de esta manera. También las empresas constructoras. Y McKinsey, EDS y casi todas las empresas de servicios profesionales. (El ejemplo de EDS también sugiere —no, perdón, demuestra— que no hay límites de dimensión en cuanto a la efectividad de la auto-organización.)

Otra moraleja: una eficaz conducción de proyectos supone una refinada habilidad para el desarrollo y aprovechamiento de una agenda de datos y direcciones (ROLODEX) amplia y completa.

Una tercera moraleja: ¡Esto no tiene nada que ver con la reingeniería!

Margaret Wheatley, autora de *Leadership and the New Science: Learning About Organizations from an Orderly Universe*, destrozó el concepto de la reingeniería durante una reciente entrevista publicada en *Industry Week*:

> La reingeniería es como una supernova entre nuestros viejos enfoques de cambios organizacionales, el último coletazo de una serie de esfuerzos que han fracasado siempre. La reingeniería no es sino un intento más, generalmente realizado por la gente que está en la cima de la organización, de superponer nuevas estructuras a las viejas, tomando una serie de normas y reglamentaciones rígidas e imponiéndolas al resto de la organización. Constituye una visión mecánica de la organización y de la gente, partiendo de la suposición que es posible diseñar una solución perfecta, y que la máquina va a cumplir con esas nuevas instrucciones...
>
> La reingeniería no cambia lo que más necesita ser cambiado: la forma en que la gente, a todos los niveles, se

relaciona con la empresa. Lo que tenemos que preguntar es: ¿Mejoró o creó la capacidad de cambio de la organización? ¿O apenas creamos una nueva estructura que se atrofiará a medida que cambie el entorno? (1)

> **La reingeniería no cambia lo que más necesita ser cambiado: la forma en que la gente, a todos los niveles, se relaciona con la empresa.**
>
> **Margaret Wheatley**

Lo que es nuevo, según las opiniones de Truett y Barrett, Wheatley y mías (entre muchos otros), es que el fenómeno de la auto-organización empieza a convertirse en invasor, es decir, en la característica de todas las industrias, en estos tiempos de constante fluctuación.

Y esto nos conduce a las malas noticias: si bien la auto-organización es lo que estos tiempos que corren nos imponen, requiere una cultura (creo que éste es el término más adecuado) de automotivación, responsabilidad y compromiso personal.

En EDS y McKinsey (y en Fluor, Bechtel y tantas otras empresas en el ramo de la construcción), al promediar la tarde del primer día de trabajo allí, uno sabe que está solo. De uno depende hacer que las cosas sucedan. Para mucha gente, formada en empresas con una cultura de dependencia, eso resulta un shock. Esas personas vivían y morían de acuerdo con las características de su descripción de tareas y esperaban que los trabajos les fueran asignados.

Transformar una cultura de dependencia en una cultura de independencia auto-organizada, es un duro trabajo. Pero al menos considerando lo que yo le estoy contando aquí, no se contrapone a la naturaleza humana. Sí, Virginia, 71.000 personas (EDS) se las arreglan lo más bien para reinventarse a sí mismas cada día sin que la mano de Dios (o la de Ross Perot) los bendiga en conjunto.

157

El crítico musical James Oestreich del *New York Times*, aplaudió la dirección de Robert Shaw del coral *War Requiem* de Britten, presentada en el Carnegie Hall. Después de varios días de ensayar con el coro, y a sólo dos días de la función, Shaw admitió que el barítono Benjamin Luxon, se había quedado casi sordo en los últimos años, cosa que hacía en especial difícil la coordinación con el coro. "Shaw arriesgó todo su cuidadoso trabajo —escribió Oestreich— porque decía que el Sr. Luxon aportaba una calidad humana como nunca antes había escuchado."

Robert Shaw también nos enseña algo muy importante sobre las organizaciones virtuales. Reunió a todos sus cantantes por primera vez un martes, y presentó un producto de excelencia internacional en la función del domingo. El jueves anterior a la presentación, Shaw le dijo a Oestreich, durante la entrevista que éste le hiciera: "Este es un coro extraordinario. Nunca he dirigido ninguno de esta calidad en ninguna parte del mundo, y recién tiene dos días y medio de existencia". (2)

Una afirmación sorprendente. Es cierto que muchos de los cantantes habían trabajado con Shaw en otras oportunidades. Sin embargo, la configuración del coro fue diferente y, lo que es más, el naciente grupo se adecuó con prontitud al casi sordo barítono Luxon. Esto demuestra que es posible crear una organización virtual eficaz casi de la noche a la mañana. De hecho, esta nueva forma de hacer las cosas es como, desde siempre, se hizo en el mundo del espectáculo y de las artes.

158 El pintor de brocha gorda y la úlcera gástrica

Tengo un amigo que es pintor de brocha gorda. No toma antiácidos; no tiene úlcera gástrica; y tampoco tiene un futuro, al menos de acuerdo con los modelos de mi padre.

Mi padre trabajó durante 41 años para Baltimore Gas & Electric Co. De un año a otro (y de una década a la próxima) sabía con absoluta certeza por cuál puerta de West Lexington Street entraría todos los días, de lunes a viernes, a las 8:30 de la mañana. A pesar de esa seguridad laboral, su trabajo solía causarle, cada tanto, sus buenos dolores de estómago (y eso que aún no había comenzado la era del genocidio de los mandos medios).

Mi amigo pintor no tiene ni la menor idea de cuál será la puerta por la que entrará el lunes, dentro de tres semanas. Pero sabe que habrá una puerta por la que entrará y que luego pintará.

¿Es conformista? De ninguna manera. ¿Se siente cómodo? Absolutamente.

Se presenta siempre a horario. Termina su trabajo en el tiempo estipulado. Contesta de inmediato cualquier llamada telefónica. Cumple con sus presupuestos. Es cuidadoso. Y es un poco chiflado, con algo de artista.

Sus clientes lo van recomendando. Importantes contratistas (de esos que construyen mansiones millonarias) le suelen pedir que dé el toque final a sus obras de arte. Y, de hecho, es él quien suele asesorar a los arquitectos y decoradores sobre las gamas de colores a utilizar. Se ganó la fama de tener un "ojo clínico", que nunca se equivoca. Si se suma todo esto, mi amigo tiene lo que yo llamaría estabilidad laboral.

No figura en ningún organigrama. No tiene descripción de puesto. (Pero su tarjeta de visita es original y su camión de lo más llamativo.) No tiene sus oficinas en alguna zona comercial prestigiosa, pero, como buen fanático de la computación, tiene una dirección de correo electrónico.

Pensé en mi amigo el pintor, después de una áspera discusión con un periodista sobre mi loca visión de la economía. Creo que la seguridad laboral de antaño ha desaparecido, y no sólo en el entorno del Silicon Valley. Creo —y en eso coincido con el gurú británico del management, Charles Handy— que en el día de mañana, una "carrera" consistirá, probablemente, en una docena de trabajos, ingresando a y egresando de firmas grandes y pequeñas, en dos o tres tipos de industrias distintas.

Y estoy convencido de que la gente puede conducir esos cambios. Millones y millones, como por ejemplo, mi amigo, ya han llegado a esto. (Aunque no siempre con una adecuada cobertura social... ¿Me escuchó, Senador Dole?) Son pintores y jardineros. Contadores y diseñadores de software. Comercializadores y redactores publicitarios. Fotógrafos y periodistas, cirujanos y camarógrafos de TV. Incluso ejecutivos por hora.

Y hablo por experiencia personal. En McKinsey & Co., nunca sabía cuál sería mi próximo trabajo. O dónde. O con quiénes estaría trabajando. Durante siete años nunca trabajé dos veces con el mismo equipo.

Sabía que si seguía adelante y continuaba adquiriendo nuevas habilidades, algún jefe de proyecto en algún lado me contrataría antes de que mi tarea actual estuviese terminada, y que, incluso, podría darse que dos o tres importantes líderes de proyectos se pelearían por tenerme en su equipo (ver punto N° 156).

Para mi papá, mi vida en McKinsey era caótica. Para el empleado de fichero (o del departamento de compras) que acababa de ingresar en GM en 1950, esto hubiera sido la locura total: aquel empleado de GM sabía exactamente qué era lo que haría y adónde llegaría en los próximos treinta años... salvo guerras, problemas de lumbago, o un hígado que se rebelara contra la habitual escala en el bar, después del trabajo.

A mí, mi glamorosa vida de consultor (un colega de McKinsey nos calificaba como a los "astros de la pantalla del mundo de los negocios") se me antojaba común, ordinaria... y casi monótona: otro maldito viaje de doce horas en avión de San Francisco a Londres. Otra empresa para analizar en otro ramo de la industria. Otros tres colegas (de Inglaterra, Alemania y Japón) nuevos, con los que tengo que aprender a trabajar sin fisuras. Y, dentro de seis breves semanas, un informe de situación para el cliente. Si se metía la pata, uno estaba en la calle.

Bien, como decía... una vida común y corriente.

No, no envidio por un sólo momento al ejecutivo de nivel medio, de 52 años, que acaba de ser despedido después de pasar toda su carrera en el vientre materno llamado IBM. Mi vida, la de mi amigo el pintor, la vida de cualquier contratista independiente le parece una posibilidad que lo atemoriza y acobarda. Como nación, debiéramos hacer mucho más por ese individuo y sus varios centenares de miles de pares despedidos... ¿descartados?

Pero eso no es lo mismo que decir: "¡No me venga con esas ideas innovadoras! El ser humano no es capaz de manejar el cambio constante. Necesita estabilidad". Por supuesto que necesita estabilidad. Pero esa estabilidad puede venir envuelta en muy distintos ropajes. No necesariamente tiene que estar vestida con el logotipo institucional de siempre, sobre el recibo de sueldo mensual, o con la misma dirección sobre la puerta que se traspone durante 220 días hábiles en cada uno de 41 años consecutivos.

La verdadera estabilidad, es la fabulosa reputación de mi amigo, el pintor de brocha gorda. La verdad es que (y no estoy bromeando), lo envidio. No sólo puede trabajar mucho al aire libre, sino, además, creo que tiene un futuro más seguro que el mío: pareciera tener mayor capacidad para mantenerse en la cresta de la ola del cambio que yo.

¿Quiere evitar tener que tomar antiácidos para calmarse su úlcera gástrica? Renuncie a su cargo en General Electric y aprenda a pintar casas con una creatividad y profesionalidad tal, que haga la delicia de dos generaciones consecutivas de potenciales clientes.

159 mgullixs@apr.com

Número de junio-julio 1994 de la revista *Gentry*. Un aviso a doble página de la firma de bienes raíces Alain Pinel incluye, aunque usted no lo crea, la dirección del Internet de cada uno de sus agentes. Por ejemplo, se puede contactar a Mary S. Guillixson con esta clave: **mgullixs@apr.com.** Un amigo mío, que trabaja en esa compañía, me dice que Mary se encuentra todas las mañanas con más de 100 mensajes en su *e-mail*. (3)

160

"La base de la ventaja competitiva en la década del 90 es lo bien que una empresa capta y despliega sus conocimientos."(4)

Joe Carter
Andersen Consulting

161 Homenaje al humilde arándano

¿Está cansado de leer las alabanzas a la organización virtual? Yo también. ¿Qué le parece si vemos a alguien que traslada esa visión a la práctica?

VeriFone, la empresa de Redwood City, California, que tiene

Todos los arándano

una facturación anual de 259 millones de dólares —y que domina el mercado estadounidense de la autorizacion de tarjetas de crédito y que está creciendo considerablemente en el exterior— está "cableada" desde la cabeza a los pies. A los empleados se les da una laptop antes de asingnárseles un escritorio y se les informa que toda comunicación interna, escrita o impresa en papel, está terminantemente prohibida, y hay una red de comunicación computarizada que funciona las 24 horas del día. El dinámico director ejecutivo de esta empresa que crece a paso acelerado, Hatim Tyabji, trabaja para crear lo que él denomina "una cultura de urgencia". Créalo o no, su paradigma para esta empresa que se proyecta al siglo veintiuno, es el tradicional y antiquísimo panqueque de arándano (blueberry). Pero dejemos que nos lo cuente él:

> El modelo organizativo de VeriFone es el "panqueque de arándano", donde unidades independientes (los arándanos) están unidos por un medio unificador (la masa). Estamos completamente descentralizados y esperamos que cada arándano genere sus propias ideas, estrategias y tácticas.
>
> Todos los arándanos son iguales. No hay un arándano grande y gordo sentado en el medio del panqueque, autodenominándose "casa matriz" e intimidando a todos los arándanos más pequeños. En el Informe Anual, Redwood City figura como la sede central de la empresa. Pero considero que VeriFone —y eso lo digo en serio— es una empresa sin casa matriz. Nuestras reuniones de directorio se celebran alternativamente en Atlanta, Dallas, Honolulu y Redwood City. Nadie se refiere a Redwood City como a la casa central. No lo es. Simplemente constituye una más de las sedes de la empresa.
>
> Lo mismo le digo a nuestra gente: "Ustedes tienen pensamientos e ideas. Ustedes saben en qué cosas está fallando la empresa y en cuáles anda medianamente bien.

on iguales...

Hablen conmigo. No esperen que la sabiduría emane de la casa central, porque... ¿saben una cosa? ¡No existe tal casa central!"

Transformo estas palabras en acción, viajando el 80 ó 90 por ciento de mi tiempo, pero no me interesa tener un montón de oficinas vacías desparramadas por el país, esperando que yo aparezca. Cuando llego a San Antonio, o a Boston, o adónde sea, y necesito atender mi correspondencia, uso cualquier oficina que esté disponible en ese momento.

No hay papeles

Nuestra empresa es 100 por ciento electrónica. No hay papeles. Es divertido observar la reacción de la gente cuando empieza a trabajar aquí y se dan cuenta de que todo está en *e-mail* y que no hay secretarias. Al principio, sufren una especie de síndrome de abstinencia. Una vez que lo superaron, dicen que no saben si serán capaces de manejar 75 *e-mails* por día. Mi respuesta es: "No diga pavadas".

Así como se recibe mucha correspondiencia que no sirve para nada, con el *e-mail* pasa lo mismo. La clave es la posición mental que se tenga frente al problema. Le digo a mi gente que no les debe importar ser inundados con mensajes en el *e-mail*. De hecho, yo contesto todo lo que recibo por esa vía en el término de 24 horas, salvo que esté de vacaciones en algún lugar como Tahiti, donde es imposible hacerlo.

Me sería imposible manejar una empresa tradicional y viajar todo lo que viajo. Los informes, memorandos y papeles de todo tipo se irían amontonando durante mi ausencia. Al volver, los tendría que leer y contestar. Y mi secretaria tendría que hacer las copias y despacharlas. En cambio así, dondequiera que esté, me siento frente a mi laptop y contesto todo de inmediato. Y todo sucede en el

....................**No hay un arándan**

tiempo real. Cuando regreso a mi oficina, los únicos papeles que encuentro en mi escritorio es la correspondencia física, por lo general revistas.

Psicología, el crítico 95 por ciento

Los detalles técnicos de esta descentralización extrema son secundarios, lo primordial es la adecuación psicológica. A la gente le lleva tiempo captar esa filosofía y, en última instancia, por más avanzada que esté la tecnología, una empresa está conformada por seres humanos.

Cuando yo trabajaba en Sperry, era el único directivo de nivel corporativo que no tenía su asiento en la casa matriz. Algunas personas sentían que era allí donde debiera estar. Mi comentario a mi director ejecutivo era que "estaré allí cuando me necesite allí, le aseguro que el trabajo no se resentirá y que voy a generar resultados positivos".

Trasladé esa filosofía a VeriFone. ¡Dejemos de lado, de una buena vez, esa idea fija de que la gente tiene que estar cerca de usted y que hay que hacer las cosas de una forma determinada! En Sperry, yo solía bromear cuando me llamaban de la casa matriz, diciendo que "tengo que ir a rendir honores a los sabios de Oriente". No quiero que nadie en VeriFone diga que tiene que rendir honores a los muchachos de Redwood City.

Hacer que todo el mundo capte esa idea no es fácil. Lo más difícil en la vida, tanto a nivel personal como profesional, es modificar estructuras mentales muy arraigadas. En mi oficina tengo un póster que muestra doce perros, uno al lado del otro. Los once primeros perros están parados y debajo de cada uno de ellos está escrito: "sit". El perro número doce está sentado y el texto del póster dice: "Algunos mensajes necesitan ser repetidos varias veces". Llevo este póster conmigo a todas las reuniones internas y digo a los presentes: "Señoras y señores, estamos tratando con seres

grande y gordo sentado.............

humanos, con psicología humana. No me vengan con todas esas estupideces sobre tecnología".

Utilizar la tecnología para la información, sólo constituye el 5 por ciento de nuestro desafío. Nuestra tecnología no es superior. Alguna no está siquiera en un nivel muy alto. Pero esa no es la cuestión. La verdadera cuestión es cambiar la forma en que la gente trabaja.

Tenemos alrededor de 1.800 empleados, y reclutamos gente de todas partes. He tomado empleados de Sperry, de IBM y de AT&T. Todos somos productos de nuestro entorno, y esa gente viene con un cierto bagaje. No los sometemos a ningún tipo de test psicológico, ya que considero a esos tests denigrantes y nada confiables.

Sin embargo, en VeriFone tenemos una cultura empresarial que reforzamos en cada oportunidad que se presenta. Tenemos una declaración de principios empresariales llamada "Compromiso con la excelencia". Está conformada por mensajes enviados por mí a través de los *e-mails*. Es nuestra biblia. Abarca la filosofía empresaria, las estrategias y las tácticas. Todo el mundo tiene una copia.

El *e-mail* es el sistema circulatorio de la empresa. Es comunicación pura, no pasada por ningún filtro. La gente se resiste a un estilo de conducción igualitario. Utilizamos la tecnología para ayudarnos todos a superar esa resistencia y, al mismo tiempo, para convertir a VeriFone en una empresa más fuerte.

Cada mes de octubre, desde 1988, armamos el calendario corporativo. El primer año que lo hicimos, todo el mundo se sonreía para sus adentros, porque pensaban que yo no lo iba a cumplir. Después de cinco años, nadie cuestiona ya mi disciplina.

Uno de los elementos claves de ese calendario es la "Semana MGT". Cada seis semanas, en una sede diferente, nos reunimos mis colaboradores directos y yo. Somos alrededor de once. En algún momento de esa semana,

.........en el medio del panqueque

también tenemos una reunión para todo el mundo que se desempeña en ese centro de trabajo. Yo hablo, mis colaboradores hablan y después contestamos preguntas. Cualquier pregunta vale. Es un foro excelente para reforzar la cultura empresarial.

Pero las reuniones abiertas no están limitadas al plazo de seis semanas. Estoy viajando continuamente y dondequiera que yo esté, tengo alguna reunión de ese tipo. Si voy a Atlanta para visitar clientes, reservo, aunque sea medio día, para reunirme con la gente que trabaja en nuestra sede de allí. Nada reemplaza el contacto frecuente e intenso.

Es una carrera que no tiene meta final. Cuando se trata con seres humanos, no hay respuestas simples. El panqueque de arándanos siempre se está cocinando, pero nunca está terminado. Trabajamos muy fuerte para mantener a VeriFone en ebullición, procurando que siempre sea un lugar divertido. Queremos crear una sensación de expectativa permanente, un constante estar a la espera del próximo desafío.

Como romper el cascarón protector

La comunicación abierta es una de las piedras fundamentales de esta empresa. Todo el mundo puede hablar conmigo. Todo lo que tienen que hacer, es mandarme un mensaje por el *e-mail*. No hay recriminación de ningún tipo, cuando alguien me da malas noticias. Cuando la gente recién ingresa en la empresa, a menudo se muestran descreídos e incluso escépticos sobre esta apertura. Liberarlos de los temores y de las inhibiciones que traen consigo, es un trabajo difícil que lleva mucho tiempo... y quizás no termine nunca. Pero una vez que logramos romper el cascarón autoprotector que los envuelve, la recompensa es enorme.

Recuerdo que, en cierta oportunidad, me presenté a un nuevo colaborador en una de nuestras sedes en Asia. Estaba

utodenominándose.................

muy sorprendido de que yo hablara con él, ya que en su puesto anterior, jamás había siquiera visto al ejecutivo máximo de la empresa. Le dije que me enviara un mensaje por el *e-mail* y me contara cómo le estaba yendo. Cuando me fui, pensé que estaba de acuerdo conmigo, pero resultó que su "sí" sólo era de la boca para afuera. Alrededor de seis meses más tarde, su superior me contó que ese hombre estaba teniendo un problema de actitud. Decidí tener una charla con él.

La vez siguiente que estuve en la región, lo invité a almorzar, lo cual le sacudió el piso. No podía creer que el director ejecutivo de la empresa tuviese tiempo, y mucho menos interés, para reunirse con él. Escuché su punto de vista y le dije que su descontento era una buena señal, porque significaba que el trabajo le importaba. Luego le pregunté si esperaba que algo cambiara, si se guardaba sus angustias y problemas para sí mismo. Le dije: "Si usted me cuenta lo que le preocupa o le molesta, y nada se remedia, tiene toda la razón para ser pesimista. Pero si decide no decirle nada a nadie, váyase al diablo. Nadie le podrá ayudar".

El hombre apreció mi honestidad y entendió exactamente lo que yo le quería decir. Después del almuerzo, tuve frente a mí a otra persona. Pero esto no es el final de la historia. Durante el almuerzo, me dijo que estábamos cometiendo un error. Enviábamos los productos de nuestra fábrica de Taiwan a otras fábricas en Asia, donde luego los modificábamos para adecuarlos a las necesidades específicas de cada país. De ahí, el producto era remitido a los clientes. Me dijo que ese procedimiento no era el adecuado, ya que la planta de Taiwan tenía controles de calidad muy estrictos. Al abrir los productos y modificarlos en otro lado, estábamos comprometiendo esa calidad.

Continuó diciendo que él había diseñado un proceso que nos permitiría hacer esas modificiaciones, y no sólo para los países asiáticos sino para la mayor parte del resto del mundo, directamente en la planta de Taiwan.

Yo lo escuché y me di cuenta de que su idea era buena. Implementamos su plan, que condujo a un cambio profundo en nuestra operación. ¡El tiempo de adecuación de los pedidos se redujo de tres meses a 15 días!

En términos de ventaja competitiva, esa es una ganancia importantísima.

Soy el primero en admitir que a mí nunca se me hubiese ocurrido esa idea, pues no tengo la suficiente sagacidad. Eso sucedió porque creamos, y seguimos creando, un ambiente que alienta a nuestros colaboradores a hablar. Y cuando ellos hablan, nosotros escuchamos.

La red de comunicaciones reacciona al instante

Nuestra tecnología, más de una vez, nos ha permitido cerrar negocios de envergadura. En cierta oportunidad, estábamos peleando con uñas y dientes para ganar una cuenta en Colombia. Se trataba de un cliente muy grande y le íbamos a instalar sistemas con talonarios PIN para una red de débitos..., bueno no lo voy a aburrir con los detalles técnicos.

El día antes de la presentación final, nuestro competidor le dijo al cliente que VeriFone no sabía nada de débitos y que serían unos tontos si se arriesgaban con nosotros.

Al día siguiente, nuestra gente se presentó a la reunión con el cliente y recibió un golpe frontal: el cliente había sido informado que no teníamos instalaciones del tipo que necesitaban. Por supuesto, el cliente quería saber por qué habría de arriesgarse con nosotros. El representante que trataba de ganar ese cliente, había ingresado a la empresa hacía sólo tres meses y no sabía con certeza si teníamos gran experiencia en débitos o no. De modo que le pidió doce horas de plazo al cliente.

Volvió corriendo a su cuarto de hotel. Mandó un mensaje por el correo electrónico a nuestros vendedores en todo el

> # "Ustedes saben en qué cosas está fallando la empresa, y en cuáles anda medianamente bien... Hablen conmigo."

mundo, diciéndoles que estaba en un aprieto y que se trataba de un pedido muy importante. Agregó que necesitaba "munición" específica. Fue un verdadero pedido de auxilio.

Al cabo de seis horas, tenía en su poder datos específicos sobre 24 instalaciones de débito que habíamos hecho. En diez de estos casos, tenía, además, referencias concretas de los respectivos clientes. Volvió a reunirse con el potencial cliente en Colombia, le presentó los hechos concretos, lo convenció y ganamos esa cuenta.

Ese tipo de red de comunicaciones electrónicas puede funcionar para cualquier empresa, grande o pequeña, con alta o baja tecnología, en el ramo de la cosmética, de la vestimenta o de la ganadería. Es una mentalidad. Nos permite abarcar todo el mundo y trabajar en equipo, como pares. Ése es el panqueque de arándanos.

Así es como será

El obstáculo más grande para lograr que el panqueque de arándanos se cocine, es convencer a la gente de que no se trata de una propuesta momentánea, sino que la cosa va en serio y que, si aparecen problemas y dificultades, no se volverá a una estrucutra monolítica y jerárquica.

Hay una sola forma de enfrentar y desactivar el escepticismo de la gente: mantener el rumbo. No vale la pena perder el tiempo en grandes discursos. Hay que conducir a través del ejemplo. Una vez que la gente se da cuenta de que hago lo que digo, y lo hago de verdad y con convicción, comienzan a cambiar y la cultura empresarial va evolucionando. Es un proceso lento y hay gente que se pliega a esa nueva filosofía con mayor rapidez que otros.

La excesiva confianza en todo ese aparato tecnológico, es una trampa en la que, a cada instante, se corre el riesgo de caer. La gente puede llegar a olvidar que está tratando con otros seres humanos. Si se tiene una diferencia con un colega y lo llama por teléfono o se encuentra con él para almorzar, el problema, por lo general, se puede resolver. Nadie quiere derramar sangre en un encuentro cara a cara. Pero si uno manda un indignado mensaje por *e-mail*, sólo empeorará las cosas. Es crucial comprender que la tecnología, como todo en la vida, tiene sus limitaciones. Viajo mucho. A cada rato me encuentro con gente de todo el mundo. Nunca me encontré con una empresa que se aproxime siquiera a nuestra forma de operar. Pero creo que dentro de 10 o 15 años, con la creciente globalización, las empresas que no trabajen como lo hacemos nosotros, se quedarán detenidas en el tiempo. Siempre digo que somos como San Juan Bautista: el Mesías está por llegar, y nosotros le estamos abriendo el camino.

El Mesías y el panqueque de arándanos... ¡vaya metáforas! Pero cuando Tyabji dice que la cultura tecnológica, cableada al rojo vivo, de VeriFone, será la norma dentro de pocos años, ¿está chiflado o drogado? Creo que no. Hay una gran posibilidad de que esté en lo cierto... tan grande que, si usted no está tomando esa dirección, debiera empezar a preocuparse.

Pero cuando comience ese viaje al futuro, no pierda de vista el otro mensaje de Tyabji: las nuevas tecnologías son las que hacen posible esa audaz organización... pero el manejo adecuado del factor humano es lo

> **Es una carrera que no tiene meta final. Cuando se trata con seres humanos, no hay respuestas simples. El panqueque de arándanos siempre se está cocinando, pero nunca está terminado.**

que hace que el sistema funcione. En esto hay un 5 por ciento de tecnología y un 95 por ciento de psicología... dicho por un fanático de la tecnología.

162 Hay dos compañías...

"Las empresas que utilizan el correo electrónico en forma intensiva, operan de manera distinta a las demás. Este sistema destierra toda lentitud y pereza. También brinda la oportunidad de corregir el rumbo con más rapidez... Las compañías que utilizan el *e-mail* son mucho más ágiles y menos atadas a las jerarquías.

"Sólo se puede utilizar el *e-mail* si usted mismo, como directivo, lo utiliza, si todo el mundo tiene acceso a usted. La eliminación del proceso de filtrado de la comunicación en mi *e-mail*, conduce a una forma de operar más democrática...

"Imaginemos que hay dos tipos de compañías, una que opera de esta manera y otra que no lo hace, compitiendo entre sí. ¿Cuánto tiempo durará en el mercado la firma que no utiliza *e-mail*? O lo utiliza, o desaparece."(5)

Andy Grove
Gerente de Intel

163 El factor 747

Las redes electrónicas convierten a las comunicaciones globales y al intercambio de conocimientos e información, en un juego de niños.

O, al menos, casi.

Las empresas más sabias y modernas, han comprendido que para explotar todo el artilugio de la electrónica del siglo XXI, ésta tiene que ir acompañada de la comunicación cara a cara, cuerpo a cuerpo, utilizada desde el siglo I.

Es por eso que Hatim Tyabji de VeriFone, tal como acabamos de ver, pasa el 90 por ciento de su tiempo viajando... para lograr que la savia humana fluya al mismo ritmo que los electrones. Y Pat McGovern, fundador y director general de International Data

Group (editores de la revista *Computerworld* en numerosos idiomas y de un total de 220 revistas y diarios relacionados con la industria de la informática), gasta más que un marinero borracho en viajes. A pesar de que afirma que su empresa es una red electrónica, cree que, para fomentar el constante intercambio cultural, es esencial que la gente se reúna personalmente y con la mayor frecuencia posible.

Bill Raduchel, un alto ejecutivo de Sun Microsystems, lo resume a la perfección: "El complemento tecnológico indispensable de la red electrónica, es el Boeing 747".(6)

Piénselo... durante su próximo viaje en avión.

164

"Las tres disciplinas básicas que se aprenden en la escuela: leer, escribir y contar, ya no son suficientes. Hoy tenemos que agregar computación, pensamiento crítico y capacidad de cambio."(7)

Fred Gluck
ex-director ejecutivo
McKinsey & Co.

165 Lograr habilidad y destreza implica esfuerzo...

Hay mucho software para computación que es complicadísimo de usar. Hay muchos manuales de aplicación de software que parecen escritos por individuos con importantes deficiencias neurológicas.

Pero según algunos (¿muchos?), esto está por cambiar. Usar una computadora será una diversión, y tan fácil como manejar una tecnología más antigua y hoy omnipresente: el automóvil.

Esto es un disparate total.

Para aprender algo, sea lo que sea, y dominar esa habilidad, hay que hacer esfuerzos. Lo que pasa, es que uno se olvida del tiempo que le llevó convertirse en un experto conductor.

Automóviles: en pocos minutos puede aprender a mover el vehículo. Computadoras: en pocos minutos puede aprender a poner en marcha la computadora (o un software determinado).

En pocos días, podrá conducir un coche con razonable prolijidad. En pocos días, será capaz de hacer algunas cosas básicas en su computadora.

En algunos meses, habrá pulido su capacidad de conducir y sabrá manejarse con cierta habilidad en el tránsito de la ciudad y de las autopistas. En algunos meses, su computadora se habrá convertido en su compinche.

En algunos años, podrá saber conducir muy bien e incluso podrá ser un genio al volante (sí, aunque lo dude, los hay). En algunos años, podrá ser un genio de la computación.

¿Alguna vez se encontró, en medio del tránsito, detrás del vehículo de una escuela para conductores, con un neófito al volante? ¡No me diga que conducir es tan fácil como respirar! Para llegar a ser bueno en el manejo de cualquier cosa, hay que hacer un esfuerzo, hay que trabajar fuerte, ya se trate de bicicletas, patines, veleros, jardinería... o computadoras.

Así que, no aguarde hasta mañana, esperando la llegada de esa computadora, cuyo manejo no requerirá cerebro ni esfuerzo alguno, y que lo convertirá en cuestión de pocos minutos, en socio plenario del club tecnológico del siglo 21.

166 ...y, a veces, hasta parecer un tonto

"Cuando vemos que para aprender tenemos que estar dispuestos a parecer algo tontos y permitir que otros nos enseñen, el aprendizaje ya no parece tan atractivo... Sólo con el apoyo, la comprensión y hasta la compañía de toda una comunidad, podemos enfrentar los peligros de aprender cosas significativas."(8)

Peter Senge

167

"Aprendizaje a distancia." "Entrega flexible." ¡La educación está cambiando! La National Tecnological University (NTU) con sede en Fort Collins es uno de los líderes (o el líder) de la educación satelital. En 1993, utilizando los servicios de los docentes de 45 escuelas de ingeniería de primera línea, interconectados electrónicamente, la NTU ofreció 528 cursos de posgrado a más de 5.000 inscriptos de 85 empresas que apoyan 338 entidades de conexión satelital. (En 1993, ciento once alumnos obtuvieron sus licenciaturas a través de la red de la NTU.) Alrededor de veinte universidades ofrecieron otros 213 cursos breves a través de la red de la NTU. Y 46 entidades fuera de los Estados Unidos, afiliados a esta Universidad, presentaron cursos basados en videotapes realizados por instructores de la red de NTU.

Refutando las acusaciones de que este es un aprendizaje envasado, la NTU presenta una evaluación conducida por un grupo consultor externo:

■ La mayoría de los estudiantes en el 58 por ciento de los cursos de la NTU, coinciden en que su instructor fue "uno de los mejores profesores que he tenido en mi vida".

■ La mayoría de los estudiantes en el 53 por ciento de los cursos de la NTU coincidieron en que los cursos estuvieron entre "los mejores a los que asistieron".(9)

El aprendizaje a distancia es la onda del futuro. ¿Está usted metido en ella?

168

Las consultoras, los bancos inversionistas y las agencias de publicidad, se caracterizan por tener gerentes de cuenta, es decir, una persona que tiene la responsabilidad general por un cliente determinado. Si bien hay mucha discusión positiva sobre cuánto poder debiera ejercer dicho gerente de cuenta (si es demasiado poderoso, ahoga la creatividad; si es demasiado débil, no logra presentar un frente homogéneo), hay una coincidencia general en que el concepto en sí, probado a través del tiempo, es bueno.

Así que, señor jefe de capacitación, señora jefa de compras... ¿por qué no copiarse un capítulo del libro escrito por las empresas de servicios profesionales?

Algunas compañías lo han hecho. El departamento de sistemas de información de Eli Lilly hace poco tiempo asignó a varios de sus gerentes la responsabilidad adicional de ser gerentes de cuentas, para unidades de línea específicas de la corporación. Creo que es una idea muy inteligente... y generalizable a todos los servicios internos.

169

Haga una lista de sus cien clientes principales. Guárdela en uno de los cajones de su escritorio. Cada semana llame a cuatro de ellos, sólo para establecer contacto, escuchar, ver si hay algo que le quieran comentar. Cualquier cosa. Cuando llegue al final de la lista, comience de nuevo.

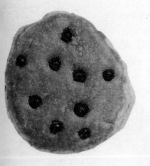

Los Sueños
del Empresario

170 El (extraño) destino del empresario

Hace poco, un lunes por la mañana, en Boston, (gracias a un milagro de coordinación), pude reunir a once empresarios para una discusión libre sobre los peligros y los placeres de iniciar la propia empresa. Conformaban un grupo alocadamente ecléctico, ya que sus negocios tenían que ver con encaje francés y material de rezago, medialunas y —sí— sangre del cordón umbilical. Les presento a los participantes de esa discusión:

Soy **Frank von Holzhausen**, dueño de Group Four Design de Avon, Connecticut. Somos una empresa de cincuenta personas, dedicada al diseño de productos y *packaging*, con una facturación anual de unos 7 millones de dólares. Estamos en el mercado desde hace veintidós años y hemos visto llegar y pasar tres recesiones.

Soy **Anthony Harnett,** fundador de la cadena de supermercados de comida natural Bread and Circus, en el área de Boston y alrededores, que vendí hace un año y medio. Pensé en jubilarme. La idea me duró alrededor de tres días. Actualmente estoy poniendo en marcha una cadena de farmacias para medicina alternativa, denominada Harnett's. Ya abrimos dos negocios.

Soy Dick Friedman, presidente de Carpenter & Co, una empresa inmobiliaria. Diseñamos y operamos el Charles Hotel y el centro de compras Charles Square en Harvard Square. También estoy instalando un nuevo hotel en el aeropuerto y estoy metido en un negocio relacionado con el deporte profesional.

Soy Cynthia Fisher y hace nueve meses fundé Viacord, una empresa biomédica. Vamos a congelar y almacenar en un banco, sangre de recién nacidos extraída del cordón umbilical. La sangre del cordón umbilical tiene una elevada concentración de blastocitos, que se encuentran en la médula ósea del adulto y contribuyen a la regeneración sanguínea. Es un campo nuevo con increíbles perspectivas.

Soy Jerry Ellis. Dirijo una institución cultural denominada Building 19, que vende mercadería de todo tipo —algunas indescriptibles— rescatadas de los restos de desastres ferroviarios, terremotos, o lo que fuera. Desde hace 30 años que opero en ese negocio. En mi tiempo libre, incié la cadena Buck-a-Book (un libro por un dólar) que ya tiene tres años y 17 negocios.

Mi nombre es Pam Kelley, y mi empresa se llama Rue de France, con sede en Newport, Rhode Island. Importo encaje y telas de Francia, transformo esa materia prima en cortinas y las vendo a través de un catálogo. Tengo un negocio en Newport y 26 empleados. Además, tengo mi pequeño bufete de abogado.

Soy Steve Kapner, co-fundador y propietario de MacTemps, una agencia de empleos que ya tiene siete años de existencia. Me especializo en personal temporario y permanente para computación. Actualmente tenemos 25 oficinas en todos los Estados Unidos y una oficina internacional en Londres, que es nuestra forma de incursionar en la globalización.

Soy Bill Davis, fundador de una agencia de marketing directo y publicidad, Holland, Mark, Martin, en Burlington, Massachusetts. Tenemos ocho años de existencia y empleamos alrededor de 150 personas. Recientemente también fundé una subsidiaria denominada Production Company.

Soy Louis Kane, co-presidente, co-director ejecutivo, co-fundador y co-todo de Au Bon Pain, una cadena de 225 panaderías-cafeterías francesas, con asiento en Boston.

Soy Nancy Wilber, fundadora de Time Resources. Somos una empresa muy nueva, introdujimos nuestro primer producto el pasado mes de julio. Tenemos catorce empleados y el crecimiento fue muy rápido. Ofrecemos seminarios sobre administración del tiempo y productos relacionados con la planificación de objetivos: libros, cintas y videos, como así también software y planificadores electrónicos. (**TP:** ¿También vendes algunas de mis cosas, Nancy?)

Hola, soy Judy George, fundadora y gerente ejecutiva de Domain, una empresa para amoblamientos del hogar. Espero que este año nuestra facturación alcance entre 40 y 50 millones de dólares.

TP: Y bien, ¿cuáles son las cosas que les preocupan o se les cruzan por la mente?

Socios, sobres garabateados y actitudes agresivas

JUDY GEORGE: Tengo miedo. Espero haber evolucionado de ser una empresaria típica a ser una persona capaz de dirigir una gran empresa. Pero todavía siento que estoy parada en el borde de un abismo. ¿Alguna sugerencia sobre cómo llevar a mi empresa hacia el próximo nivel?

LOUIS KANE: Yo pasé varias veces por una evolución similar. La primera vez fue con Healthco, una compañía de servicios de salud que creció de cero a 200 millones en ventas, en el término de dos años. Adquirimos más de cincuenta empresas durante esos dos años: geriátricos, hospitales, laboratorios. Y yo cometí todos los errores que se podían cometer.

Primero: no supe rodearme por la gente adecuada. Pensé que yo solo podía hacerlo todo. Craso error. Segundo: de pronto tuve que tratar con una serie de empresarios que habían iniciado su propia compañía, pero que ahora formaban parte de mi gran empresa. Ellos estaban mordiendo el recado y yo les estaba tirando de las riendas. Debería haberles dado mucha mayor autonomía. Tercero: cometí el gravísimo error de no entender la importancia que tiene un sistema computarizado. Mi sensación era que costaba demasiado dinero —entre 100.000 y 200.000 dólares— a pesar de que estábamos facturando 200 millones. Después me di cuenta de que eso era hacer economía ahorrando perejil.

Si tuviese que resumir todo esto en una única recomendación, ésta sería: ¡rodéese de la mejor gente posible!

NANCY WILBER: Cuando yo comencé mi empresa, me senté e hice un inventario de aquellas cosas en las que yo era buena y aquellas otras en las que no lo era. ¡Pero un inventario muy honesto! Luego busqué a alguien cuyo fuerte estuviese en lo que eran mis aspectos débiles. Es mi segundo en la empresa.

TP: Me gusta esa idea del inventario personal. Recientemente, un amigo y yo hicimos un relevamiento de las empresas más fuertes de Silicon Valley. Nos encontramos con que muchísimas de ellas tenían a su frente un equipo constituido por dos personas, socios verdaderamente equiparados y no, como suele verse, un sólido N° 2 contra un todopoderoso N°1. Llamémoslo simbiosis. Un caso representativo de esta simbiosis es Hewlett-Packard, donde Bill Hewlett era el ingeniero creativo y puntilloso y Dave Packard el tipo que manejaba las operaciones financieras.

También me encontré con la fascinante historia de una de las sociedades en bienes raíces más existosas de California. Los dos fundadores han estado asociados durante los últimos veinticinco años... y nunca se visitaron a nivel privado. Su inamovible respeto profesional mutuo, es lo que mantiene unida a la sociedad.

JUDY GEORGE: Me gusta la idea de formar un equipo de dos personas, pero no creo saber cómo hacerlo.

LOUIS KANE: Mi socio, Ron Shaich, y yo manejamos cada uno un sector diferente de Au Bon Pain. Por supuesto, nos reunimos cuando hay que tomar decisiones importantes, pero, por lo demás, no nos molestamos mutuamente.

Además, Judy, te recomendaría atenerte a tu concepto básico. Nuestro plan original para Au Bon Pain fue garabateado en el dorso de un sobre usado. Ron era muy bueno para manejar las cosas día a día, entendía de la parte panadería y sabía vender. Estas cosas estaban fuera de mi alcance, pero yo tenía una serie de habilidades con las que Ron no contaba: capacidad en el manejo financiero, en bienes raíces y en el desarrollo de una empresa.

En el dorso de aquel sobre, fuimos esbozando cómo manejaríamos nuestro negocio a partir del día cero, y catorce años después todavía seguimos ese esquema. Además, nuestra relación a nivel social y familiar es mínima.

JUDY GEORGE: Soy muy creativa y me gusta la parte agresiva del juego, la de promocionar mis productos, ganar los clientes, en fin, estar en la "línea de combate". Pero ahora tengo que dejar eso y aprender a ocuparme de lo que pasa en la retaguardia, en la parte financiera y administrativa de la empresa. Es un cambio muy grande, se necesitan habilidades distintas. Por otra parte, no quiero dejar de ser quien esté al frente de toda la empresa.

TP: Muchas veces, el giro de los negocios nos obliga a capacitarnos en algo nuevo. No estoy de acuerdo cuando sugieres dejar tu actividad al frente de las operaciones comerciales de la empresa, para dedicarte a la parte administrativa de la misma. Es como bajar tu nivel de ambición. Es cierto que la agresividad de la operativa comercial y de la competencia a veces es implacable...

JUDY GEORGE: Precisamente es eso lo que me atemoriza un poco.

TP: Pero si te cubres la espalda con uno de esos genios de gran habilidad financiera, capaz de exprimir hasta la última gota de eficiencia de la empresa, eso te dará más libertad para dedicarte a la conducción general del negocio.

JUDY GEORGE: Esta es una idea que me gusta.

Haga lo que sea mejor... para usted

BILL DAVIS: Paremos un poco la mano. No creo que debas buscar desesperadamente un socio, sólo porque esto esté de última moda.

Todo el mundo tiene que encontrar la forma de manejarse que mejor se adecue a su personalidad. Algunos vuelan mejor solos. A lo mejor, ese es tu caso, Judy.

FRANK VON HOLZHAUSEN: Sí, pero... Yo tengo un socio igualitario —él vende y yo manejo la empresa desde adentro— y lo lindo es que no tenemos agendas secretas. Sé exactamente qué hace y cuál es su posición. Comencé ese negocio asociándome a otras tres personas, ninguna de las cuales continúa. Mi socio actual fue ascendiendo desde abajo, se convirtió en socio minoritario, luego en socio plenario, y finalmente nos separamos de los otros socios... fue un proceso muy largo. Pero creo que es buenísimo tener un socio. Estar solos en la cima, puede llegar a hacerte sentir muy incómodo.

ANTHONY HARNETT: Pero volviendo a lo que dijo Bill... no conozco tantas sociedades que funcionen bien. Creo que se puede aspirar a una relación ideal, pero es muy difícil alcanzarla. Quizás lo que podrías hacer, Judy, es ser la presidenta del consejo de dirección y tener un vicepresidente ejecutivo que se haga cargo de la operativa cotidiana pero dependiendo directamente de ti.

JUDY GEORGE: Ya tuve dos vicepresidentes, así que estoy buscando otra solución. Hace cuatro meses atrás contraté a un gerente general operativo. Antes tenía muchos delirios de grandeza, quería ser la estrella del espectáculo. No sé si es por madurez o por haberme dado contra la pared tantas veces, pero ahora estoy mucho más dispuesta a compartir el poder. Al menos, eso creo.

TP: La vida en la cima es muy solitaria. Es muy difícil enterarse de lo que realmente está pasando más abajo y mantener el contacto.

JUDY GEORGE: ¡Detesto poner en evidencia mi vulnerabilidad ante todos ustedes, así que imagínense cuánto más detesto ser vulnerable en mi propia empresa!

ANTHONY HARNETT: Creo que Tom tiene razón. Necesitas gente que te diga cuándo estás desfasada.

JUDY GEORGE: Tengo cinco o seis personas que podrían hacer eso. Ya no quiero estar sola en la cima. Es demasiado solitario... de verdad.

ANTHONY HARNETT: No, no es nada fácil.

JUDY GEORGE: ¡Dígamelo a mí! No he dormido en ocho años.

El uso de asesores

CYNTHIA FISHER: Creo que una de las cosas más inteligentes que hice cuando empecé, fue tomar contacto con otra gente. Hay una persona, en particular, que ahora ya está retirada y disfrutando de la vida, que es mi asesor. Puedo levantar el teléfono y preguntarle: "Jim, dime que es lo que debo hacer en este caso". Viene y me endereza los entuertos. Es maravilloso.

TP: Uno de los autócratas más duros con que he trabajado es Roger Milliken, que maneja una empresa textil que tiene su nombre sobre la puerta del establecimiento, en Carolina del Sur. Es el dueño del negocio, pero se maneja mejor que nadie en el uso de grupos de asesoramiento. Tiene las agallas de llevar a su empresa gente que sabe más que él en determinadas áreas. Nunca encontré un multimillonario que supiera escuchar mejor que él.

LOUIS KANE: Uno de los problemas que tiene que enfrentar un empresario, es no estar en condiciones de pagarle a alguien. Tuve un abogado amigo que actuaba como mi mentor, pero su estudio me cobraba sus buenos honorarios por ello. Tiene que ser un camino de doble mano. De lo contrario, la cosa no es justa. Uno se entusiasma con un proyecto y espera que la gente que uno llamó para recibir su asesoramiento comparta ese entusiasmo. Pero en general, la gente está ocupada, el tiempo es oro. Si quiere un mentor, asegúrese de que esa persona reciba una compensación adecuada.

STEVE KAPNER: Bueno, hay gente a la que uno le paga de todos modos, y que está en condiciones de dar, en muchos casos, un excelente asesoramiento: ¡los empleados! Probablemente porque éramos jóvenes e ingenuos, en mi caso evitamos deliberadamente contratar un mentor o asesor externo. Teníamos la disparatada idea de querer inventarlo todo nosotros mismos. Fue algo muy poco eficiente, pero constituyó un buen aprendizaje.

Lo que más llama la atención, es que seguimos creciendo, a pesar de todo. Ahora, cuando necesitamos algún tipo de asesoramiento, vamos derecho a quienes mejor conocen el negocio: nuestros gerentes.

Cómo manejar el crecimiento=cómo desarrollar gerentes

TP: En general, las empresas suelen buscar sus ideas renovadoras en los lugares menos indicados, ya sean sus propios colaboradores o asesores externos. Y por más entusiasmo, energía y creatividad que uno tenga, todos, de una forma u otra, nos estancamos. ¿Cómo va a hacer para reinventar completamente a MacTemps dentro de cinco años, Steve? Los asesores también suelen ser muy conservadores, no importa que tengan sesenta o treinta años de edad. ¿Cómo hace para mantener su chispa y sus ganas de hacer cosas nuevas?

STEVE KAPNER: Se reinventa una empresa reinventando a la gente. Tenemos colaboradores cuyas habilidades y actitudes eran perfectas para nuestra empresa de hace siete años atrás. Pero ahora no se adecuan al rumbo que estamos tomando. Como no tenemos otro remedio, estamos despidiendo o bajando de nivel a casi la cuarta parte de nuestros gerentes de sucursales. Ha sido muy duro.

ANTHONY HARNETT: ¿Cómo hace para bajar a alguien de nivel y conseguir que no modifique su lealtad para con la empresa?

STEVE KAPNER: Mi experiencia me dice que la gente sabe cuando ya no están a la altura de sus responsabilidades. Quizás no lo admitan, pero lo saben. Por otro lado, sienten afecto por la empresa, por la gente con que están trabajando, por la cultura empresarial. Tratamos de no formularlo como una reducción de nivel; decimos que ubicamos por encima de él a alguien que tiene las nuevas habilidades que ahora necesitamos.

A todo el mundo se le dio la opción. Algunos dejaron la empresa. Eso, en realidad, fue lo más fácil. Lo más difícil de manejar es el plantel de altos ejecutivos. Si esperamos demasiado, la empresa habrá crecido tan rápido que ni siquiera les podremos decir: "Vuelvan a la universidad por dos años", porque cuando regresen, la compañía ya estará adelantada en diez años con respecto a lo que han aprendido.

BILL DAVIS: Una cosa que observé —tanto en mi empresa como en otros lugares— es lo mal que manejamos el tema de hacerle saber a la gente que tienen que actualizarse permanentemente, para mantenerse al día sobre los acelerados cambios que se están produciendo. Si lo hiciéramos bien y resultara que ellos no se actualizaron, bueno... al menos se les advirtió.

LOUIS KANE: ¿No debiera haber un programa de capacitación que ayude a la gente a moverse hacia adelante... un programa que enseñe a quienes estuvieron trabajando en la empresa durante un cierto tiempo, todo lo que necesitan para poder seguir el ritmo de evolución de la compañía?

STEVE KAPNER: Es lo que intentamos hacer: darle a la gente capacitación financiera y gerencial que no poseían. Pero eso sólo es una parte de todo el problema. No se le puede decir a alguien: "Ahora te vamos a convertir en gerente". Si alguien es una estrella en su trabajo, eso no significa que, necesariamente, sea aún mejor como gerente. Si existe alguna forma de capacitar a la gente en ese aspecto, me encantaría conocerla.

LOUIS KANE: Nosotros convertimos a todos nuestros gerentes en socios. Esa persona se convierte en propietario de parte de su sucursal (un millón de dólares). ¡Es increíble lo rápido que, con ese incentivo, una persona aprende —trabajando 79, 80 horas por semana— todo lo que necesita saber para estar actualizado!

ANTHONY HARNETT: ¿Y cuál es la rotación de personal?

LOUIS KANE: Muy, muy baja.

TP: Hace tiempo que tengo la sensación de que —independientemente de que una empresa tenga seis o sesenta mil colaboradores— estamos haciendo un pésimo trabajo en lo que se refiere a ayudar a la gente en su transición a un nivel gerencial. No creo exagerar, pero es un cambio tan importante como casarse.

BILL DAVIS: Más bien como la pubertad.

TP: Sea cual sea la metáfora que se elija, es un cambio muy grande. Sucede muy a menudo que se designa gerente a alguien, de un día para el otro, ya sea con tres o treinta personas a cargo, y se le dice que actúe. Después nos sorprendemos si fracasa.

JUDY GEORGE: ¿Cómo se sabe si alguien sirve o no sirve para actuar como gerente?

ANTHONY HARNETT: Algunos de nosotros usamos un test. Si se lo emplea bien, y se lo evalúa teniendo en cuenta, además, el currículum y la experiencia, existe una alta probabilidad de poder predecir la posibilidad de éxito de un individuo.

CYNTHIA FISHER: Yo uso uno de esos tests.

TP: Tengo una terrible aversión contra estos tests, porque se suelen aplicar de forma mecánica, sin espacio para variaciones o medias tintas. La única vez en que comprobé que servían, fue cuando los resultados se utilizaron exclusivamente como medio de comunicación. La información obtenida se comparte con el empleado, a fin de que todo el proceso se convierta en una experiencia de aprendizaje abierta para todo el mundo. Pero, sinceramente, aun en esos casos, tengo una posición escéptica, ya que el test se convierte en una especie de bandera roja que dice sobre determinada capacidad o aptitud: "usted la tiene" o "usted no la tiene". Se convierte en una excusa para justificarse ("Cynthia no sirve para eso... miren su puntaje") y en un pobre sustituto de la atención cuidadosa y personal al desarrollo del elemento humano en nuestras empresas.

La comunicación no se termina jamás

JUDY GEORGE: Recientemente recibí un tremendo shock, cuando encuesté a nuestros doscientos empleados y les pregunté cuál era su percepción de cómo se estaba manejando la empresa. Créanme, la manera en que el nivel gerencial medio veía a la empresa, resultó muy diferente de lo que revelaban las respuestas de la encuesta realizada al resto de los empleados. ¡Eso me mató!

LOUIS KANE: La comunicación es esencial para mantener a todo el mundo en la misma frecuencia de onda. Nuestros seis o siete directores ejecutivos se reunen cada dos semanas. Las veinte personas que les siguen en nivel, más esos directores ejecutivos, se reúnen cada cuatro semanas. Todas estas son sesiones de cuatro horas de duración, durante las cuales se habla de lo que la empresa hace y hacia adónde debiera marchar. Cada trimestre reunimos a todo el *staff* y a los gerentes, y hablamos realmente "a calzón quitado".

Primero se hace una presentación de la situación presente y luego mi socio y yo hablamos, cada uno, durante media hora. En realidad, repetimos la historia que comenzó quince años atrás. Tenemos que seguir inculcando ese entusiasmo original a la gente nueva que ingresa.

Luego todos los presentes formulan, en forma anónima, preguntas o comentarios por escrito. Pueden decir todo lo que quieran. Realmente es bárbaro leer lo que nuestra gente piensa realmente. Y es algo a lo que le prestamos mucha atención.

JUDY GEORGE: Recuerdo un comentario que me llegó de uno de mis gerentes: "Judy, sabemos cuánto quieres a tus clientes. ¿Sería posible que también quieras tanto a tus empleados?" Lo interpreté como "Sabemos que nos quieres, pero ¿por qué no lo demuestras?" No sólo es cuestión de dinero. La gente quiere que se le preste atención, que se la escuche.

LOUIS KANE: Nosotros nos aseguramos de que todo el mundo sepa, que lo que sucede en nuestra casa central, en el sur de Boston, no tiene importancia. Lo importante es lo que está sucediendo en nuestra filial y que estamos allí para apoyar a esa filial. De lo contrario, no serviríamos para nada.

BILL DAVIS: Comunicar la pasión original, ayuda a renovarla en uno mismo. Hay que transmitírsela a la gente. De cualquier manera, como pueda. Luego, deje que la gente le conteste.

TP: Hal Rosenbluth, que está al frente de la gigantesca agencia de viajes y turismo Rosenbluth Travel, es un fanático de la última tecnología, pero, además, envía crayones —¡sí, crayones!— a sus colaboradores, para que hagan dibujos representando lo que consideran los objetivos de la empresa. ¡No se imagina las cosas que recibe como respuesta! Pero el sistema de comunicación funciona, porque todos saben que Hal va a mirar todos los dibujos que recibe.

JUDY GEORGE: Recibir esas respuestas tan honestas en la encuesta, fue lo mejor que me sucedió. Todo cambió, es como el día y la noche. Concentré mi antención en la gente, en lugar de hacerlo en mi propia angustia por llegar. El bienestar emocional de la empresa ha mejorado y mi nivel de terror bajó considerablemente.

Complacencia y reinvención

FRANK VON HOLZHAUSEN: ¿No se corre el riesgo de que, al perder ese nivel de terror se caiga en la complacencia?

TP: ¡En absoluto! Creo firmemente que el éxito mata. Conduce al conservadurismo y a la arrogancia y ni siquiera hace falta llegar a ser arrogante. El conservadurismo solo ya es bastante nocivo.

FRANK VON HOLZHAUSEN: Y, lo peor de todo, es que uno ni siquiera se da cuenta de que se ha vuelto conservador.

TP: Hay que estar dispuesto a expandir y diversificar el negocio.

NANCY WILBER: Lo siento, no estoy dispuesta ni a expandir ni a diversificar mi negocio. ¿Existe alguna alternativa?

TP: Creo que no.

FRANK VON HOLZHAUSEN: Tom, tú tienes un negocio. ¿Estarías dispuesto a ampliarlo o diversificarlo?

TP: Sí. Pero, de cierta manera, es una respuesta demasiado simple de mi parte. Dado que mi negocio incluye escribir, la pregunta difícil sería: ¿Estaría dispuesto a empezar a escribir libros sobre, digamos, educación en lugar de management? No sé, no estoy seguro. Pero quizás sería una buena idea, aun cuando, a la larga, vuelva a escribir sobre los temas que me ocupan ahora. Es duro. ¿Cómo hace uno para desprenderse de su bebé?

DICK FRIEDMAN: Para mí es muy fácil. No tengo interés en manejar nada. Lo que me gusta es la gloria inicial de la creación, después me aburro. Sigo con algo por un tiempo, lo pongo en marcha... y lo dejo. Tengo una forma de ser tan empresaria, que puedo gerenciar cualquier cosa, incluso mi propia vida. Y mi secreto es que lo sé.

NANCY WILBER: Sé que no podemos manejar el futuro, pero... ¿en qué medida debiéramos preocuparnos por él?

ANTHONY HARNETT: La clave está en concentrarse en el cliente. Hay que dejar que el cliente nos guíe hacia el futuro.

TP: ¿Pero cuál o cuáles clientes? Ed McCracken, director ejecutivo de Silicon Graphics, habla de los "clientes-faro", gente que suele estar cinco años adelantada a su tiempo y lo empujan hacia el futuro. Escucharlos significa mantenerse en contacto —y a la vanguardia— del mercado.

FRANK VON HOLZHAUSEN: Tenemos diez clientes que representan alrededor del 70 por ciento de nuestro negocio. Más bien creo que nos tenemos que guiar por ellos.

TP: ¡Un momento! Es posible tener una relación demasiado estrecha con un gran cliente. La relación se estanca y se vuelve monótona, ninguna de las dos partes aporta aire fresco. Con eso, uno desmotiva a sus colaboradores, sin hacerle demasiado bien al cliente. Ese es el momento en que hay que deshacerse de ese cliente clave. Como consultor, lo hice más de una vez.

JUDY GEORGE: Se necesitan agallas para hacer algo así.

TP: Sí y no. Una persona estancada, que trata con un cliente que no exige nada, con el tiempo puede llegar a ser mortal. Impide que uno se reinvente, que rompa el molde.

Basta con mirar alrededor, todo el mundo utiliza el mismo programa de diseño computarizado: mi cámara está hecha con el mismo criterio de diseño que mi bañera, y también que mi automóvil. A veces, en la calle, veo delante de mí a un automóvil de gran elegancia, que luego resulta ser sólo un vehículo de 11.000 dólares, para el que se utilizó el mismo programa de diseño que para el vehículo de lujo. Una de las víctimas de esa nivelación es la lealtad a una marca.

Nuevas bases para la lealtad a una marca

BILL DAVIS: No creo que la lealtad a una marca se haya muerto, sólo se la está redefiniendo. El consumidor comienza a elegir la marca que responda a lo que él quiere, a sus propios intereses y criterios. Se ha ido desarrollando un punto de vista holístico. Nadie sabía quién fabricaba el Charmin y eso no era importante. Pero ahora, cada vez más, la gente quiere saber qué empresa está detrás de un determinado producto, cuáles son sus valores, cómo trata a sus empleados, como trata al medio ambiente.

TP: El fenómeno de Nike, Body Shop y Tom's de Maine.

BILL DAVIS: ¡Exactamente! Tiene que ver con una sensación de bienestar, y con la forma en que las buenas empresas se diferencian de las demás, ignorando las marcas tradicionales que se basan sólo en un producto.

ANTHONY HARNETT: En la actualidad, detestaría ser fabricante. Creo que la venta al detalle tiene un poder casi absoluto para influir en el cliente; si el minorista ofrece un alto nivel de servicio, tiene un enfoque de marketing fuera de lo común y tiene buena reputación. Creo que el comercio minorista innovador puede robarle al fabricante la lealtad de sus clientes.

TP: Estoy de acuerdo en que un comercio minorista sobresaliente puede convencer al cliente —tal como lo hizo Nordstorm durante años— que no vale la pena tener nada que no se encuentre en sus negocios. Pero mi opinión es que un fabricante con audacia también puede fascinar.

En una fiesta de los ex alumnos de Ingeniería de Cornell, me encontré con una persona que había inventado una maquinaria que aplica las etiquetas con la marca sobre naranjas y manzanas. Es una tecnología tremendamente sofisticada que tuvo un éxito increíble.

JUDY GEORGE: Creo que en la industria del mueble no se ha producido nada nuevo en muchos años. Toda la creatividad está en los distribuidores minoristas. Me encantaría tener un socio fabricante que buscara nuevas ideas y desarrollos.

TP: ¿Acaso Bloomingdale's no hizo algo por el estilo? Reinventaron sus tiendas como una colección de negocios y lograron establecer relaciones excepcionales con diseñadores de primera línea. Barneys y algunos otros, en todo el mundo, han copiado la idea, pero Bloomingdale's lo viene haciendo desde hace ya un buen tiempo.

Si se hizo una vez, ¿por que no habría de poder hacerse de nuevo?

JUDY GEORGE: Incluso estoy pensando en compartir el paquete accionario, para darle al fabricante un incentivo para hacer algo especial.

TP: Apostaría mi granja (esto no es una metáfora... tengo una granja) a que el secreto de tu éxito futuro estará en encontrar un proveedor pequeño e innovador, que fabrique cosas muy especiales para tu empresa. La cuestión es... ¿tendrás el tiempo y la energía como para descubrir ese fabricante al estilo de Thomas Moser (un fabricante de muebles finos en Maine), que haga una mesa bellísima por 750 o 2.000 dólares?

JUDY GEORGE: Eso es, exactamente, lo que pienso hacer.

PAM KELLEY: Judy, ¿conoces la historia de Calyx y Corolla, la empresa que envía flores naturales por correo directo? Asistí a una charla dada por su fundadora, en la que contó que estableció dos sociedades, una con cultivadores de flores al por mayor, en su Estado, y otra con Federal Express.

DICK FRIEDMAN: Encuentro que en mi tipo de negocio, no es productivo dar participación a los proveedores. Si ellos mismos no son empresarios, nunca pensarán como empresarios. Por el contrario, pienso que es contraproducente. Lo mejor que se puede hacer es ser un buen cliente.

BILL DAVIS: Coincido contigo.

JUDY GEORGE: Pero entonces ¿cómo se hace para entusiasmarlos?

DICK FRIEDMAN: Creo que lo que hay que hacer es pagarles bien y tratarlos bien, pero no creo que tenga sentido darle a un proveedor, por ejemplo, el uno por ciento del negocio. Es un regalo y ellos lo ven como regalo. Además, procuro no hacer negocios con gente que no me gusta. No quiero llegar a ser una de esas personas que, cuando llegan a su casa, se lamentan, diciendo "odio a todo el mundo en mi trabajo". Trato de trabajar con gente que me resulte agradable y creo que ellos valoran mi aprecio mucho más que dos centavos de mi capital.

¿Espacio para la innovación? ¿O no?

PAM KELLEY: Volviendo sobre el tema de por qué hay tan poca innovación... me parece que los hipermercados tienen mucho que ver con eso. ¿Qué fabricante puede mantenerse firme frente a un Wal-Mart que distribuye la mayor parte de su producción? ¿Cómo puede ser creativo, si Wal-Mart le dice "esto es lo que quiero"?

TP: Pero en el mundo no todos son iguales. Me encanta Wal-Mart. Pero... ¡al diablo con él! Encuentre distribuidores o clientes que le dejen hacer lo que usted quiere (suponiendo que lo que hace es especial y diferente) y olvídese de Wal-Mart.

DICK FRIEDMAN: Depende del ramo en que yo estuviera, no sé si querría olvidarme de Wal-Mart.

TP: Pareciera que el mundo está yendo en dos direcciones distintas. Por un lado, se ve crecer la concentración en algunos pocos lugares. Por el otro, se observa una explosión de especialistas. Por cada Barnes & Noble que entra en la competencia, aparecen cientos de libreros independientes. Lo mismo vale para la producción de un libro; hubo una importante consolidación entre las grandes editoriales y, al mismo tiempo, aparece una cantidad nunca vista de pequeñas editoriales que se especializan, por ejemplo, en libros sobre la cocina mexicana del siglo XVIII en el Estado de Chihuahua. Se observan tendencias diametralmente opuestas.

PAM KELLEY: Siempre habrá un mercado para el producto especial y diferente.

BILL DAVIS: Y para la idea brillante.

TP: Es una paradoja, pero cuanto más grandes se hacen los grandes, tanto más espacio hay para que el pequeño se meta con algo en verdad revolucionario.

ANTHONY HARNETT: Bueno, esa es la esencia de la actividad empresarial. Hay que meterse en el mercado con todo lo que se tiene.

171

"El destino sigue sucediendo."
Anita Loos

¡LISTADOS!

172 Los campeones del turnaround

Durante los últimos diez años, centenares de altos ejecutivos se han tenido que enfrentar con cambios realmente monstruosos, pero sólo muy pocos de ellos hicieron un *turnaround*, es decir, un giro de 180 grados, cambiando de conducta y de rumbo. Entre estos pocos están Jack Welch de General Electric, el ya desaparecido Mike Walsh de Union Pacific Railroad y Tenneco, y Percy Barnevik de ABB Asea Brown Boveri. ¿Qué tienen en común esos tres "dínamos"?

■ **Son tremendamente sagaces e inteligentes.** La mayoría de los presidentes ejecutivos que encontré son muy talentosos. Pero Welch, Walsh y Barnevik constituyen casi una categoría especial. A mí, personalmente, me da miedo el talento y la capacidad de trabajo que tienen esos tres tipos. No intente "mojarle la oreja" a ninguno de ellos.

■ **Tienen una energía casi sobrenatural.** En general, un presidente ejecutivo tiene una gran energía. Pero estos tres especímenes salen de toda norma. Strat Sherman, de *Fortune*, afirma que Welch, a quien entrevistó largamente, "tiene 2.000 por ciento más de energía que el resto de los mortales." (1) Lo mismo vale para Walsh y Barnevik. Con sólo mirarlos ya quedo exhausto.

■ **Tienen un concepto casi irracional de la acción.** Si bien Welch, Walsh y Barnevik son grandes pensadores, también son tremendamente impacientes. Al igual que Ross Perot, no toleran ni comprenden la más mínima demora o postergación. Para ellos, las barreras normales no existen, ni aceptan que quienes trabajan para ellos se detengan ante las mismas. Cuando uno se compromete a algo, lo hace, y ni la ira divina ni las fuerzas de la naturaleza o de la competencia son excusa válida para no terminarlo a tiempo.

■ **Lograron sintetizar su ideal.** Este trío del cambio, ha logrado dominar su discurso. Si bien los tres son maestros en sutilezas retóricas, han logrado reducir su mensaje a un puñado de principios críticos, con los que bombardean sin cesar a su gente de línea, a sus altos ejecutivos, a sus analistas financieros y, sin duda, también al verdulero de la esquina.

■ **La hacen corta.** Welch, Walsh y Barnevik tuvieron muy claro que la época de las medias tintas ha pasado hace tiempo. Dieron el golpe de timón de una sola vez. Tomaron conciencia de que sólo se les ofrecía una única y breve oportunidad para montar una verdadera revolución, y la aprovecharon. A pesar de que se tomaron el tiempo de construir puentes con los colaboradores de larga data que quedarían desafectados, lograron, sin embargo, comprimir en unos pocos meses, lo que, según otros directivos de su mismo nivel, hubiese llevado años de trabajo.

■ **Sienten repugnancia por la burocracia.** Muchos altos directivos, a pesar de ser impacientes y muy activos, pronto caen presa de sus burocracias. Estos tres parecieran tener una aversión genética hacia cualquier forma de burocracia: la ira de los dioses caerá sobre cualquiera, ejecutivo o cadete, que

> **"Lidere, siga o salga del camino ya mismo."**
>
> **Ted Turner**

permita que problemas de jurisdicción, manuales de procedimientos o "la manera en que siempre (solíamos) manejar esto aquí" interfieran con el progreso.

■ **Son fanáticos de la eficiencia.** Welch, Walsh y Barnevik redujeron drásticamente los niveles burocráticos, les dieron alas a sus gerentes independientes... y luego tomaron los pies de esos nuevos caciques y los acercaron peligrosamente al fuego. Es verdad que el mundo es ambiguo y cambia rápidamente pero ellos piensan que si a ustsed se le asignó una tarea y se le dio toda la libertad imaginable para hacerla... ¡hágala!. Actúe, demuestre eficiencia. "Lidere, siga o salga del camino ya mismo" es como Ted Turner formula esa posición.

■ **Son francos y directos.** Un dirigente sindical me comentó que Pat Carrigan, la primera mujer que dirigió una planta de armado de General Motors "no tiene ni una pizca de falsedad". Welch, Walsh y Barnevik también tienen una afinidad visceral por la verdad. No importa si las noticias son buenas o malas, las dicen de frente y sin rodeos. A su vez, esperan la misma franqueza de quienes trabajan con ellos. Punto.

■ **Lo pasado, pisado.** Estos ejecutivos piensan y deciden con rapidez. Y no vuelven sobre el trabajo de ayer. David Glass, el máximo ejecutivo de Wal-Mart, dice que la mayor habilidad del desaparecido Sam Walton era su capacidad de dejar atrás el ayer y seguir adelante con la tarea del día. Esto también es la posición de Welch, Walsh y Barnevik.

■ **Medio pan no es pan.** "No está hecho, hasta que no esté totalmente hecho", podría ser el lema de Welch, Walsh y Barnevik. En los últimos tiempos hemos visto demasiados *turnarounds* realizados a medias: Xerox, Kodak, DuPont. Para los tres líderes de quienes estoy hablando, hacer algo a medias equivale a no hacerlo.

■ **Son individuos obsesivos.** No soy psicólogo, pero el término "obsesivo" no me parece exagerado para describir a estos directivos. Creen que lo imposible es posible y están decididos a probarlo y seguir probándolo día tras días. En síntesis, no me gustaría interponerme entre ellos y lo que quieren lograr.

¿Hay otras capacidades que caracterizan a los cambios radicales en gran escala? Sin duda. Por ejemplo, Welch, Walsh y Barnevik no poseen la desaforada brillantez de Michael Eisner, que era la cualidad indispensable para lanzar a la alicaída Disney hacia una nueva y deslumbrante trayectoria. Pero GE, Union Pacific, Tenneco y ABB tenían que deshacerse de prácticas ya obsoletas, pero que habían servido durante décadas. Y nuestros héroes fueron los maestros del serrucho eléctrico.

Pero hicieron algo más que cortar. También fueron los maestros de la reconstrucción, si bien no en la misma medida que lo fue Eisner. Analizando estos casos, llegué a la conclusión de que la destrucción masiva y acelerada es imprescindible en las empresas en decadencia. Pero sin la reconstrucción igualmente acelerada, todo el dolor de la destrucción es en vano.

Welch, Walsh y Barnevik merecen una estatua a la renovación empresaria. No son fáciles de imitar. Pero a pesar de que no es posible recibir una inyección de energía o de coeficiente intelectual, las actitudes mentales que los diferencian del montón, nos enseñan a todos estas cosas fundamentales: actuar, obsesionarnos, no mirar hacia atrás, no hacer las cosas a medias, etc.

173 Las lecciones de las crisis

Todos tratamos de darle una mano a la vida: procuramos comer bien, hacer ejercicios, reciclar, ser buenos padres, esposos y ciudadanos, etc. Hacemos lo mejor que podemos. Y si no es suficiente... bueno, al menos lo intentamos.

Y de pronto, por ejemplo, un problema de salud desencadena una crisis que nos hace tomar conciencia de que la vida es, en efecto, cosa de vida o muerte. Todas las otras preocupaciones quedan a un lado y parecen banales. Los psicólogos dicen que esos son los momentos en que realmente aprendemos... y crecemos.

Muchos de los que me están leyendo habrán pasado, sin duda, por un problema de salud, ya sea personal o de alguien muy allegado. Ojalá que el desenlace haya sido favorable. Pero una vez que la tormenta pasó y las nubes se disiparon, ¿qué podemos aprender de esas experiencias y qué, de todo lo aprendido, es aplicable al mundo de los negocios?

■ **La percepción lo es todo...** y por demás maleable. El tiempo se detiene o se estira interminablemente. La espera de tres días, hasta recibir el resultado de un análisis, equivale a tres meses de la vida normal. Recuerdo cada segundo —o al menos eso me parece— de las interminables cinco horas de espera, aquella vez que mi esposa entró a cirujía, en 1991. ¡Nunca antes, cinco horas me parecieron tanto tiempo!

Mensaje: Un segundo no es un segundo. Y eso tiene enormes consecuencias sobre nuestra vida empresarial cotidiana. No existe una sola, verdadera e inflexible realidad... Por ejemplo, no hay una determinada medida para el servicio, la calidad o el valor. Nunca le damos a la percepción toda la importancia que tiene. Nuestro entrenamiento occidental implica que todos los fenómenos son mensurables a través de parámetros sobre los cuales "el hombre o la mujer razonable no pueden discrepar". ¡Que palabrerío tan peligroso!

■ **Aceptar el impacto de las emociones.** Alrededor de seis largos días después de producida la crisis de salud de mi esposa, mi cuerpo y mi mente comenzaron a bloquearse a causa del estrés. Estaba tan mareado que no podía conducir. Esta situación se prolongó por varios días.

En los negocios, tratamos de ocultar las emociones, en especial en aquellos ambientes, en los que predomina el sexo masculino ("los hombres no lloran"). Minimizamos la importancia y el cuidado de las relaciones. Lamentamos el tiempo que insume atender la parte afectiva en el campo laboral. Pero ni siquiera el más rudo de los machos, puede negar la avalancha de sentimientos que nos invade en tiempos de crisis. Haríamos bien en recordar que esas emociones siempre están presentes, de alguna forma, y que siempre exigen un reconocimiento explícito.

..........posible, y están decididos a probarlo.

■ **Los grandes efectos de las pequeñas causas.** Técnicamente, es el médico de cabecera o el cirujano en jefe quien desempeña el rol principal para resolver una crisis de salud. Uno se limita a poner la vida en sus manos. Pero a medida que la crisis va pasando, a quien más recordamos es, por lo general, a esa enfermera que se tomó algunos minutos adicionales para friccionarnos la espalda dolorida, para ayudarnos a encontrar una posición más cómoda o para explicarnos que un determinado malestar del postoperatorio era normal.

La traducción de esto para el mundo empresarial es obvia: nuestros creativos diseñadores, eficientes ingenieros y brillantes hombres de *marketing*, son las estrellas. Pero aquellos a los que normal, y equivocadamente, denominamos "servicios de apoyo" (proveedores de servicios, receptores de pedidos, equipos de distribución) debieran recibir el mismo reconocimiento. Porque, lo merezcan o no (por lo general lo merecen), son ellos quienes terminan influyendo sobre la percepción que el cliente tiene de la empresa... quizás más que las estrellas de la compañía.

■ **Somos capaces de manejar los cambios.** Mi esposa salió del hospital conectada a una parafernalia de tubos y cánulas. Para nuestra gran sorpresa, ella, yo y nuestros amigos, nos acostumbramos a verla con todo eso, en el término de 48 horas; y a las 96 horas todo ese aparataje había desaparecido de nuestra pantalla de percepción. El ser humano es capaz de manejar y superar enormes cambios con rapidez y facilidad mucho mayor de la que imaginamos.

Hoy en día, se habla mucho de que el trabajador común no está a la altura de los impresionantes cambios que exige la tarea empresarial. Es una suposición errónea y arrogante. Por más grandes que sean los cambios que están transformando a la empresa moderna, los mismos no le llegan ni a los talones, por ejemplo, a los traumas que trae consigo una enfermedad y, en esos casos, la mayoría de la gente —incluso, por supuesto, los trabajadores— los supera relativamente bien. La realidad es que los verdaderos enemigos del cambio son los ejecutivos que temen perder su poder.

■ **La necesidad de saber.** En el caso de una emergencia médica, uno está pendiente de cada susurro, de cada fragmento de conversación entre los médicos, de cada pequeño síntoma. Y el poder curativo de la información, a menudo, iguala al de los más poderosos calmantes farmacéuticos.

Esa necesidad de saber también se refleja en la vida empresarial cotidiana. Un colega (cliente, vendedor, proveedor) informado, es mucho menos ansioso y aprensivo.

■ **Concentración.** Más de cien ítems importantes de nuestra lista de cosas pendientes, quedan de lado cuando se produce una emergencia. Esa reunión fundamental resulta ser una reunión más... y obviable. Las crisis nos demuestran, una y otra vez, cuan intensamente nos podemos concentrar en algo, si somos capaces de ignorar lo superfluo.

Lección: Al final, uno es recordado profesionalmente por los dos o tres proyectos claves en los cuales influyó de manera decisiva. Aun cuando, sin lugar a dudas, hay que hacer una serie de tareas de rutina a lo largo de la vida (incluso el directivo máximo de los Estados Unidos —Bill Clinton— lo hace), cuanto más uno se pueda concentrar en la tarea central, tanto mejor... para usted, para sus compañeros de equipo y para su empresa.

Las crisis no son divertidas. Pero resultan ser muy buenas maestras.

174

P.: Tengo un consultorio de kinesiología en una pequeña ciudad. Dado que no puedo pagar sueldos muy altos ni ofrecer grandes beneficios ¿cómo puedo motivar a mis colaboradores?

R.: Empecemos por el principio: ¿No se le ocurre alguna forma de reinventar su consultorio como para atraer a una mayor cantidad de clientes, a fin de poder mejorar los sueldos y los beneficios de su equipo? Me imagino que, de entrada, su respuesta probablemente será: "Se ve que no sabe lo que es vivir y trabajar en una pequeña ciudad del interior".

Quizás tenga razón. (A pesar de que vivo en una muy pequeña ciudad del interior durante gran parte del año.) Pero lo que sí puede hacer, es reunir a su gente y decirles, con toda franqueza: "Miren, sé que este consultorio es pequeño, pero, personalmente sueño con crecer y convertirme en un empleador deseable. Estas son las cifras y las realidades de este emprendimiento. ¿Qué creen ustedes que podemos hacer para transformar este lugar en algo excepcional y próspero?" Lo más probable es que reciba propuestas muy interesantes, siempre y cuando sea sincero y tenga la paciencia de aguantar las primeras discusiones caóticas. Incluso, es posible que su equipo de colaboradores, debidamente motivado, sea quien termine atrayendo a esa mayor cantidad de clientes.

175 Cuando los medios son sus clientes

Ya van quince años que trato, casi a diario, con la prensa. He sido elogiado, alabado, puesto en la picota, citado y citado fuera de contexto. La prensa me creó. Y la prensa me sacó de quicio.

A lo largo de ese camino, he aprendido algunas lecciones que al final me han dado buenos resultados:

■ Diga toda la verdad. La palabra clave es "toda". Son muy pocos los hombres de negocios que mienten. Pero la mayoría no reconoce toda la verdad, hasta que no se los enfrenta con una evidencia fotográfica. Por lo general, los periodistas son muy sagaces, e incluso los más novatos parecieran venir con un detector de mentiras incorporado. Una verdad que sólo llega hasta cierto punto, es lo más sospechoso de todo.

■ Cambie su historia si la historia cambia. Las cosas no siempre son lo que parecen, y el tiempo saca nuevos hechos a la luz. A veces, el mejor esfuerzo de ayer, de decir toda la verdad, se deteriora ante nuestros ojos. Aferrarse a la posición de hace doce horas o doce días, no logrará que la nueva y contradictoria evidencia desaparezca.

■ No se altere ante citas fuera de contexto. Toda la vida está "fuera de contexto". Mary y su equipo se preparan durante semanas para hacerle una presentación compleja, de dos horas de duración. Después usted lo encuentra a Joe en el pasillo y le resume la presentación, diciendo: "Mary dice que la demanda para nuestra nueva salsa picante parece ser buena". ¿Le parece que eso no es una cita fuera de contexto? Seamos sinceros: la única nota que lo pondría contento, sería una que comenzara "El brillante Martin Mainman me otorgó una hora de su precioso tiempo el jueves pasado, y esto es lo que me dijo..." (sigue transcripción textual). ¿Sabe una cosa? Esto no va a suceder.

■ Conteste las llamadas telefónicas de inmediato. Los periodistas siempre están sobre el día o la hora de cierre, perseguidos por tiranos mezquinos e implacables (por ejemplo, los editores) que dominan sus cuevas. Si usted logra entender las necesidades laborales de ese periodista que lo acosa, habrá dado un gran paso hacia adelante.

■ Los medios son su cliente. En el ambiente de hoy en día, con más competidores, más productos y más medios, el periodismo puede ser un aliado importante (pregúntele a Richard Branson del Grupo Virgin o —allá por 1982— a Steve Jobs de Apple's). Trátelo como un aliado y tendrá la mitad de la batalla ganada. Trátelo como a un adversario, y recibirá lo que se buscó.

■ Olvide las directivas empresariales. Su planta tiene un derrame tóxico. Maneje a los medios de acuerdo con sus propios criterios. Ignore a los fulanos de relaciones públicas de la empresa, que cobran su sueldo por proteger las espaldas de sus jefes. (Ellos le van a recomendar que se haga el sordomudo.)
Sea amable. Esté disponible. Al diablo, la planta está a su cargo y usted, algún día, quiere llegar a ser presidente y ese cargo lo obtendrá porque estuvo a la altura del desafío, en

lugar de esconderse detrás de los maricones de la casa matriz en un momento difícil como ese.

■ Asuma una perspectiva a largo plazo. En la parte comercial, lo que cuenta es la reiteración de los negocios. Y en la relación con los medios, lo que cuenta es la continuidad de la relación.

¿Así que la prensa lo "hizo pedazos" (injustamente, según usted) en una nota?

Por lo general, lo que va, vuelve. Así como en el tenis los *umpires* se las ingenian para corregir en el próximo *game* el error cometido en el anterior, los medios terminan retractándose elegantemente cuando se equivocan. Pero haga un gran escándalo por la paliza inmerecida de hoy... y se la darán peor la próxima vez.

■ Tenga presente que también en los medios hay tipos retorcidos. Son clientes miserables y periodistas malintencionados. Pero formarse un juicio general en base a uno o dos "hijos de su madre" es muy necio y poco recomendable.

■ Tómelo con calma, está tratando de luchar contra molinos de viento. En general, el empresariado le ha dado la espalda al periodismo. Los medios tienen sus buenos motivos para ser desconfiados. No puede re-escribir la nota (salvo a nivel local, cultivando la buena voluntad de cada periodista novato de 23 años, que golpea su puerta para hacer la primera nota que le asignaron en su carrera).

■ No tome sus comunicados de prensa en serio: la prensa misma no lo hace. No se altere si sus comunicados de prensa terminan en el tacho de basura. ¿Se imagina lo que significa leer ese tipo de autobombo insípido día tras día? Todos los comunicados de prensa se reducen en un noventa por ciento... lo que corresponde al contenido lógico que debiera tener el comunicado (exactamente, 10 por ciento de su texto original).

■ Permita que los medios accedan a la "gente de verdad". La

mayoría de las empresas siempre dejan que sus ejecutivos pongan la cara. ¡Craso error! "Ellos", es decir, la gente que está donde pasan las cosas, son considerados mucho más confiables que sus jefes. La gente de la línea suele hablar un idioma sencillo, que es entendible para sus vecinos. Así que, deje que los periodistas hablen con su gente. (Por supuesto, siempre y cuando no tenga nada que ocultar.)

■ ¡Diga algo diferente! Sí, "ellos" (los medios) están buscando algo que tenga impacto en el público. Si usted no tiene nada nuevo e impactante que decir, no se sorprenda si le cortan su tediosa entrevista de treinta minutos para darle espacio a una frase incendiaria de un ex empleado que fue desvinculado de la empresa.

■ Pruebe con la radio. La radio es un medio muy potente. Además, por las características propias, es probable que le den quince minutos para contar su historia, en lugar de los treinta segundos en televisión o el breve párrafo en la página de negocios del periódico.

176 El "tonto" Allen

Allen Puckett es el mejor consultor con que he trabajado en mi vida. La clave de su éxito es que, a pesar de que es una de las personas más brillantes que conozco, formula las preguntas más estúpidas que uno se pueda imaginar.

Los ejecutivos, los consultores que cobran abultados honorarios y los brillantes graduados de las Business Schools, tienen todos el mismo problema: la mayoría cree que se supone que deben tener respuestas para todo. Observe a los altos directivos que recorren la planta. Es muy raro oír que alguno de ellos formule una pregunta interesante (tonta). Tienen miedo de ensuciar su imagen (en realidad, la imagen que tienen de sí mismos). Se ovidan de que es una serie de "¿Qué diablos es esto?", lo que conduce al fondo del problema. A los operarios, como a todos nosotros, les encanta hablar de lo que hacen. Y respetan en gran medida a quien tenga el sentido común de formular esas preguntas absolutamente ingenuas.

Así que, pregunte. Aun cuando crea que sabe. (Probablemente no sepa nada).

☞ **¡PIÉNSELO!**

177 Los secretos de las presentaciones

¿Así que usted no siempre es el centro de la reunión? ¿Ni dirigió grupos de debate en la escuela secundaria? ¿Y resolver una ecuación diferencial lo espanta más que escuchar una vieja grabación con las charlas de entre casa de F.D. Roosevelt?

Ninguna de esas carencias bloqueará una brillante carrera. Pero, seamos francos, si usted pudiera dar una charla algo más chispeante, las cosas le irían mejor, ¿no es así? De tanto en tanto, todos necesitamos cierta capacidad de persuasión para ganar adeptos que nos apoyen. Le guste o no le guste, la verdad es que cierta facilidad para comunicarse en público es de vital importancia.

Como desde hace mucho tiempo soy una especie de charlatán profesional, puedo aconsejarle lo siguiente:

■ **Nada mejor que la práctica para mejorar.** Por más obvio que esto suene, hay mucha gente que lo ignora. Existen muy, muy pocos compositores, golfistas o corredores de automóviles natos. Y no hay oradores natos... al menos, yo nunca conocí a ninguno.
Recomendación: La única forma de aprender a hablar mejor, es hablar y hablar. Se necesitan diez años de intenso entrenamiento para recibirse de doctor en física o de oficial carpintero, ¿cómo puede usted suponer que adquirirá la capacidad de un sofisticado orador, sólo por ósmosis?

■ **Olvide todas las reglas convencionales, menos una.**
Francamente, la mayoría de las reglas para ser un buen orador
—saque las manos de los bolsillos, no diga "ejeeeem", tenga preparada una frase inicial para romper el hielo— son basura. Pero hay una regla de oro: no se desvíe de su tema central y dé

rienda suelta a la pasión que siente por el mismo. No hay nada que capte tanto la atención de una audiencia como el entusiasmo, obvio y evidente, del orador. Esto vale tanto para una charla de promoción para vender un sistema de computación de 200.000 dólares como para una arenga para salvar el medio ambiente. Si sus sentimientos hacia el tema son tibios, más vale que cierre la boca.

■ **Cuentos, cuentos y más cuentos.** Los cuadros y los gráficos tienen su lugar —y un lugar bastante prominente— en muchas presentaciones de negocios. Sin embargo, aun la audiencia más técnica o analítica recordará esa frase aguda del presentador ("A esa empresa le importa un comino lo que nosotros hacemos") mucho tiempo después de haber olvidado el diagrama de barras multicolor, generado en su Pagemaker 5.0, mostrando la "apertura mental" de la empresa en el punto 2.62 de una escala de validación sociométrica de 7 puntos.

Los mejores oradores, ya sea el presidente de los Estados Unidos o un doctor en química, ilustran generosamente sus charlas con historias cortas pero impactantes. De hecho, los discursos con mayor poder de convicción, a menudo, son apenas un poco más que una serie de esas historias, hábilmente hilvanadas por un esquema básico para apoyar una o dos ideas fuerza.

■ **¡Por Dios, ni se le ocurra escribirlo!** Quizás la espontaneidad no lo sea todo, pero por ahí anda. Esto no significa que haya que improvisar. Paradójicamente, una cuidadosa preparación genera seguridad y, por lo tanto, fomenta la espontaneidad. En síntesis: nunca, nunca, escriba todo su discurso. Si lo hace, se convertirá en el esclavo de sus palabras escritas e inevitablemente perderá el 75 por ciento (o el 90, 95 o 97 por ciento) del impacto emocional.

■ **Ni piense que le va a salir perfecto.** Después de décadas de pronunciar discursos y disertaciones, cuya duración varía de cinco minutos a cinco días (¡con intervalos!), todavía me queda por hacer "la" presentación, esa que me deje 100 por ciento satisfecho. Pero mañana será otro día. Hay que olvidar eso de "esta es la única oportunidad que tengo para lucirme". Si usted más o menos vale, tendrá muchísimas oportunidades para lucirse, y esa presentación de diez minutos hecha ante EL COMITÉ DE DIRECCIÓN (así, con mayúsculas) a la edad de veintiocho años, no va a decidir su carrera. Si usted está convencido de que es "ahora o nunca", estará tan tenso que va a tratar de batear antes de que el *pitcher* haya terminado de tomar impulso.

■ **¡Respire!** Hasta el día de hoy, me acaloro y se me corta la respiración antes de cada discurso. A pesar de que no soy ningún profesional cuando de meditación se trata, una de las posibles soluciones es cerar los ojos (o no) e inspirar profundamente cinco a diez veces (aun frente a terceros), antes de subir al podio o de sentarse en la silla de la sala de reuniones para participar en esa importante conferencia.

■ **Aléjese del podio.** Supongo que en la oficina no estará rígido como un cadáver. Tampoco en su casa. Entonces, ¿por qué comportarse como si estuviese muerto y duro cuando tiene que hacer una presentación importante? Escriba sus notas sobre tarjetas de fichero (en letras grandes si su vista, como la mía, está sintiendo que los años no vienen solos), así no estará obligado a quedarse clavado frente a su guía sobre el podio. Camine. Alrededor de la mesa, entre el público, alrededor del estrado. Si usted demuestra que se siente cómodo, también su público se sentirá más cómodo. (Sí, ya sé que esto requiere mucha práctica... pero funciona y el esfuerzo vale la pena)

■ **Aflójese... de todos modos no los va a convencer.** Un discurso no se hace con el fin de convertir a sus enemigos acérrimos en hinchas fanáticos. No creo que el célebre discurso de Martin Luther King "Tengo un sueño" ("I Have a Dream") haya convertido a George Wallace en un defensor de los derechos civiles. Una presentación es, básicamente, una oportunidad para reafirmar ante quienes ya coinciden con usted y sus ideas, que pueden apostar a este caballo sin equivocarse. (El discurso de King impulsó a sus seguidores a hacer mayores esfuerzos por imponer sus ideas.) Así que trate de distenderse, disfrute y preséntese como un apasionado defensor de su causa... que es lo que su audiencia espera de usted.

178   En busca de la indigestión

Ofrecer una lista de lecturas recomendadas es un acto de inmensa arrogancia. Los hábitos de lectura son personales. Sin embargo, voy a correr el riesgo de que me manden al diablo, y presentarles mi selección, quizás poco convencional, de buenas lecturas para el nuevo o veterano ejecutivo, o el potencial "top de tops".

■ **Historia empresarial.** Cuando me preparo para un seminario, leer la historia de la industria sobre la que voy a hablar, es lo único importante y útil que hago. Me resulta de gran valor entender los altibajos por los que pasó dicha industria y los cambios que hubo en las mentalidades que la dominaban. Veamos el área del comercio minorista: *Land of Desire: Merchants, Power, and the Rise of a New American Culture*, por William Leach, fue toda una revelación. Otros títulos en esta categoría son: *Money of the Mind*, por James Grant, una muy leíble pero áspera historia del mundo de los préstamos en los Estados Unidos, durante el último siglo y medio; *Poor Richard's legacy: American Business Values from Benjamin Franklin to Donald Trump*, por Peter Baida; *The World the Railways Made*, por Nicholas Faith; *The Whiz Kids: Ten Founding Fathers of American Business and the Legacy They Left Us*, por John A. Byrne; y *Hard Times*, por Charles Dickens.

■ **El mundo real de la toma de decisiones en los negocios.** Todos los títulos anotados aquí ponen énfasis en la forma desprolija y humana en que se toman las verdaderas decisiones y se concretan las verdaderas innovaciones. Aunque más no sea, enseñan humildad... y un sano escepticismo frente a los grandes designios. La verdad es que podría armar un cursillo de filosofía empresarial en base a esta pequeña selección literaria: *Barbarians at the Gate: The*

Fall of RJR Nabisco, por Bryan Burrough y John Helyar; *The Soul of a New Machine*, por Tracy Kidder; *Fast forward: Hollywood, the Japanese and the Onslaught of the VCR Wars*, por James Lardner; *Final Cut: Dreams and Disaster in the Making of Heaven's Gate*, por Steven Bach; *The Nobel Duel: Two Scientists' 21-year Race to Win the World's Most Coveted Research Prize*, por Nicholas Wade; *The Double Helix*, por James D. Watson; *National Defense*, por James Fallows; *Wide-Body: The Triumph of the 747*, por Clive Irving; *The Making of the Atom Bomb*, por Richard Rhodes; *Empire of the Air: The Men Who Made Radio*, por Tom Lewis; y *Tainted Truth: The Manipulation of Fact in America*, por Cynthia Crossen.

■ **Material transcultural.** Las preocupaciones locales y globales sobre cómo tratar con los otros son tratadas en forma inteligente (¡y muy fácil de leer!) en los siguientes libros: *Interstate Commerce: Regional Styles of Doing Business*, por Clyde Burleson (La Costa del Pacífico no es la Costa del Atlántico, etc.); *You Just Don't Understand: Women and Men in Conversation*, por Deborah Tannen; *Riding the Waves of Culture: Understanding Cultural Diversity in Global Business*, por Fons Trompenaars (ver punto Nº 147); *You Gotta Have Wa*, por Robert Whiting (¿Quiere entender el Japón? ¡Vea cómo encaran el béisbol profesional!); y para interiorizarse de una forma realmente original de encarar los temas transculturales, échele un vistazo a *Pre-School in Three cultures: Japan, China and the United States*, por Joseph J. Tobin, Daniel Y.H. Wu y Dana Davidson.

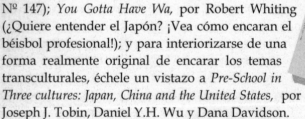

(Además, hay exclentes libros sobre distintos países. El de Andrew Malcolm *The Canadians* lo sorprenderá con verdades sobre los vecinos de los Estados Unidos, esos que los norteamericanos creemos comprender. Otros en la misma línea son: *The French*, por Theodore Zeldin; *The Germans*, por Gordon Craig; *An*

American Looks at Britain, por Richard Critchfield. Mi amigo Kenichi Ohmae, el consultor gerencial más importante de Japón, insiste en que *Shogun* de James Clavell es el mejor libro sobre Japón para nosotros, los "gaijin".)

■ **Choques de personalidades y cómo ganar en las lides políticas internas de una empresa.** Si quiere saber que pueden llegar a ser las luchas políticas dentro de una empresa, lea *The War Between the Generals: Inside the Allied High Command,* por David Irving; y *Ike & Monty: Generals at War,* por Norman Gelb. Para interiorizarse al menos un poco de la bizantina burocracia que nos rodea, recurra a *The Power to Persuade: How to be Effective in Government and Other Unruly Organizations,* por Richard N. Haass; y *What They Don't Teach You at the Harvard Business School,* por Mark McCormack.

■ **Biografías.** Diversos matices del drama humano, para ayudarnos a curar cualquier remanente de adicción al modelo racional que nos afecta, se puede encontrar en libros como *In All His Glory-The Life of William S. Paley,* por Sally B. Smith; *A Prince of Our Disorder: The Life of T.E. Lawrence,* por John Mack; *Charles De Gaulle,* por Don Cook; *Knight's Cross: A Life of Field Marshal Erwin Rommel,* por David Fraser; *American Caesar: Douglas MacArthur,* por William Manchester; y *A Streak of Luck: The Life and Legend of Thomas Alva Edison,* por Robert Conot.

■ **Innovación.** Hay muy pocos libros buenos sobre la innovación y su bloqueo. Los que cito a continuación, sin embargo, realmente valen la pena: *The Rise and Fall of Strategic Planning,* por Henry Mintzberg (ver punto N° 117); *Mastering the Dynamics of Innovation: How Companies Can Size Opportunities in the Face of Technological Change,* por James M. Utterback; *The Competitive Advantage of Nations,* por Michael E. Porter; *The Republic of Tea,* por Mel Ziegler, Patricia Ziegler y Bill Rosenzweig; *Doing Deals: Investment Bankers at*

Work, por Robert G. Eccles y Dwight B. Crane; *Bureaucracy*, por James Q. Wilson; *The Age of Unreason*, por Charles Handy; *Further Up the Organization*, por Bob Townsend; *Out of Control: The Rise of Neo-Biological Civilization*, por Kevin Kelly; y *The Paradox Success: When Winning at Work Means Losing at Life,*por John R. O'Neil.

■ **Educación.** Para echar un vistazo a lo que podría ser la educación (para todas las edades, en cualquier época y en cualquier lugar), remítase a *School's out: Hyperlearning, the New Technology, and the End of Education*, por Lewis Perelman.

■ **Sobre el tema de las ventas.** En primer lugar y de lejos: *Customer for Life: How to Turn that One-Time Buyer into a Lifelong Customer*, por Carl Sewell y Paul B. Brown. También: *The One-To-One Future: Building Relationships One Customer at a Time*, por Don Peppers y Martha Rogers; *Beyond MaxiMarketing*, por Stan Rapp y Thomas L. Collins; y *Ogilvy on Advertising*, por David Ogilvy.

■ **Economía.** Empiece y termine con *The Fatal Conceit*, por F.A. Hayek. Esta breve última obra del Premio Nobel en economía, editado por W.W.Bartley III, es un tributo al libre mercado que cambia la vida del lector (al menos, me cambió la mía).

Hay mucho más que debiera figurar en esta lista (muchos de mis amigos y escritores colegas estarán ofendidos por las omisiones) pero usted mismo puede elegir entre libros convencionales y libros "calientes" sobre management. Le aseguro que los que yo anoté aquí lo despertarán y sacudirán. Y ese es el objetivo ¿verdad? (OK, soy un agente secreto para el incremento del uso de los antiácidos que tendrá que tomar para combatir la úlcera gástrica que ese sacudón le pueda producir. ¿Y qué?)

179 Sacando a la superficie el conocimiento tácito

Todos tenemos un estilo cognoscitivo diferente, de modo que lo que voy a sugerir a continuación, quizás sólo sea aplicable a determinado tipo de mentes (la mía, por ejemplo).

Tema: Los listados.

No me referiré a los listados de las "cosas para hacer" (muy útiles, siempre que no se exagere), sino a algo mucho más importante.

Supongamos que hice mis deberes sobre un tópico determinado (por ejemplo una charla a banqueros). Tengo pilas de artículos, cientos de páginas de entrevistas transcriptas y medio kilo de tarjetas de 3x5, con anotaciones varias, desparramadas por la mesa y el piso, a mi alrededor; quizás estén más o menos clasificadas por categorías. Pero estoy abrumado. El asunto es: ¿Cómo hago para clarificar lo que realmente pienso sobre el tema, a partir de ese caos de materiales varios?

Respuesta: Vaya a otra habitación o ubíquese en otra mesa, échese hacia atrás en su asiento durante unos diez minutos, quizás apague las luces y luego haga una lista. No una lista ordenada, prolija, lógica y racional, sino una serie de afirmaciones o de pensamientos desarticulados y numerados, que le vayan surgiendo desde adentro. (Por ejemplo, "El banco local, que trata de ser todo para todo el mundo y pierde su identidad y deja de ser el amigo de la comunidad, cuando un gran banco se le instala al lado, está condenado".)

Este fue —de paso sea dicho— el origen de *En busca de la excelencia*. Yo tenía un informe de setecientas páginas (¡!) entre las manos, pero no sabía realmente lo que significaba todo eso. (Había secciones con subtítulos, pero así y todo, era un gran desmadre). La semana siguiente tenía que hacer una importante presentación de 45 minutos sobre los resultados, ante los cien principales ejecutivos de PesiCo.

Así que una mañana de mayo de 1980, me eché hacia atrás en mi sillón y cerré los ojos durante unos minutos. Luego me senté y escribí ocho frases en la primera página de un block amarillo, tamaño oficio. Las frases o puntos, con algunos modestos cambios ("Hágalo, arréglelo, pruébelo" se transformó en "Predisposición para la acción") se convirtieron en los ocho elementos básicos del libro que luego se hizo tan popular.

El filósofo científico Michael Polany nos dice que este sistema tiene lógica y sentido. Escribió extensamente sobre el "conocimiento tácito" en la ciencia. En síntesis, esto significa que sabemos mucho más de lo que creemos saber y mucho más de lo que los datos nos revelan en forma directa. Mis listados (uso esta técnica, más o menos, una vez por semana) ayudan a que aflore ese conocimiento tácito y se rompa la barrera del pensamiento gris y lineal (tomar las tarjetas, ordenarlas y apilarlas, etc. etc.) Aun cuando los listados no se parezcan mucho al resultado final (presentación, columna periodística, disertación, libro), a menudo me permiten dar un importante paso hacia adelante. Olvídese del "a menudo". Cámbielo por siempre.

¡La próxima vez que se sienta "atrapado sin salida", pruébelo!

180 El elogio de la siesta (etc.)

Recientemente me escribió un estudiante de Nueva Zelanda, pidiéndome que le revelara el secreto de mi administración del tiempo. Mi primer impuso fue ignorar el pedido... el tema me fastidia. Me irrita cuando la gente saca sus *kits* de organización. Los consultores en administración del tiempo me sacan de quicio. Sin duda, mi reacción es defensiva. No tengo secretos con respecto a mi administración del tiempo. Al contrario, considero que soy un desastre.

Sin embargo, me gusta responder a lo que los estudiantes me piden. Además, supuse que, de alguna manera, debía tener un modelo. Y se me ocurrieron cinco estrategias:

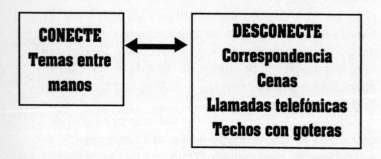

■ **Concéntrese y deje todo lo demás de lado.** A lo largo de los años, tomé la siguiente costumbre: cuando algo se pone realmente serio, conecto el tema que tengo entre manos y desconecto todo lo demás. Es más importante desconectar que conectar. La correspondiencia, las llamadas telefónicas, los compromisos sociales, la gotera del techo del galpón: todo eso queda para después.

Concentrarse con tanta intensidad en algo implica un riesgo: alienar tanto a los superiores como a los subalternos y, quizás, incluso renunciar a algún asunto. Significa que ese amigo o colega "siempre dispuesto" o el "bueno de Joe" no existe por un mes... o por un año.

■ **Aproveche bien el día.** Es de importancia fundamental entender su propio metabolismo. Yo puedo trabajar creativamente desde alrededor de las cuatro hasta las once de la mañana y, en forma razonablemente lúcida, durante unas tres horas más. Después de eso, olvídelo. Me llevó décadas darme cuenta de esto. Pero ahora, religiosamente, le presto atención a mi reloj interior.

■ **Descanse y diviértase.** Winston Churchill dormía una larga siesta, incluso cuando fue primer ministro de Gran Bretaña durante la Segunda Guerra Mundial. Me gusta esa idea, y practico una variante de la misma cuando estoy trabajando en un libro. Escribo más o menos desde las cuatro de la mañana hasta las 7:30; duermo una siesta hasta las 8:30, y me pongo a trabajar de nuevo. No deja de sorprenderme lo descansado que me siento después de una hora de almohada. Todo el mundo tiene sus momentos de cansancio durante el día. Cuando aparezcan, corte su actividad —duerma una siesta, haga meditación— y recargue las pilas.

Más allá de eso, unas cuantas semanas (o meses) de descanso y recreo, en medio de una tarea muy pesada, es estimulante en gran manera. (Trato de tomarme al menos unas pocas semanas cuando estoy haciendo los borradores para un libro.) ¡Ay de los "caballos de noria", que afirman con orgullo que nunca se toman un descanso! La pesadez y la monotonía serán su justo castigo.

■ **Busque interrupciones tontas.** Estudios sobre el tema sugieren que los ejecutivos más eficientes se nutren con interrupciones no planificadas, mientras que los menos productivos planifican sus días al minuto. Traducción práctica: busque las distracciones productivas. Reciba ese llamado inesperado, que puede brindarle información sumamente útil: "Pensé que debía saber que su producto más vendido está saliendo con una falla importante; aunque supongo que sus ingenieros ya se lo comentaron". Vaya, vaya... no, no me comentaron nada.

Me preocupa cuando los gurúes de la infotecnología prometen que pronto podremos recibir todas las noticias impresas (diarios, revistas, etc.) armadas a medida de nuestras "necesidades informativas detalladas." ¡Puaj! A menudo encuentro más información útil en la Sección D de *USA Today* que en el *Wall Street Journal*. La mayoría de las explosiones de inspiración se producen a partir de una caprichosa yuxtaposición de información. El rating televisivo de la semana, quizás le sugiera más sobre las tendencias del consumo que la investigación de mercado de 200.000 dólares que acaba de encargar. Una noche en la ópera quizás le ayude más a resolver un problema en el área de personal, que tres horas de reunión con el equipo de recursos humanos... o que leer algún maldito bestseller sobre *e-m-p-o-w-e-r-m-e-n-t.*

■ **Sea fiel a sí mismo.** Si bien espero que este breve listado le ayude a esforzar su imaginación, no es una lista de cosas para hacer. Todos tenemos ritmos diferentes. Su estrategia de administración del tiempo tiene que adecuarse a usted.

Pero ¿se pueden poner en práctica estrategias como la mía? Lo que le puedo decir, es que yo practico esos hábitos, a veces antisociales, desde que fui un joven alférez de la marina, en Vietnam (mi primer trabajo de verdad). Cuando me enfrentaba a un desafío, como por ejemplo construir un puente a partir de la chatarra que teníamos a mano, a veces desaparecía por varios días. En trabajos subsiguientes, solía evaporarme por semanas y, en un caso, durante meses. En el último caso, fui despedido. Lo cual fue la mayor promoción que tuve en toda mi vida. (Me dio el espacio para concentrarme en lo que era realmente importante.)

181 Hágalo. Tan simple.

Cada nuevo día no sólo nos trae la salida del sol y el canto del gallo (o el traqueteo del tren subterráneo), sino también nuevos competidores, nuevas tecnologías, nuevos productos obsoletos... y un nuevo significado del término "supervivencia del más apto". Los tiempos en que las empresas podían darse el lujo de criar panza o tener un pulso perezoso, han pasado para siempre. Cada vez que veo alguna película en la que aparece la cabra de la montaña, saltando sin aparente esfuerzo de una cornisa a la otra a diez mil pies de altura, no puedo dejar de maravillarme: una máquina perfectamente diseñada para sobrevivir en un entorno de lo más precario. Allí no hay lugar para el gato sobrealimentado y privado de sus garras. El mensaje es bien claro: manténgase en forma o no sobrevivirá. Aquí le presento mi régimen de cosas obligatorias que tendría que hacer para que su empresa se mantenga en forma:

■ En el término de noventa días, cuadruplique el nivel de las competencias de su gente para autorización de gastos, desde el empleado de la oficina de correo y mensajería hasta el gerente general. (**Sugerencia:** empiece por el empleado de la oficina de correo).

■ Insista en que haya sólo un máximo de dos niveles entre la base y la cabeza, en cualquier unidad de cierta magnitud (p.ej. mil personas).

■ En todos los centros geográficos, haga una evaluación detallada de los resultados operativos, con todos los colaboradores, cada semana. (Cada semana = una vez cada siete días. Lo siento, sólo quería ayudar.)

■ Considere a la capacitación de su personal como el gasto en investigación y desarrollo (no importa qué dice su política contable); asígnele un presupuesto de por lo menos 4 por ciento de los ingresos brutos. (Esto vale tanto para los que cocinan hamburguesas como para los genios de los multimedios.)

■ Casi todas las actividades empresariales pueden ser desarrolladas por unidades operativas virtualmente independientes, de 250 personas o menos (con su propio directorio, incluyendo terceros... de veras). Reorganice su estructura de acuerdo con esta premisa, en el término de un año.

■ Dentro de los próximos nueve meses, elimine a TODOS los supervisores de línea. (T-O-D-O-S, una simple palabrita de cinco letras.)

■ En el curso del próximo año, transfiera un tercio de todos los colaboradores administrativos (a nivel división o por encima), a unidades operativas orientadas hacia el cliente, y otro tercio al año siguiente. En el término de cinco años, el *staff* de la casa matriz debiera estar reducido a un máximo de diez personas por cada mil millones de dólares de facturación (y nada de esconder personal temporario robado de alguna división a la vuelta de la esquina); y...

■ Exija a los miembros que queden en todas las unidades centrales (de servicio), vender sus servicios a las unidades de línea al costo de plaza. A su vez, permítales a esas unidades de línea, comprar cualquiera o todos los servicios al proveedor que prefieran, ya sea interno o externo.

■ Establezca la evaluación por parte de los subordinados, como un componente clave para todas las evaluaciones de desempeño de los niveles jerárquicos con personal a su cargo.

■ Elimine todas las descripciones de puestos. AHORA. (Hoy)

■ Destruya todos los organigramas. AHORA. (Hoy.)

■ Disponga que todos los gerentes corporativos o divisionales dediquen dos días por mes a visitar clientes (realmente, una insignificancia) y dos días por mes a visitar a proveedores y distribuidores.

■ Asegúrese de que cada persona en la organización realice, por lo menos, dos visitas a clientes por año.

■ Para empresas que cotizan el el mercado de valores: en el curso de los próximos tres años, venda al público una parte importante de los intereses minoritarios de la mitad de sus unidades de negocios.

■ Apunte a que, dentro de cinco años, un tercio de la corporación sea propiedad de los empleados.

■ Directores ejecutivos y gerentes generales de las divisiones: dentro de los próximos doce meses, promueva por lo menos a un revolucionario que no simpatiza o no coincide con usted, a un puesto de gran responsabilidad.

■ Fíjese como objetivo que por lo menos el 30 por ciento de los cargos de vicepresidente o de gerente general de división sean ocupados por mujeres, en el término de cinco años. (O un 50 por ciento ¿qué le parece si su negocio se convirtiera en una réplica de la vida real? O, como me sugirieron una vez, el 80 por ciento.)

■ Convierta las palabras brillar, estimular, entusiasmar,

deslumbrar, encantar y toda expresión de admiración, en la base fundamental para evaluar la calidad de todos sus productos y servicios. Es decir, averigüe si a sus clientes les "agrada" su producto o servicio (mala señal) o si "mueren" por él (¡bueno, grandioso, fantástico!)

■ Cada año, sí o sí, haga que sus clientes evalúen cada uno de los parámetros que usted utiliza en sus mediciones de calidad y servicio.

■ A los diez ejecutivos senior de la dirección del consorcio: durante la próxima feria industrial, encárgueles la demostración práctica de los productos más sofisticados, atendiendo el stand de su empresa.

■ Personal de finanzas y contabilidad: tienen que dedicar por lo menos dos días por semana para intercambiar ideas con sus clientes internos (la mitad de la evaluación de desempeño debiera basarse en la evaluación diseñada y realizada por los clientes).

■ Instituya un premio semanal en cada unidad, comenzado por los equipos de trabajo, a la persona que descubra lo más estúpido que la empresa está haciendo.

■ Subcontrate por lo menos el 25 por ciento de la tarea de investigación y desarrollo, y adjudique la mitad de ese volumen a organizaciones no mayores a una décima parte de su empresa. (Esto vale tanto para empresas de diez millones o de diez mil .)

■ Base un tercio (¿o la mitad?) de los incentivos especiales para ejecutivos, en la participación de las ganancias que produzcan los nuevos productos y servicios lanzados durante los últimos 24 meses. (Cosas realmente nuevas... recuerde: "No al microscopio electrónico".)

■ A nivel divisional, identifique quince procesos prioritarios horizontales (por ejemplo, desarrollo de productos), analícelos con cuidado y someta a cada uno de ellos a una revisión total en el término de los próximos tres años.

■ Reduzca en un tercio el tiempo del ciclo total de todos los procesos, dentro de los próximos dos años, y en otro tercio más al año siguiente. (¿Qué le parecen dos tercios en cada caso?) Esto no es una broma. ¿Quién le dice, por ejemplo, que un nuevo modelo de automóvil no puede ser desarrollado en un año?)

■ Venda todos los muebles de las oficinas de ejecutivos y de la sala de reuniones de directorio, que cuesten más de 500 dólares.

■ Desocupe todas las instalaciones que tengan más de tres pisos.

■ Integre todas las funciones físicamente dentro de los próximos 18 meses (Esto es M U Y importante.)

■ Salvo que usted sea una empresa local de servicios (restaurante, etc.) o que su facturación esté por debajo de los 3 millones de dólares, logre una presencia significativa en el mercado internacional en el término de tres años. (En realidad, pensándolo bien, no veo ninguna razón para excluir de esta exigencia a una empresa que facture un millón y medio.)

■ Asegúrese de que por lo menos el 25 por ciento de los asistentes a su próxima reunión empresarial fuera de la empresa, sean terceros (clientes, distribuidores, etc.)

■ En empresas que facturan cien millones de dólares o más, agregue el cargo de vicepresidente del consorcio (solo, nada de asistentes del vicepresidente u otro, incluso secretarias) para las siguientes funciones: administración del conocimiento,  administración de la calidad percibida, innovación y diseño.

¿Ya está traspirando?

Cómo Lograr la Adolescencia Perpetua

182   La periferia voluptuosa

¿Se dio cuenta?

La mayoría de las cosas buenas (divertidas, innovativas, locas, originales) grandes y pequeñas, se producen en los quintos infiernos, lejos, muy lejos de las casas matrices, de las políticas empresarias y de la servilidad corporativa.

No es un dato sin importancia. En *Out of Control: The Rise of Neo-Biological Civilization*, Kevin Kelley hace la siguiente observación sobre los procesos biológicos: Destaque las zonas marginales.... la diversidad prefiere las fronteras remotas, los suburbios, los rincones apartados... y los núcleos aislados... Una periferia sana acelera la adaptación, incrementa la elasticidad y la flexibilidad, y es casi siempre la fuente de la innovación".(1)

Así que... ¿Cuán sana está su periferia? ¿Cuán extravagantes son sus habitantes?

("MUY SAGAZ, TOM", MURMURARÁ USTED PARA SUS ADENTROS. MÁS QUE SAGAZ. SUPONGO QUE ÉSTE ES UNO DE LOS PUNTOS MÁS IMPORTANTES DE ESTE LIBRO. ¿NO ES ASÍ?)

183 **Héroes para nuestros tiempos**

Durante un viaje que hice en 1994 a Copper Canyon, en Chihuaha, México, encontré a Carl Franz, autor de *The People's Guide to Mexico*, que ya lleva nueve ediciones y se ha convertido en la biblia del viajero que se toma en serio conocer ese país extraordinario. Carl se ha creado un nicho para sí mismo (aunque él nunca usó esa expresión) y una forma de utilizar su singular afición y, simultáneamente, cambiar su vida.

Rápidamente lo agregué a mi corta lista de héroes. No quiero turbar a los demás, nombrándolos, pero entre ellos hay escritores, artistas teatrales, un granjero, un político, un plomero, algunos ejecutivos máximos de grandes empresas, empresarios y un militar. Pero no tengo incorporados a los Ghandis o Roosevelts de nuestra historia, dado que es un cuadro de honor personal y no podría incluir a gente que no conozco personalmente. Le puedo asegurar que usted no reconocería más que, a lo sumo, cuatro nombres en mi listado de doce individuos. Pero toda esa gente comparte trece características que conforman una guía bastante buena sobre cómo tener éxito en la vida.

■ **Se auto-inventaron.** "Soy un americano, nacido en Chicago", comienza la novela de Saul Bellow, *The Adventures of Augie March*, y continúa: "...y encaro las cosas como yo mismo me enseñé a hacerlas, al estilo libre, y lograré un record a mi manera".(2) Todos los que figuran en mi lista, han tallado de forma muy particular sus obras maestras a partir del mármol de la vida. ¿Un desarrollo de carrera normal? ¡Olvídelo! ¿Un mismo trabajo, en una misma empresa? ¡Ni que hablar!

■ **Siempre cambian.** No creo que ninguno de los integrantes de mi docena de héroes tenga esquizofrenia en el sentido clínico del término. Pero, sin duda, todos son camaleones y ciertamente no están limitados por la coherencia. Han probado una cantidad infinita de disfraces distintos, mientras, al mismo tiempo, seguían apasionadamente comprometidos con lo que tenían entre manos en ese momento.

■ **Se han dado golpes y sufrieron magulladuras.** Mis héroes se han equivocado, por lo menos, tantas veces como acertaron. "Un camino sin pozos no es un camino que valga la pena de ser recorrido", podría ser su lema colectivo. Los fracasos no los desalientan; por el contrario, parecería que los traspiés los divierten y motivan.

■ **Son curiosos.** No dejan ninguna pregunta sin formular. A veces pienso que no existe absolutamente nada que no les interese. Están decididos a ir al fondo de cada cuestión que encaran, tanto en su trabajo como en las otras áreas de su vida. (¿Trabajo? Ellos son lo que hacen. "Trabajo" no es palabra de su vocabulario.)

■ **Son ingenuos, casi infantiles.** Se niegan a crecer. Sus ganas de explorar —aún en su séptima década de vida (en uno de los casos)— son comparables con las de un niño de cuatro años de edad.

■ **El pasado no les pesa.** Al diablo con Newton y su manzana. La fuerza de gravedad no tiene ningún significado para esa gente. La historia no los ata. En un instante pueden entusiasmarse por aquello a lo que, apenas ayer, se oponían con fervor.

■ **Se sienten cómodos e incluso, en cierta forma, son arrogantes.** Mis héroes se sienten bien consigo mismos, sin dejarse perturbar por la idea de que la vida es un blanco móvil y, además, sienten que es una aventura que hay que disfrutar, básicamente, por sus imprevistos.

■ **Son alegres.** Esa gente se ríe... y mucho. Les divierten las intrigas humanas y su percepción del absurdo estimula su maravilloso sentido del humor. Todos ellos tienen arrugas sólo atribuibles a que se ríen con habitualidad.

■ **Son audaces y un poco chiflados.** Intentan de todo, desde aprender un nuevo idioma a iniciar una nueva carrera, aparentemente sin el menor titubeo. Además, de acuerdo con el modelo de la mayoría de la gente, ven el mundo a través de un vidrio distorsionado.

■ **Son iconoclastas.** Para esos peregrinos que yo admiro, la sabiduría convencional es como la capa roja para un toro. A veces pienso que sólo son felices cuando están del lado equivocado, en cualquier tema o "ismo".

■ **Son multidimensionales.** No estamos frente a santos. Todos los miembros de esta tribu tienen fallas, a menudo tan pronunciadas como sus puntos fuertes. Pero, sinceramente ¿vio alguna vez que alguien perfecto y cuidadoso llegara lejos en la vida?

■ **Son honestos y frontales.** No es que siempre digan la absoluta verdad o que estén por encima de las pequeñas mezquindades. ¡Vamos, todos somos humanos! Pero esta gente está sintonizada con la realidad y especialmente con sus propias debilidades. Son consumados, y a veces quijotescos, buscadores de la verdad y pierden poco tiempo con quienes no están tan confundidos como ellos.

■ **Son héroes.** Es decir, pintan sus telas, grandes y pequeñas, con pinceladas audaces. Cada uno a su manera, es valiente e intrépido. Participan entusiasmados del circo de la vida, en lugar de tenerle miedo.

Participe también usted del circo de la vida. Ése es el secreto. Algunos chapotean en pequeños charcos. Otros en océanos. Pero el agua en que juegan siempre está llena de espuma. Usted también puede ser como ellos. No me cabe la menor duda.

184

El premio a la "Empresa más divertida del año" fue ganado, sin mayor esfuerzo por Ben & Jerry's, el fabricante del mejor helado del mundo, con asiento en Waterbury, Vermont. ¿Qué otra empresa tendría el donaire, el espíritu y las agallas de convertir una cosa negativa —el retiro de su popular fundador— en un festival multimillonario de sensacional publicidad.

Al organizar un concurso, invitando a todos sus clientes a enviar una tapa del envase de su gusto de helado preferido, junto con un pequeño ensayo sobre el tema "por qué yo sería un buen director ejecutivo", el fundador de la empresa, Ben Cohen (como siempre, vestido de blue jeans), una vez más demostró su genial talento, con el que llevó a su empresa, que "solo-hacía-helados", desde una abandonada estación de servicio hasta una facturación anual de 154 millones de dólares.

Este es sólo el último eslabón de una larga cadena de actitudes de acercamiento al cliente y renovación permanente. Programas ecológicos importantes, visitas guiadas a la planta con entrega de muestras gratis del producto (tendría que ver las colas que hay), pagándoles a los pequeños granjeros un precio superior al del mercado por su leche y el aporte regular del 7.5 por ciento de sus ganancias a una fundación de obras de caridad, manejada por los colaboradores de la empresa, conforman una imagen empresarial compuesta, por partes iguales, por conciencia social y simplemente ganas de divertirse.

Si bien el Sr. Cohen es el primero en admitir que ha contratado una empresa especializada para seleccionar, entre los postulantes de la tapa de los envases de helado, a aquel que efectivamente lo ha de reemplazar, me parece que la suya es una forma genial y muy divertida de decirle a todo el mundo que está por entregar las riendas. (Además, es una manera de atraer a aquellos candidatos que, de otra forma, no serían captados por la red de los selectores de personal.) Hacer algo así es un acto de inspiración, de la clase de inspiración que cimenta la lealtad de los clientes y que hace que al comprar medio kilo de Ben & Jerry's, uno se lleve mucho más que simplemente medio kilo de riquísimo helado... pues también se lleva un poco del espíritu dinámico, preocupado socialmente y pleno de alegría de vivir de su fundador.(3)

LA RECETA DEL ÉXITO DE BEN

Mezcle partes iguales de conciencia social y ganas de divertirse y pasarla bien.

185

Alegría de vivir. Eso es lo que debiera reflejar nuestro trabajo cotidiano. ¿Por qué no?

186

"Usted habla de gente chiflada... que quiere trabajar con gente chiflada. Pero ¿y la disciplina?"

Aunque le parezca extraño, la chifladura y la disciplina son dos cosas que se llevan bien. Sesudos estudios de exitosos empresarios, demuestran que estos chiflados son maestros en el arte de evitar riesgos. Es cierto que dejaron su carrera con brillante futuro en Hewlett-Packard o Kellogg (cosa que para la mayoría de nosotros equivale a correr un riesgo grande como una casa). Pero después, trabajan como locos —literalmente— elaborando el plan de lanzamiento de su propia empresa, cuidando hasta el más mínimo detalle. Es decir, que dedican, en forma habitual, 14 horas diarias a reducir riesgos. (Por ejemplo revisando cuidadosamente por 17a. vez, en la imprenta y a la una de la mañana, las invitaciones para la fiesta de lanzamiento de su nuevo restaurante, descubriendo el error de ortografía que él —y los correctores de pruebas— no vieron durante las 16 lecturas de control previas.)

Todos los "locos" que he tratado a lo largo de estos años, están cortados por la misma tijera. Son locos en su apasionamiento por los sueños que quieren hacer realidad. Son locos por las dimensiones fuera de lo convencional que asumen esos sueños. Pero son prusianos hasta la médula, en lo que se refiere al cuidado de los detalles que harán que esos sueños se hagan realidad.

187 A la caza de la R MAYÚSCULA

Hay empresas que empiezan a caer en picada, sin comprender que el mundo a su alrededor ha cambiado dramáticamente. ¿Quiere algún ejemplo? Kodak, American Express, IBM, Westinghouse, GM, Sears, quizás Disney... y sí, algún día, incluso Wal-Mart.

Es cierto que la cultura empresarial une, en especial en aquellas empresas orgullosas de su identidad, a un largo historial de éxitos (véase la lista, más arriba). Pero algo falta en este análisis. Basta con escarbar un poco, para descubrir que la cultura es la suma de individuos, en especial de individuos en puestos de responsabilidad. (No sólo los directores ejecutivos y otros VIPs, sino cientos, o miles de gerentes y supervisores.)

De modo que no sólo se trata de una masa amorfa ("ellos") o de una empresa insensata que se queda en el tiempo. Para ser muy crudo, se trata de usted y de mí.

Pausa. Considere exactamente qué es lo que hará hoy en su trabajo: ¿De qué manera fundamental difiere esto de lo que hacía usted seis meses atrás? ¿O un año atrás? Anote sus cuatro principales logros durante los últimos seis meses: ¿son, al menos, el principio de un importante cambio de rumbo? Sea muy, muy honesto. Su vida profesional podría depender de sus respuestas a estas preguntas.

Esto me conduce a lo que llamo el abismo que separa la "r" minúscula de la "R" MAYÚSCULA. La "r" (o la "R") significa "renovación". Más exactamente, "renovación personal". Ningún tema es más importante que éste.

La renovación con r minúscula todo el mundo la comprende. Es la mejora constante: un régimen estable de lecturas, participación en seminarios (incluso de una semana de duración), tres semanas de vacaciones, visitas periódicas a los clientes, etc. Estas no son cosas que hace todo el mundo (ni de lejos) y constituyen, por lo tanto, la base para el ingreso a esa categoría superior.

Pero todo esto está muy, muy lejos de la R MAYÚSCULA. La R MAYÚSCULA es lo que revierte la caída en picada de la que antes hablábamos, altera profundamente una carrera, cambia dramáticamente las perspectivas. Es la que repele esa actitud de "dejarse estar" que nos inva-

> **Probablemente no pueda darse el lujo de poner en práctica las sugerencias más drásticas de esta lista... Pero ¿puede darse el lujo de no hacerlo?**

de sin que nos demos cuenta (y esa actitud siempre nos acecha, mucho más de cerca de lo que estamos dispuestos a reconocer.) Algunas ideas R MAYÚSCULA son:

■ Tomarse seis meses de período sabático, para aprender algo completamente nuevo.

■ O, mejor aún, pasar un año trabajando en una ciudad del interior del país o del Tercer Mundo.

■ Enrolarse por dos años en las Fuerzas de Paz, si tiene entre 38 y 58 años de edad (sí, toman gente de 58 años).

■ Aceptar una transferencia (incluso un descenso de nivel) a un área geográfica o vocacional totalmente desconocida (no dude en interrumpir su brillante carrera a los 34 años de edad, para hacer esto).

■ Incrementar el ritmo y el compromiso con un hobby importante (fotografía, jardinería, carpintería, pintura) para lograr excelencia genuina en algo más que su vocación profesional.

■ Obtener un título profesional en un nuevo campo de acción.

■ Dedicarse en forma comprometida a una tarea manual o al aire libre.

■ Tomarse dos horas, en medio del día, por lo menos tres veces por semana, para hacer cualquier cosa (con tal que sea totalmente distinta a su disciplina profesional habitual).

■ Buscar nuevos amigos que tengan intereses que, básicamente, sean opuestos a los suyos; reunirse y encarar proyectos con ellos.

■ Renunciar a un buen trabajo, sin tener pensado nada concreto como próximo paso (es decir, andar a la deriva durante seis meses a un año).

Pero yo no soy millonario, me va a contestar. O me dirá que tiene que mantener a sus hijos. Etcétera.

Sí, comprendo. Lo que sugiero no es fácil. Tal vez no pueda darse el lujo de poner en práctica las sugerencias más drásticas de la lista. Pero ¿puede darse el lujo de no hacerlo? ¿Tiene el coraje de considerar una reestructuración radical de su vida (que podría llegar a ser estimulante y revitalizadora para su familia, y no precisamente un castigo)?

Cifras récord de directores ejecutivos y gerentes, de individuos en niveles de mando medios y de empleados de línea están siendo despedidos. Su reacción es tomar sedantes, fastidiar a sus familias, tratar mal a todo el mundo y, básicamente, resistirse a implementar cambios fundamentales... porque "no pueden darse el lujo" de dar los pasos trascendentales o de tomar las medidas drásticas que sugiero en este punto. Créame, una renovación con r minúscula no es suficiente en estos tiempos.

Y digo esto sobre la base de un hecho comprobado: todos los que dan el gran salto hacia adelante —y hoy en día todos tenemos que aprender a andar a los saltos— son personas ingenuas, que, literalmente, no entienden las normas, ni eso de que "las cosas siempre se hicieron así". El objetivo Nº 1 para el perpetuo auto-renovador es, pues, intentar convertirse de nuevo en ingenuo; aprender a mirar al mundo con esa inocencia reservada, por lo general, a los muy jóvenes. Es un hecho cierto que sólo podrá ver las cosas con mirada ingenua si usted es... bueno... ingenuo.

Voy a ser franco: yo creo que siempre transito nuevos caminos, que soy dinámico y renovador. Pero no lo soy. Suelo quedar azorado cuando, infinidad de veces, veo lo profundas que son la huellas que hay en ese camino, que yo creía no transitado hasta ese momento.

¿Entiende lo que le trato de decir? ¿Todavía considera mi lista de las R MAYÚSCULAS como loca o disparatada? Por favor, tómese su tiempo para responder.

188

"En cierta oportunidad, un psicólogo fue llamado para realizar una muy delicada entrevista a un alto ejecutivo, quien venía actuando en forma extraña. Todos los miércoles por la tarde, ese hombre serio y trabajador, que tenía enormes responsabilidades en la empresa, salía de su oficina porque tenía un compromiso a las tres en punto, y no regresaba. Nunca le dijo a nadie adónde iba, pero como se lo había visto entrando en un edificio de departamentos cercano, se suponía que tenía una amante.

"La explicación que el ejecutivo le dió al psicólogo fue muy sencilla: en el departamento 2 B de aquel edificio, lo esperaba, no una rubia despampanante y sensual, sino un taller de carpintería que había instalado allí, en el cual se dedicaba a hacer muebles y otras cosas en madera.

"Cumplía con esa cita consigo mismo rigurosamente, porque era la forma de tomar distancia de las exigencias de su trabajo, que cumplía tan a conciencia día tras día. Necesitaba esas horas a solas consigo mismo, ocupado en una actividad que no sólo lo obligaba a concentrar su atención en algo que lo distraía de su problemática cotidiana, sino que también le ayudaba a serenar su ánimo. El psicólogo lo declaró absolutamente sano. Su taller de carpintería era su retiro espiritual."(4)

John R. O'Neil
The Paradox of Success

189

Estas cosas BUENAS...... generan estos MONSTRUOS

Confianza .... Sensación de infalibilidad
Rapidez .... Apuro
Agudeza mental .... Fricción
Concentración .... Estrechez de mira
Dedicación .... Adicción al trabajo
Control .... Inflexibilidad
Audacia .... Inconciencia
Perseverancia .... Resistencia al cambio
Encanto .... Manipulación
Ahorro .... Falsa economía
Compromiso .... Fe ciega   (5)

John R. O'Neil
The Paradox of Success

190

"Compadezca al líder que se ve atrapado entre críticos enemigos y amigos no críticos. Un líder necesita... asesores que lo guíen con amor pero también con franqueza por un camino minado de arrogancia, excesivo orgullo, ideas fijas, deseos de venganza, furia irracional, testarudez y egoísmo." (6)

John Gardner
Ejecutivo, maestro y
gurú del liderazgo

191

Una persona que conocí a través de mi trabajo, muy creativo (y eficiente), se autocalificó durante una charla en un seminario, como "ex-hippie". Me gustó el rótulo que se había puesto, y decidí utilizarlo en una nota que estaba escribiendo sobre sus actividades. Se la mostré, y entró en pánico:

"Esto va a perjudicar seriamente mi imagen frente a la dirección de la empresa" dijo, poniendo énfasis en la palabra seriamente.

¡Qué lástima! La importante empresa para la que trabaja se encuentra en una reñida carrera competitiva, dentro de un sector de la industria muy volátil. Necesita toda la chispa posible... o, por lo menos, bastante más de la que tiene en el presente. El hecho de que los máximos directivos no puedan digerir el hecho de tener un ex-hippie en su empresa (o, aun en caso de que la empresa sí pueda hacerlo, si un colaborador de alto nivel siente que la empresa no es lo suficientemente abierta como para hacerlo... que, para el caso, viene a ser lo mismo), delata la presencia de una enfermedad mortal: falta de energía, de entusiasmo, de espíritu, de curiosidad y de sentido del humor. ¿Es posible que el mundo de las grandes corporaciones todavía esté tan enfermo? Sí. A propósito, no es la primera vez que me encuentro con una historia de este tipo.

(De paso sea dicho, lamento que ese hombre se quede trabajando adonde está. Es demasiado bueno como para tener que soportar esas estupideces.)

192 ¿De acuerdo con las cifras?

El otro día fui a almorzar con un viejo amigo y talentoso consultor. Hacía cerca de una semana que había comenzado una nueva tarea. La conversación acabó por parecer un diálogo de sordos.

Mi amigo no hacía sino escupir estadísticas, demostrando de qué manera su cliente no se mantenía en tal o cual sector del mercado, etc. Yo lo interrumpía diciendo cosas como: ¿"Pero quién está haciendo algo interesante en la industria?... Creo haber leído sobre un nuevo producto de lo más original que..."

En síntesis, era un "loco de los números", como solíamos llamar a ese tipo de gente en McKinsey & Co. Yo, en cambio soy un tipo que va a la realidad, que quiere saber quién hace algo interesante o distinto.

Ambos enfoques son importantes. (La verdad es que mi formación está del lado de los números y, hasta el día de hoy, me enorgullezco de mi capacidad de manejar lo que solemos llamar "datos duros".) Sin embargo, me preocupa —y mucho— la gente que instintivamente se remite a los números, ignorando la insólita y desconcertante forma en la que se mueve y desarrolla el mundo real. Esto vale hoy más que nunca, ya que cuando este tipo de personas logró determinar algo cuantitativamente, resulta que el mercado ya se deslizó hacia otros rumbos.

193

Al explicar los secretos del éxito del legendario editor del *Washington Post*, Ben Bradlee, y su hábito de romper el molde, el periodista Roger Rosenblatt escribe "La edad real de Ben oscila alrededor de los doce años". Bradlee mismo admite que es "compulsivamente espontáneo" y que padece de "inmadurez avanzada". (7)

En un mercado que gime bajo el peso de productos y servicios monótonos y aburridos, quizás tengamos que cuestionar las últimas modas gerenciales y simplemente salir a buscar a los compulsivos que promenten que nunca van a convertirse en adultos.

194

"Si la gente nunca dijera tonterías, nunca se haría nada inteligente"

L. Wittgenstein

¡Bravo, Ludwig!

195

RELEA EL PUNTO 194.

196

El participante tipo de mis seminarios viene vestido de traje gris, utiliza un lenguaje gris... y tiembla cuando sugiero que, quizás, la mejor forma de salvar su carrera es tratar de lograr que lo despidan.

¿Tiene idea de lo deprimente y desalentador que resulta estar fren- te a un mar de rostros que parecen calcados? Muchas veces tengo que hacer un esfuerzo para dominar mi impulso de tirar mis notas al diablo y gritarles: "¡Marmotas, despierten! ¡Respiren! Hagan algo. Intenten algo, cualquier cosa. ¡Por todos los santos, traten de convertirse en S-E-R-E-S V-I-V-O-S!"

Como, por ejemplo, el músico más grande de este siglo...

198

Diane Peters, de Rosenbluth International, gigante y estrella entre las empresas de servicios turísticos, dice que sus selectores de personal a menudo entrevistan a los cantidatos para determinado puesto, mientras estos están conduciendo un automóvil. Dice que el motivo que los lleva a realizar este tipo de

LEONARD BERNSTEIN EN VIVO —Y VITALMENTE VIVO— EN TANGLEWOOD, CONDUCIENDO EL PRIMER MOVI-
MIENTO DE LA NOVENA SINFONÍA DE MAHLER.

entrevista, es que resulta muy difícil actuar y tratar de aparentar otra cosa que lo que realmente se es, cuando se está detrás del volante, en medio del tránsito urbano.(8)

Interesante.

199 Una dosis de un remedio muy fuerte

Su presidente, Stan Shih, lo llama un "plan de desintegración empresarial" y, paradójicamente, está destinado a incrementar las ventas de su empresa, la Acer Inc., con asiento en Taiwan, de 2 mil millones a 8 mil millones de dólares, en el cortísimo período que va desde ahora al año 2000, según lo informado por *The Economist*.

Shih tiene planeado, nada menos, que dividir su empresa de computación en veintiún negocios independientes. A fin de subrayar su independencia, una mayoría del paquete accionario de cada una será vendida a inversores locales (en Taiwan, México, Malasia, Singapur, los Estados Unidos, etc.) El más importante de ellos será, probablemente, Acer Peripherals, con una facturación de 340 millones.

Al abrirse de esta manera al público, con unidades manejables y comprensibles según los analistas financieros, Shih confía en que podrá conseguir mayores montos de inversión que si mantuviese unido al conglomerado de sistemas de información; de esta forma, también puede darle a una cantidad importante de colaboradores talentosos una participación importante en el negocio local. Shih también apuesta, muy confiado, a que las unidades independientes, podrán responder más ágilmente a sus mercados volátiles e inconexos, si tienen mayor (casi absoluta) libertad de maniobra.(9)

Sin embargo, Shih no abdica de su responsabilidad. Le confió a *Business Week* que el *holding* será manejado como una federación, un término que a Shih le encanta. Retendrá la responsabilidad de desarrollar la marca Acer, en lo que se refiere a parámetros técnicos generales.

Lo interesante del caso es que Shih se mueve en dirección exactamente opuesta a la que ha tomado IBM. Lou Gerstner, el nuevo director ejecutivo, ha revertido el paso radical hacia una descentralización, encarado por su predecesor depuesto, John Akers. Ahora está recentralizando el monstruo de 70 mil millones de dólares.

¿Con cuál de los dos yo quisiera estar trabajando? Lo siento mucho, Lou, la respuesta es Stan Shih. (Y ni siquiera es una decisión difícil.)

200

La risa ayuda. Mucho. Todos cometemos errores. Todo el tiempo. Si nos habituamos a comentar abiertamente las más grandes estupideces que cometimos, y nos reímos de ellas junto con quienes nos rodean, ellos también se van a animar a hacer lo mismo. En la reunión semanal de los ejecutivos de su empresa, el jefe de una pequeña firma otorga un premio a quien cuente su mayor metida de pata. (A menudo es él mismo quien lo gana.) Esto no quiere decir que se fomente el descuido y la negligencia. La cuestión es aprender a reírse de los pequeños, y no tan pequeños, errores que se cometen y, de esa forma, despejar el ambiente. A continuación se discute cómo se puede evitar que el mismo error se repita otra vez. Pero, sobre todo, confirma la idea de que la vida es un circo, en el cual sólo se es una estrella si continuamente se intentan cosas nuevas y, por lo tanto, se cometen errores en el curso de esa innovación.

> **ELOGIO A LOS QUE SE EQUIVOCAN**
>
> **El jefe de una pequeña firma, otorga un premio a quien cuente su mayor metida de pata. (A menudo es él mismo quien gana.)**

201

Cada posición dentro de la empresa tiene su cliente. Dígale a cada uno de sus colaboradores que identifique quiénes son sus clientes.

Usted, sin duda, escuchó hablar del "ejecutivo al minuto" (del libro de Blanchard y Lorber). ¿Que le parecen las vacaciones de 30 segundos?

No, no estoy bromeando. A pesar de que no soy ningún estudioso del budismo Zen (mi esposa, Kate, sí), suelo realizar la práctica Zen de observar mi respiración. Es algo que se podría calificar casi como un milagro.

¿Está irritado por una discusión agresiva? ¿O atrapado en un taxi, en el tránsito del centro de la ciudad, sabiendo que ya está llegando tarde a una reunión? ¿O bloqueado ante cualquier tema?

Observe su respiración, durante treinta segundos, o diez, o veinte minutos. Esto significa conectarse con el proceso básico de respirar. No hace falta entonar ningún mantra esotérico (*Om ne pod me um*, ni nada por el estilo); simple y muy lentamente "Inspire-un-dos-tres. Espire-un-dos-tres."

Yo sé que la cosa va más allá de eso y practico una serie de variaciones. Pero, en síntesis, todo se reduce a detener la tensión, cualquiera sea su naturaleza, que se está formando en mi interior. Si lo hago en la ruta, cuando estoy detrás de dos o tres vehículos que avanzan con una lentitud desesperante, la velocidad de mi automóvil se reduce de manera automática entre 10 y 20 kilómetros por hora... y mi estado de ánimo recupera su equilibrio, a veces, incluso, acercándose a cierta pasividad (lo que no es poco decir, para una personalidad discutidora). La verdad es que aprendí a hacerlo con tanto disimulo, que mi compañero de asiento en un avión, o el de sillón de al lado en una reunión, no tienen ni idea de lo que estoy haciendo, a no ser que me mire a los ojos, ligeramente desenfocados.

Inténtelo. Intente cualquier cosa que lo mantenga fresco y alerta. Ése es mi mensaje.

203

"La constancia es el último refugio del individuo sin imaginación."(10)

Oscar Wilde

204

La constancia puede ser el último refugio del individuo sin imaginación... pero a veces su ausencia revela más de lo que uno podría imaginar.

El otro día, camino al aeropuerto, pasé por la escuela secundaria de un pequeño pueblo de provincia. Esa ciudad, si bien no está muerta, está en verdad estancada.

La cartelera para anuncios, en la calle, delante de la escuela, sin querer lo decía todo. Estaba vieja, con la pintura del marco descolorida y descascarándose e, incluso, un poco vencida hacia un costado. Las letras adhesivas que anunciaban una reunión del consejo directivo del colegio, estaban puestas torcidas y de cualquier forma.

En síntensis, esa cartelera era un espejo de la escuela que, a su vez, era un espejo del pueblo, que se estaba desintegrando. (No voy a revelar su nombre, no quiero agregar esa humillación a su desgracia.)

No voy a afirmar que arreglar la cartelera signifique arreglar el colegio, ni arreglar el pueblo, ni arreglar el futuro de los niños. No soy tan ingenuo.

Pero sí afirmo que si yo fuese director de ese colegio, es posible que empezara por arreglar la cartelera.

Si bien ese enfoque de "todo lo que necesitamos es una buena dosis de autoestima" no siempre permite alcanzar los importantes resultados que harían falta, esa comunidad (la escuela, los niños, etc.) necesita desesperadamente una inyección de entusiasmo. Y la cartelera, visible para todo el mundo (por ejemplo, todos los que, como yo, pasan por allí y, más importante aún, toda la gente que vive allí) sería, por lo menos, un comienzo. Y quizás un comienzo no tan superficial.

La buena noticia para todos los reyes del cambio (*turnaround*) en escuelas y fábricas y empresas de seguro, es que existen miles de lugares por donde comenzar, y cuya instrumentación no insume gastos importantes. Así que usted puede cambiar las cosas. Rápidamente. Siempre y cuando usted tenga ganas.

¿Hay olor a decadencia en los 25 o 250.000 m^2 que constituyen su área de responsabilidad?¿O de orgullo? ¿Por que no dejar por un momento este libro... y mirar a su alrededor?

Yo estaba en estado de shock... No, no precisamente. Estaba... histérico. No, histérico tampoco es la expresión.(11)

Pero resultó sumamente divertido —digámoslo así— por la nota central de *Industry Week* del 20 de junio de 1994, titulada "La Empresa Informal", una nota seria sobre el código de vestimenta en el mundo empresarial de los Estados Unidos.

¡Por Dios, por qué tanta complicación!

Yo dirijo una pequeña empresa. Y nuestro código de vestimenta es muy claro: contrate a la gente adecuada, y esa gente sabrá cómo vestirse adecuadamente para cada ocasión. Punto.

La idea de un código de vestimenta es ridícula e indignante, al mismo tiempo. Si sabemos que vamos a recibir a un cliente, se lo informamos a la gente con un día de anticipación para que, si deciden hacerlo, puedan adecuar su vestimenta.

Soy el socio mayoritario y por lo general me aparezco en la oficina, tanto en invierno como en verano, en shorts y una remera o camisa sport muy cuidadosamente elegida, y una gorra de béisbol. Mi esposa podrá confirmar que a veces me lleva cinco minutos elegir la gorra adecuada: ¿cuál es mi estado de ánimo hoy? ¿Los San José Sharks? ¿Pacific Mountaineer? ¿North Melbourne Kangaroos? ¡No me venga a decir que no me visto cuidadosamente!

Uno de mis dos socios es un tipo de traje y corbata o de sport elegante. Lo que me parece fantástico. Yo siempre uso trajes muy sobrios cuando doy charlas o disertaciones: me parece que si uno está por decirles a 2.500 personas que sus carreras están en peligro, más vale no ir vestido con un equipo de Hunter Thompson (por más que yo lo preferiría).

Se dice que el jefe de Sun Microsystems, Scott McNealy, en cierta oportunidad afirmó sobre el tema: "Sí, tenemos un código de vestimenta: hay que venir vestido". Bueno, ésa es una norma que puedo aceptar.

206

Confianza. Haga una lista de la gente en quien confía. Pero estoy hablando de confiar de verdad. Apuesto a que es la misma gente que usted siente afectivamente más cerca y hacia quienes se dirige cuando necesita consejo o consuelo. Piense por qué confía en la gente que figura en su lista. Porque se han ganado su confianza. Tal como usted, probablemente, se ha ganado la de ellos. Confianza. Confianza. C-O-N-F-I-A-N-Z-A. Es el elemento que más contribuye a mantener las relaciones humanas. Y en el mundo de los negocios, puede significar la diferencia entre éxito y fracaso.

En un estudio experimental, dos grupos de ejecutivos recibieron información idéntica sobre una difícil decisión política.

A uno de los grupos se le indicó que cada uno de los integrantes del mismo, debía esperar una actitud confiable de los demás, mientras que a los integrantes del segundo grupo se les indicó que desconfiaran el uno del otro. Aún en un entorno obviamente trivial y ficticio, el grupo confiado tomó mejores decisiones. Además, los miembros de este grupo expresaron sus sentimientos con más franqueza, percibieron con mayor claridad los objetivos del grupo y buscaron más soluciones alternativas. También pusieron de manifiesto niveles más altos de influencia mutua y expresaron mayor unidad como equipo de conducción.

Suficiente sobre este tema. (En realidad, nunca se puede decir suficiente sobre este tema, que es el tema, la parte más vulnerable de la renovación y del cambio en el mundo empresarial.)

DIVAGACIONES FINALES

207 El nuevo orden: el trabajo imita la vida

Muchas empresas trasladan a casi todos sus empleados a equipos multifuncionales y autodirigidos, que planifican su propio trabajo, elaboran sus presupuestos y tratan directamente con clientes y proveedores. Esas habilidades fueron, durante mucho tiempo, el territorio exclusivo de los niveles de conducción medios y superiores. De modo que no es demasiado sorprendente, que muchos ejecutivos se pregunten si los operarios y empleados rasos están a la altura de ese desafío. Para comprender por qué en nueve de cada diez casos (o, más acertadamente, en 99 de cada 100) la respuesta es sí, basta con mirar lo que es la vida fuera del trabajo. Manejar todo lo que constituye la realidad cotidiana, implica que hay que dominar la mayoría de lo que se suele llamar "grandes desafíos empresariales".

■ **Visión a largo plazo.** ¡En esto son los dirigentes empresariales, y no los empleados y obreros, quienes tienen problemas! El ejecutivo podrá ser el esclavo de las ganancias del próximo trimestre, pero la "persona normal" media entiende muy bien el término "inversión". Por ejemplo, un obrero tiene que dar vuelta a todos sus bolsillos, para poder comprarse una casa, y a menudo armar un estricto plan de ahorro a veinte años, para asegurarle a su bebé, que empieza a gatear, que podrá cursar estudios terciarios.

(En el trabajo, la historia es la misma. Por ejemplo, el operario suele entender mucho mejor que los jefes, la importancia de comprar productos de calidad a los proveedores.)

■ **Prioridades complejas.** La vida familiar es una constante evaluación de prioridades. ¿Utilizar ese bono de 250 dólares para renovar el guardarropas? ¿O guardarlo para las tan esperadas vacaciones? ¿O agregarlos a la reserva para renovar el automóvil? Las exigencias conflictivas que se le presentan a un equipo autodirigido, no pueden ser más complicadas que esas constantes decisiones personales.

■ **Autoconducción.** Los expertos en el tema, dicen que el cambio a equipos autodirigidos lleva años de entrenamiento y preparación. ¿De veras? ¿Qué es una familia, si no un equipo autodirigido? Los complejos "algoritmos de la planificación de horarios flexibles" para un equipo de trabajo de siete personas palidecen, al lado de lo que significa la logística de una familia con dos adultos trabajando fuera de la casa (totalizan, entre ambos, tres trabajos) y dos adolescentes. Por supuesto que hay pozos en el camino hacia una autoconducción eficiente y, sábelo Dios, hay familias que son un caos. Pero la idea de unidades autodirigidas no fue, por cierto, inventada ayer.

■ **Ausencia de descripción de tareas.** Algunos jefes dudan de que sus empleados puedan cumplir con sus tareas sin una descripción de tareas y sin un manual de políticas. Quisiera saber cuántas familias tienen una descripción de tareas y manuales.
Estoy decididamente a favor de hacer los famosos listados de "cosas para hacer", tanto en el trabajo como en casa. (Yo los hago siempre.) Pero, seamos sinceros: hay muchísimos aspectos de la vida doméstica (y comunitaria) en los que manejamos las ambigüedades y sorpresas haciendo malabarismos de todo tipo, sin ningún tipo de guía escrita.

■ **Presupuestos**. Algunas empresas manejan sus presupuestos muy bien. Otras no tanto. Lo mismo vale para los grupos de trabajo autodirigidos. Y para las familias. Pero no hay nada que el obrero promedio de 26 años —y ni hablemos del de 36— no sepa sobre presupuestación. El acto de equilibrio sobre la cuerda floja del presupuesto, es el mismo para una familia que para un grupo de trabajo. (Si los presupuestos son más complejos en el trabajo, ello se debe a que los contadores han enturbiado lo obvio, mediante un torrente de palabrerío técnico dirigido a reforzar su propio estatus.)

■ **"Gerenciación a través de las relaciones"** Su equipo de *bowling* tiene que jugar el partido de desempate por la primera posición en el torneo, y usted es la figura clave del mismo. El partido es el sábado, a la misma hora a la que su hijo de trece años jugará su primer partido en la liga juvenil de fútbol. ¿Qué hace?

"La investigación del desarrollo de las relaciones" es esencial en una configuración organizativa fluida. Los profesionales de la capacitación insisten en que es un misterioso arte que sólo ellos pueden desplegar. ¡Esto es un disparate total! Es verdad que muchas personas toman decisiones desastrosas en lo que se refiere a cómo manejar sus relaciones (de ahí la alta tasa de divorcios), pero para mejorar esa gestión no hace falta ser doctor de psicología clínica.

■ **Gerenciación a través de los contactos.** Otro deber complejo. Pero de nuevo, no tiene nada. Muchos empleados y operarios dirigen campañas para la recolección de fondos para su club o el colegio de sus hijos. O presiden algún comité comunitario. O son entrenadores del equipo juvenil de fútbol. O dirigen un grupo de boy-scouts. Es decir, que pueden aprobar el examen básico, e incluso el curso más avanzado, en cuanto a manejarse con conexiones y contactos que sólo funcionan si ellos mismos se han automotivado para interactuar. (*Networking*)

■ **Manejarse con proveedores y clientes.** Los proveedores y los clientes son parte de cualquier moderno equipo de trabajo. Y, ¡gran revelación! hay que adquirir habilidades especiales para manejarse en esa trama de relaciones.

¿Cómo? El adulto promedio interactúa, de manera habitual, con una gran cantidad de proveedores externos: plomero, tintorero, dentista y, ocasionalmente, agentes inmobiliarios, contratistas de obra y concesionarios de automóviles.

■ **Proyectos.** Los proyectos, mucho más que las tareas reiterativas, son actualmente la base para la mayoría de los negocios con valor agregado. Pero no hay nada misterioso en eso de los proyectos... excepto la arraigada convicción de los jefes, de que un operario no puede manejarlos.

Consideremos un típico fin de semana: Daniel y Silvia se ocupan de los trabajos de jardinería necesarios en el otoño, encaran un complejo proyecto para mejorar su vivienda y ayudan a su hijo de catorce años con los problemas del primer año de álgebra. ¿Se da cuenta a qué quiero llegar?

■ **Mejora constante.** Escuche bien. Es el mayor cambio desde los comienzos de la revolución industrial: se le pide al obrero que utilice su cabeza. Quizás sea el mayor cambio laboral. ¿Pero en qué otra cosa consiste la vida cotidiana en un suburbio —o en un gueto, si vamos al caso— que en tomar iniciativas? Por supuesto, hay momentos en que cedemos a la tentación de quedarnos todo el domingo mirando absolutamente todos los partidos de fútbol que se pasan por televisión ese día. (Algunas veces, yo lo hago.) Pero, por lo general, pasamos el tiempo haciendo cosas y manejando sorpresas e imprevistos de todo tipo, grandes y pequeños.

Hay muchos cambios en el lugar de trabajo. Pero el resultado logrado a través de los mismos, es que la vida laboral se parezca cada vez más, y no menos, a la vida real. Las nuevas habilidades requeridas para manejarse en el entorno laboral son complejas. Pero también la vida es compleja.

208 El país como aula escolar

Lewis Perelman, autor del polémico libro *School's Out*, acuñó una palabra fantástica: *kanbrain*.

La toma del término japonés *kanban* (la idea de la administración de inventarios segun la filosofía del *just-in-time*, donde el producto, parte o lo que fuese, que usted necesita, se entrega cuándo y adónde lo necesita). Imagínese que la capacitación de cualquier tipo, estuviese a disposición de cualquiera. En cualquier momento. En cualquier lugar.(1)

La gobernanta de un hotel, que quiere aprender los fundamentos básicos de contabilidad, debiera poder hacerlo. En su casa. A las tres de la mañana. Cualquier día. A través de la televisión por cable o por medio de un CD ROM insertado en el *game boy* de su hijo de doce años.

En realidad, imagino (preveo, sueño, visualizo) a los Estados Unidos del futuro convertido en una enorme aula. Stan Davis, uno de los pensadores más originales en el campo del management, dice que debiéramos pensar en educación como K-80 y no como K-12. Una escuela para la vida. En cualquier lugar, en cualquier momento, en cualquier tema.

No se trata de castillos en el aire. Actualmente, en los Estados Unidos, alrededor del 6 por ciento de todos los títulos terciarios se obtienen electrónicamente, es decir, a través de algún tipo de aprendizaje a distancia, a través de sistemas de computación. (Uno de los estudiantes que recibieron su título de máster en la Universidad de Stanford, en junio de 1994, nunca, durante sus estudios, había pisado la universidad.) Pero todavía nos queda un muy largo camino por recorrer.

Recorrámoslo.

209

Tome a todos los gurúes políticos, religiosos y de management (incluyendo a un servidor) con un cierto grado de escepticismo. Será bueno para usted, y será bueno para la humanidad, como ya lo dejara muy claro el filósofo E.M. Cioran en su obra *A Short History of Decay*:

> En sí misma, toda idea es neutral... pero el hombre anima las ideas, proyecta en ellas su fuego y sus fallas... Idólatras por instinto, convertimos a los objetos de nuestros sueños... en lo Incondicional.
>
> El poder (del hombre) de adorar, es la fuerza responsable de todos sus crímenes: un hombre que ama a un dios, llega a extremos impensados para obligar a otros hombres a amar a ese dios, y está, incluso, dispuesto a exterminarlos

si se niegan a hacerlo... Una vez que el hombre pierde su capacidad de indiferencia, se convierte en un asesino en potencia... Sólo matamos en el nombre de un dios o de su imagen...

En cada estallido místico, los gemidos de las víctimas igualan los gritos de éxtasis de los adoradores... Las horcas, las mazmorras y las cárceles sólo florecen a la sombra de la fe, de esa necesidad de creer que ha infestado la mente para siempre. El demonio palidece al lado de un hombre que es dueño de una verdad, de su verdad...

Un ser humano, poseído por una convicción y no ansioso de transmitírsela a otros, es un fenómeno que no existe en la tierra, donde la manía de la salvación torna el aire irrespirable. Basta con mirar en derredor: ...todo el mundo trata de arreglar la vida de todo el mundo... Las calles y los hospitales desbordan de reformadores. ¡La sociedad se ha convertido en un infierno de redentores!

Me basta con escuchar a alguien hablando sinceramente sobre ideales, sobre el futuro... y oírle decir "nosotros" con una determinada inflexión reafirmativa, para considerarlo mi enemigo. Veo en él un tirano...

Desconfiamos del estafador, del embustero, del defraudador; pero a ninguno de estos se les puede imputar las grandes convulsiones de la historia; siendo los que no creen en absolutamente nada, no son los que trastornan nuestros corazones...

En cada hombre hay latente un profeta, y cuando éste despierta, hay un poco más de mal en el mundo. (3)

Confieso que estas figuran entre las palabras más importantes que he leído. Me asustan. Suenan a verdad. Y vale la pena releerlas de tanto en tanto.

¡Ah, el circo de la vida!

210

"Hay más cosas en el cielo y en la tierra, que las que sueña tu filosofía."(4)

William Shakespeare

RECONOCIMIENTOS

Este libro ha sido elaborado a lo largo de toda mi vida y, por lo tanto, tiene muchos cocineros. Entre los mismos, se cuentan:

Tribuna Media Services, que han distribuido mis columnas periodísticas con tanta energía durante los últimos diez años, que me vi obligado a producir alrededor de ochocientas palabras escritas coherentes por semana, llueva o truene; y los más de cien editores, desde los Emiratos Árabes Unidos hasta San José, California, que publican dichas columnas... y los miles de lectores, de todo el mundo, que me han escrito cartas desafiantes. El desafío es la única base para el crecimiento, y tengo una gran deuda de gratitud con cada participante de cada uno de mis seminarios, que levantó su mano para ampliar mi punto de vista con su pregunta, a menudo aguda y desafiante. Varias conversaciones con dirigentes empresariales muy ocupados constituyen las piedras angulares de este libro: agradezco esos diálogos francos, sin barreras y sin reservas.

En cuanto a la recopilación de todo este material, mis socios en el crimen y co-creadores, desde el principio, han sido: Libreto

(palabras), Donna Carpenter, Tom Richman, Sebastian Stuart; partitura (diseño), Ken Silvia; y arreglo orquestal (por ejemplo, organizar la charla con muchísimas personas y, además, actuar como anfitrión y realizar otras tareas, incluso confirmación de datos), Erik Hansen. Por supuesto, nosotros seis ni siquiera hubiésemos comenzado con esta tarea, si no hubiese sido por el importante apoyo de mi agente y amiga, Esther Newberg, y mis editores (y amigos) Sonny Mehta, Jane Friedman y Marty Asher.

Pero si bien conformábamos un grupo muy enérgico, no lo hicimos solos. Donna C. y Ken S., fueron eficientemente asistidos por Maurice Coyle, Jessica Robison, Cindy Sammons, Mike Mattil, Martha Lawler y Nancy Cutter. Linda Rosenberg y Laurie Brown de Vintage-Knopf, nos mantenían en carrera, y Carol Carson Devine nos diseñó una portada que no será fácil de olvidar. Katy Barrett y Karl Lennertz están trabajando como locos para mantener el libro en la vidriera de las librerías. Y Carol Janeway hace lo posible para que el libro se distribuya más allá de las fronteras de los Estados Unidos. En casa, en Palo Alto, Chris Gage hizo (una vez más) muchísimo de casi todo. Ian Thomson, socio y amigo, me obligó (una vez más) a ser sincero conmigo mismo y con el lector. Y Paul Cohen, Liz Mitchell, Jayne Pearl y Darlene Viggiano han trabajado conmigo en mis columnas durante diez años, actuando como investigadores y co-autores de varias de las notas que vieron la luz, por primera vez, en nuestro boletín. Kate Abbe (esposa, poetisa, editora, compinche), como siempre, me brindó el apoyo intelectual y emocional que necesitaba, junto con el buen humor que, a veces, me elude cuando se aproxima una fecha de entrega más.

Finalmente, quiero expresarle mi gratitud a Arthur, el burro de mi granja en Vermont. Cada vez que mi reloj despertador fallaba (cosa que yo provoqué más de una vez), sus rebuznos insistentes, a un nivel de decibeles difícil de ignorar, fueron el llamado ineludible a la mesa de trabajo.

NOTAS

PORTADA

"Thoughts on the Business of Life", *Forbes*, 12 de septiembre de 1994, pág. 292.

PARA EMPEZAR

(1)   "Tres capítulos abreviados de *Out of Control: The Rise of Neo-Biological Civilization*", *Whole Earth Review*, primavera de 1994, pág. 94.

(2)   Mary Oliver, "Mockingbirds", *The Atlantic Monthly*, febrero de 1994, pág. 80.

(3)   Richard C. Whiteley, *The Customer-Driven Company: Moving from Talk to Action* (Reading, MA: Addison-Wesley, 1991, páginas 9 y 10).

(4)   Ellen Langer, *Mindfulness* (Reading, MA: Addison-Wesley, 1990) Pág. 1.

(5)   Terry Neill, Conferencia de Whittemore sobre Hipercompetencia, Amos Tuck School of Business, 10 de septiembre de 1994.

(6)   *Whole Earth Review*, verano de 1994, pág. 20.

(7)   "Tidbits", *Whole Earth Review*, verano de 1994, pág. 7.

(8)   Robert Kahn, "There's Nothing Like a Typo," *Retailing Today*, abril 1994.

(9)   *The Australian Business Asia*, miércoles 20 de julio - 2 de agosto de 1994, pág. 3.

(10)   "Wonder Chips: How They'll Make Computing Power Ultrafast and Ultracheap", *Business Week*, 4 de julio de 1994, páginas 86 y 90.

(11)   David Birch, Anne Haggerty, William Parsons, *Hot Industries*, Cognetics, Inc., 1994, pág. 4.

(12)   Harry V. Roberts, *Selected Paper Number 73: Using Personal Checklists to Facilitate Total Quality Management*, Universidad de Chicago, Graduate School of Business, pág. 3.

(13)   "Fire When Ready", *Harper's*, agosto de 1994, páginas 18 y 19.

MANOS A LA OBRA

(1)   (También se cita a Woody Allen como afirmando que "El ochenta por ciento del sexo es estar ahí.)

(2)   Harvey Mackay, *Swim With the Sharks Without Being Eaten Alive*
          (Nueva York: William Morrow y Companía, 1988).

LECHE, GALLETITAS Y CÓMO CONDUCIR GENTE

(1)   Hal Rosenbluth y Diane McFerrin Peters, *El cliente no es lo primero*
          (Atlántida, 1993).

(2)   Kevin Kelly, "Tres capítulos abreviados de *Out of Control: The Rise of
          Neo-Biological Civilization*", *Whole Earth Review*, Primavera 1994, pági-
          nas 93 y 94.

(3)   Echo Montgomery Garret, "Branson the Bold", *Success*, Noviembre de
          1992, pág. 24.

(4)   Antony Jay, *Corporation Man* (Nueva York: Pelican Books, 1975, pági-
          nas 114 a 123).

(5)   Robin Dunbar, "Why Gossip is Good for You", *New Scientist*, 21 de
          noviembre de 1992, páginas 28 a 31.

(6)   "Customer Service Quality - Key to a Successful Bank", Discurso
          pronunciado en la Conferencia de Otoño de Robert Morris, San
          Francisco, 28 de septiembre de 1992.

(7)   Peter Drucker, "The New Society of Organizations", *Harvard Business
          Review*, septiembre-octubre 1992, pág. 100.

(8)   R. Edward Freeman y Daniel Gilbert, Jr., *Corporate Strategy and the
          Search for Ethics* (Englewood Cliffs, NJ: Prentice-Hall, 1980), páginas
          158, 160, 164, 165 y 175.

(9)   Brian Quinn, Conferencia de Whittemore sobre Hipercompetencia,
          Amos Tuck School of Business, 10 de septiembre de 1994.

(10)   *1994 World Competitiveness Report*, publicado por el Foro de Economía
          Mundial, Ginebra, Suiza.

(11)   Fundación Nacional de Mujeres Empresarias, Washington, DC.

(12)   David Armstrong, *Management By Storying Around* (Nueva York:
          Doubleday Currency, 1992).

(13)   Nick Bryant, "Thank Goodness It's Fun Getting a Job at Friday's", 3 de
          marzo de 1994.

(14)   Srikumar S. Rao, "Welcome to Open Space", *Daily Mail*, 3 de Marzo de
          1994.

(15)   Patricia B. Seybold, "Summertime and Telecommuting Can Be Easy",
         Computerworld, 25 de julio de 1994, pág. 37.

(16)   Tim Stevens, "Creative Genius", *Industry Week*, 4 de julio de 1994, pág.
         18.

(17)   Una versión de esta historia fue publicada en *On Achieving
         Excellence*, Septiembre de 1992, por Michele Moreno.

(18)   Tim Stevens, "Creative Genius", *Industry Week*, 4 de julio de 1994, pág.
         18.

(19)   Brian Quinn, Conferencia de Whittemore sobre Hipercompetencia,
         Amos Tuck School of Business, 10 de septiembre de 1994.

LAPICERAS, BAÑOS Y EMPRESAS QUE PRESTAN UN SERVICIO DIFERENTE

(1)   Graham Gardiner, "Spacerack Uses Innovation to Win Asian Business",
         Business Queensland, semana del 25 de julio de 1994, pág. 11.

(2)   Alice Rawsthorn, "Talent Needs Intelligence Too", *Financial Times*,
         lunes 13 de junio de 1994, pág. 16.

(3)   Mark Stevens, "Safe is Risky", *Profit,* septiembre/octubre de 1994,
         pág. 17.

(4)   Una versión de esta historia fue publicada en *On Achieving Excellence*,
         marzo de 1992, por Darlene Viggiano.

(5)   David Maister, "Are You Having Fun Yet", *The American Lawyer*, junio
         de 1994.

(6)   Ingrid Sischy, "Some Clothes of One's Own", *The New Yorker*, 7 de
         febrero de 1994, páginas 45, 46 y 47.

(7)   Edward Mortimer, "More Strategy, Less Small Print", *Financial Times*,
         miércoles 15 de junio de 1994, pág. 13.

(8)   "On the Road With Chairman Lou", *The New York Times,* 26 de junio de
         1994, Sección 3a, pág. 6.

(9)   *Whole Earth Review*, verano de 1994, pág. 66.

(10)   Editora: Nancee Weingarden, *PPS A Passion for Parking*, Newsletter
         del verano de 1994. (A Passion for Parking es publicada trimestral-
         mente por Professional Parking Services, Inc.)

Notas

(11)   Michael Graham, "Citizen Pain", *Cincinnati*, junio de 1944, pág. 92.

(12)   Rich Karlgaard, "ASAP Interview, Susan Cramm & John MaRtin", *Forbes ASAP*, 29 de agosto de 1994, pág. 70.

(13)   Allice Rawsthorn, "Talent Needs Intelligence Too", *Financial Times*, lunes 13 de junio de 1994, pág. 16.

(14)   Michael Prowse, "Austrian Recipe for Prosperity", *Financial Times*, lunes 28 de febrero de 1994, pág. 17.

CÓMO ROMPER EL MOLDE

(1)   Walter Adams y James Brock, *The Bigness Complex: Industry, Labor, and Government in the American Economy* (Nueva York: Pantheon Books, 1986).

(2)   Shunichi Otaki, "What Ever Happened to Sony?" *Tokyo Business Today*, agosto de 1994, páginas 20 y 22.

(3)   La investigación sobre Southwest Airlines fue conducida por Peter Karl, Char Woods y Tom Peters, en el verano de 1994. Se recogió información adicional de *Fortune*, Kenneth Labich, "Is Herb Kelleher America's Best CEO?", 2 de mayo de 1994, páginas 46 y 50.

(4)   Todas las citas bajo "Planificación Estratégica Q.E.P.D" han sido tomadas de *The Rise and Fall of Strategic Planning: Reconceiving Roles for Planning, Plans, Planners*, Henry Mintzberg (Nueva York: The Free Press, 1994), páginas 13, 98, 99-100, 108, 131, 134, 139, 172, 195, 203, 221, 223, 234, 235, 238, 255, 258, 259-264, 266, 272, 287, 288, 299, 332, 363.

(5)   Peter Robinson, "Five Ways to Make Business Schools Into Useful Institutions", *The Red Herring*, abril/mayo 1994, pág. 100.

(6)   Ian Fraser, "Retailer to the World", *Director*, junio 1994, pág. 48.

(7)   Myron Magnet, "Let's Go For Growth", *Fortune*, 7 de marzo de 1994, pág. 72.

(8)   Herb Greenberg, "Business Insider", *San Francisco Chronicle*, 18 de junio de 1993, pág. D1.

(9)   *U.S. Supreme Courts Reports*, "Concurring opinion for Whitney vs. California", Vol. 274, pág. 376.

(10)   Anthony Lewis, *Make No Law: The Sullivan Case and the First Amendment* (Nueva York: Random House, 1991) pág. 70.

(11)   Jack Hitt, "Original Spin: How Lurid Sex Fantasies Gave Us 'America'", *The Washington Monthly*, marzo de 1993, páginas 25-27.

(12)   Patricia Greenfield y Paul Kibbey, "Picture Imperfect", *The New York Times*, 1° de abril de 1993, pág. A1.

(13)   Michael Prowse, "Austrian' Recipe for Prosperity", *Financial Times*, lunes, 28 de febrero de 1994, pág. 17.

(14)   James Gleick, "Fermat's Theorem", *The New York Times Sunday Magazine*, 3 de octubre de 1993, pág. 53.

(15)   William Burger, "Up, Up & Away: Peter Pan's Empire", *Newsweek*, 13 de junio de 1994, pág. 31.

(16)   Michael E. McGill y John W. Slocum, "Unlearning the Organization", *Organizational Dynamics*, otoño de 1993, pág. 78. Publicado por la American Management Association, Nueva York.

(17)   Todas las citas son de *Shadows of Forgotten Ancestors: A Search for Who We Are*, Carl Sagan y Ann Druyan (Nueva York: Random House, 1992), páginas 26 y 27.

(18)   Todas las citas de *Hypercompetition: Managing the Dynamics of Strategic Maneuvering*, Richard A. D'Aveni con Robert Gunther, (Nueva York: The Free Press, 1994) páginas 10, 30-31, 35-36.

(19)   John Kavanagh, "AMP Rolls Up Its Sleeves", *Business Review Weekly*, 29 de octubre de 1993, pág. 24.

(20)   Comunicación personal con el autor.

(21)   James M. Utterback, *Mastering the Dynamics of Innovation: How Companies Can Seize Opportunities in the Face of Technological Change* (Boston: Harvard Business School Press, 1994), pág. xxvii.

(22)   Alan Solomon, "Car is Big Wheel at Homecoming", *Advertising Age*, 4 de julio de 1994, pág. 12.

(23)   "New Era of Human Migration Has Begun, Experts Say", *San Francisco Chronicle*, 9 de agosto de 1994, páginas A1 y A2.

(24)   Jim Abegglen, Conferencia de Whittemore sobre Hipercompetencia, Amos Tuck School of Business, 10 de septiembre de 1994.

(25)   Ronald Henkoff, "The Hot New Seal of Quality", *Fortune*, 28 de junio de 1993, pág. 117.

(26)   Terry Neill, Conferencia de Whittemore sobre Hipercompetencia, Amos Tuck School of Business, 10 de septiembre de 1994.

(27)   Citado en *Paradox of Success: When Winning At Work Means Losing At Life: A Book of Renewal for Leaders*, John R. O'Neil (Nueva York: G.P. Putnam's Sons, 1993), pág. 48.

(28)   *Bartlett's Familiar Quotations*, 15a. edición, (Boston: Little, Brown, 1980), pág. 869.

(29)   Todas las citas del punto 142, "Salte primero, mire después" fueron tomadas de Michael Schrage, "The Culture(s) of Prototyping", *Design Management Journal*, invierno de 1993, páginas 58, 62 y 65.

(30)   Behnam Tabrizi y Kathleen Eisenhardt, "Accelerating Product Development", *Study Paper, Department of Industrial Engineering and Engineering Management*, Universidad de Stanford, 17 de marzo de 1994.

(31)   *A New Dictionary of Quotations on Historical Principles*, seleccionado y editado por H.L. Mencken (Nueva York: Alfred A. Knopf, 1966) pág. 796.

ESTE MUNDO ABSURDO O, BÁSICAMENTE ¿QUÉ SABE USTED SOBRE ASIA?

(1)   La mayoría de las estadísticas mencionadas en esta sección, se pueden encontrar en "Financial Times Survey: India", *Financial Times*, jueves 30 de septiembre de 1993.

(2)   Barbara Crossette, *India: Facing the Twenty-First Century*, (Bloomington, IN: Indiana University Press, 1993), pág. 36.

(3)   "He Wants Your Job", *The Economist*, 12 de junio de 1993, páginas 15 y 16.

(4)   Donald McCloskey, *Second Thoughts: Myths and Morals of U.S. Economic History* (Oxford: Oxford University Press, 1993), páginas 172-173.

(5)   John Sheridan, "Reengineering Isn't Enough", *Industry Week*, 17 de enero de 1994, pág. 62.

(6)   "Punto 147, La gente es diferente": Todas las citas han sido tomadas del libro de Fons Trompenaars, *Riding the Waves of Culture: Understanding Diversity in Global Business* (Originalmente publicado por The Economist Books, Londres, 1993; una edición revisada fue publicada por Irwin Professional Publishing, Burr Ridge, IL, 1994), páginas 1, 17, 36-37, 49, 67, 78, 85, 98, 194.

(7) Cathy Castillo, "Comparative Strategies in Marketing", *Stanford Business School Magazine*, junio de 1994, pág. 28.

(8) Jeffrey J. Ake, "Easier Done Than Said", *Inc.*, febrero de 1993, pág. 96.

(9) *International Herald Tribune*, jueves 29 de septiembre de 1994, pág. 18.

(10) *The Economist*, 12 de junio de 1993, pág. 77.

(11) Robert Hass, ed., *The Essential Haiku: Versions of Basho, Buson & Issa* (Nueva York: The Ecco Press, 1994), pág. 101.

LAS EXTRAÑAS EMPRESAS DEL FUTURO

(1) Tom Brown, "De-Engineering the Corporation", *Industry Week*, 18 de abril de 1994, pág. 20.

(2) James R. Oestreich, "A Lesson in Humanity From a Master of It", *The New York Times*, 25 de enero de 1994, pág. C16.

(3) *Gentry*, junio/julio de 1994, pág. 7.

(4) S. Hedberg, "The Knowledge Edge", CIO, 1º de junio de 1994, pág. 78.

(5) Geoff Lewis and Robert D. Hof, "The World According to Andy Grove", *Business Week/The Information Revolution 1994*, páginas 77-78.

(6) Rick Tetzil, "Surviving Information Overload: Lost in the Infobog? You're Not Alone", *Fortune*, 11 de julio de 1994, pág. 56.

(7) Discurso pronunciado por Fred Gluck, en la serie de disertaciones del Merck/Manhattan College, Princeton Club, 21 de octubre de 1992.

(8) Peter Senge, "Creating Quality Communities", *Executive Excellence*, junio de 1994, pág. 12.

(9) Informe Anual de la National Technological University, 1992-1993, páginas 3 y 7.

(10) Rochelle Garner, "A Tough Act To Follow", *Computerworld*, 4 de julio de 1994, pág. 72.

¡LISTADOS!

(1) Comunicaciones personales con el autor.

Notas

CÓMO LOGRAR LA ADOLESCENCIA PERPETUA

(1)   Kevin Kelley, "Tres capítulos abreviados de *Out of Control: The Rise of Neo-Biological Civilization*", *Whole Earth Review*, primavera de 1994, páginas 93-94.

(2)   Saul Bellow, *The Adventures of Augie March* (Nueva York: Viking Press, 1965), pág. 3.

(3)   Geoffrey Smith, "Life Won't Be Just A Bowl of Cherry Garcia", *Business Week*, 18 de julio de 1994, pág. 42.

(4)   John O'Neil, *Paradox of Success*, pág. 165.

(5)   John O'Neil, *Paradox of Success*, pág. 67.

(6)   John Gardner, citado en *Paradox of Success*, pág 222.

(7)   Roger Rosenblatt, "The Old-Boy Network: Ben Bradlee and the Virtues of Advanced Immaturity", *Men's Journal*, septiembre de 1993, pág. 25.

(8)   Robert Gottliebsen, "People Power Back in the Growth Equation", *Business Review Weekly*, 19 de noviembre de 1993, pág. 26.

(9)   "Inside the Box", *The Economist*, 9 de julio de 1994, pág. 66; Pete Engardio, "For Acer, Breaking Up Is Smart To Do", *Business Week*, 4 de julio de 1994, pág. 82.

(10)   Robert I. Fitzhenry, ed., *The Harper Book of Quotations*, 3a. Edición (Nueva York: Harper Perennial, 1993), pág. 102.

(11)   Daniel J. McConville, "The Casual Corporation", *Industry Week*, 20 de junio de 1994, páginas 12-17.

DIVAGACIONES FINALES

(1)   Lewis Perelman, "Kanban to Kanbrain", *Forbes ASAP*, 6 de junio de 1994, páginas 85-95.

(2)   Stan Davis y Jim Botkin, *The Monster Under the Bed* (Nueva York: Simon and Schuster, 1994), pág 173.

(3)   E. M. Cioran, *A Short History of Decay* (Londres: Quartet Books, Ltd., 1990) páginas 3, 4, 5 y 6.

(4)   William Shakespeare, *Hamlet*, Acto I., Escena V, Líneas 166-167.

ÍNDICE TEMÁTICO

Índice temático

Índice temático

Índice temático

Índice temático

CRÉDITOS

ILUSTRACIONES
Todas las ilustraciones han sido realizadas por Mark Fisher.

FOTOGRAFÍAS
Todas las fotografías han sido realizadas por John Owens, exceptuando las siguientes:

Fotos de archivo/Harold Lloyd Estate: 154, 353
Fotos de archivo/Lambaert: 168
Cindy Charles: 148, 149, 172, 173 (margen superior)
Norman Dow: 163 (al pie)
FPG International: 351
Jean Kugler/FPG International: 245 (al pie)
Cortesía de Renault: 127
Cortesía de Saturn Corporation: 232, 233
Wlater H. Scott: 370, 371
Frank Siteman: 170, 171 (margen superior), 173 (al pie, a la izquierda y centro), 385
The Telegraph Colour Library/FPG International: 245 (margen superior)
Rocky Weldon/FPG International: 245 (centro)